本书为江苏省教育科学
"新时代
（项目编号：

U0666487

人工智能时代
幼儿教师 TPACK
素养理论与实践研究

朱洪翠　著

九州出版社
JIUZHOUPRESS

图书在版编目（CIP）数据

人工智能时代幼儿教师TPACK素养理论与实践研究 / 朱洪翠著. -- 北京 ：九州出版社，2023.10
ISBN 978-7-5225-2343-9

Ⅰ．①人… Ⅱ．①朱… Ⅲ. ①幼教人员－教师素质－研究②幼教人员－师资培养－研究 Ⅳ. ①G615

中国国家版本馆CIP数据核字(2023)第201916号

人工智能时代幼儿教师TPACK素养理论与实践研究

作　　者	朱洪翠　著	
责任编辑	曹　环	
出版发行	九州出版社	
地　　址	北京市西城区阜外大街甲 35 号 (100037)	
发行电话	(010)68992190/3/5/6	
网　　址	www.jiuzhoupress.com	
印　　刷	永清县晔盛亚胶印有限公司	
开　　本	710 毫米 ×1000 毫米　16 开	
印　　张	19	
字　　数	360 千字	
版　　次	2023 年 11 月第 1 版	
印　　次	2023 年 11 月第 1 次印刷	
书　　号	ISBN 978-7-5225-2343-9	
定　　价	88.00 元	

序　言

21世纪是信息技术飞速发展的时代。信息和信息技术革命，正深刻影响、改变着当今世界的面貌和格局，教育更是首当其冲。新一代信息技术的发展与普及，不仅改变了教育的环境、教学的方式、学习的过程，还改变了教育的管理与服务。在学前教育阶段，由于其保教活动的特殊性，幼儿教师整合信息技术的学科教学素养（Technological Pedagogical Content Knowledge，以下简称TPACK素养）发展相对滞后，部分幼儿教师普遍存在"信息化教学意识淡薄、信息化教学知识薄弱、信息化教学能力低下"等问题。长此以往，势必影响国家教育信息化、智能化的实施进程，因此提升幼儿教师TPACK素养显得尤为紧迫。

基于此，本书以"人工智能时代幼儿教师TPACK素养模型构建与应用研究"为选题，通过混合式研究方法，构建了幼儿教师TPACK素养模型和幼儿教师TPACK素养评估指标体系，开展了幼儿教师TPACK素养现状调查，探究了幼儿教师TPACK素养的养成过程和内生机制，开发了幼儿教师TPACK素养培训课程体系和培训模式，提出了促进幼儿教师TPACK素养提升的政策建议。本书是策应《新时代基础教育强师计划》《"十四五"学前教育发展提升行动计划》等政策文件开展的教师教育行动研究，具有重要的理论价值和实践意义。

首先，作为教师实践性智慧的重要组成部分，本书构建的幼儿教师TPACK素养模型和评估指标体系，丰富了学前教师教育理论体系。本书所构建的幼儿教师TPACK素养模型和评估指标体系是幼儿教师隐性知识显性化的理论成果，是学前教师教育理论的补充和完善，能够为提升幼儿教师TPACK素养、促进幼儿教师专业成长提供理论支撑。

其次，作为推进学前教育现代化、信息化、智能化的实践成果，本书开发的幼儿教师TPACK素养养成课程和培训模式，为幼儿教师培养和培训提供了切实可行的行动路径。本书在文献研究和实践调查的基础上，以扎根理论为指导，从幼儿教师生活史视角切入，观察幼儿教师TPACK素养养成的过程，揭示了其内生机制；以逆向课程设计理论为指导，开发了幼儿教师TPACK素养养成课程体系。这种基于幼儿保教实践取得的研究成果,对提高幼儿教师 TPACK 素养具有更加明确的指导意义,可以促进幼儿教师专业发展由宏观逐步转向中观、微观,更好地帮助幼儿教师明确专业发展方向,指明行动路径。

为了完成研究目标,本书按"理论建构—现状分析—实证研究—启示建议"的逻辑思路,以生活史方法论为指导,遵循"形而上"的理性思考和"形而下"的实践探索相统一的原则开展理论和实践研究。

首先,通过文献研究和问卷访谈,使用数理统计法构建人工智能时代幼儿教师 TPACK 素养的"理论模型"和"测评工具";其次,以教育现象学方法论为指导,以生活史为研究视角,探求人工智能时代幼儿教师 TPACK 素养的内生机制;最后,开发人工智能时代幼儿教师 TPACK 素养养成培训课程体系,设计精准培训模式和评价策略。

本书主要内容如下:

"导论"分析了研究的缘起和意义,界定了"幼儿教师的 TPACK 素养"这一核心概念;其次,利用 CiteSpace 统计软件对"人工智能 + 教师""教师TPACK""人工智能 + 教师 TPACK"相关研究进行了系统分析,据此明确了本书的研究方向;再次,阐释了教师知识理论、课程开发理论、文化历史活动理论、拓展性学习理论和成人教育学理论的主要核心观点,分析了这些理论作为理论基础对于本研究的适切性;最后,分析了研究的重点和难点,提出了研究的总体框架。"导论"指出,人工智能时代对幼儿教师的 TPACK 素养提出了融合创新的要求,但现有研究缺乏专门针对幼儿教师 TPACK 素养的研究。基于此,本书构建了幼儿教师 TPACK 素养模型,并探究了其实际应用价值。

第一章"幼儿教师 TPACK 素养模型构建"结合文献研究,初构了《幼儿教师 TPACK 素养模型预测问卷》,开展预测。在对预测收集到的 238 份问卷进行信度、效度检验后,结合对一线幼儿教师的访谈结果,对预测问卷进行了修订和完善,形成了《幼儿教师 TPACK 素养模型正式问卷》。采取网络问卷调查法对 J 省 13 个地级市的幼儿教师进行了抽样调查,共回收 261 份有效调查问卷。通过对有效问卷进行特征分析、描述性统计分析、正态性检验以及信度和效度检验,确定了问卷具有良好的代表性、较高的信度和效度。使用 AMOS 结构方程模型进行验证性因子分析,结果表明,幼儿教师 TPACK 素养三维度(TPACK态度、TPACK 知识和 TPACK 能力)结构理论模型边界清晰,同时,三个维度之间存在显著的影响关系:TPACK 态度影响 TPACK 知识习得,TPACK 知识习得影响 TPACK 能力,TPACK 能力则进一步强化 TPACK 态度。

第二章"幼儿教师 TPACK 素养评估指标体系构建"根据幼儿教师 TPACK素养理论模型,使用德菲尔法,设计《幼儿教师 TPACK 素养评估指标体系专家咨询问卷》和《幼儿教师 TPACK 素养评估指标体系问卷》,结合访谈结果,构建了幼儿教师 TPACK 素养评估指标体系。幼儿教师 TPACK 素养评估指标体系包括 3 个一级维度、12 个二级维度、43 个测点。"TPACK 态度"包括信息化教学意识、信息化教学知识、信息化教学专业发展观等 4 个二级维度；"TPACK 知识"包括幼儿保教内容知识、幼儿保教教学法知识、信息技术知识、幼儿学科保教知识 4 个二级维度；"TPACK 能力"包括设计水平、应用水平、伦理水平和精通水平等 4 个二级维度。

第三章"幼儿教师 TPACK 素养发展现状调查"依托调查数据，分析了当前我国幼儿教师 TPACK 素养发展现状。数据表明，我国幼儿教师 TPACK 素养发展尚处于自发习得阶段，总体处于中等偏上水平，TPACK 知识水平的发展高于 TPACK 态度和 TPACK 能力水平；男性幼儿教师的 TPACK 素养普遍高于女性幼儿教师；幼儿园所处地域和幼儿教师学历在 TPACK 能力发展维度存在统计学意义上的差异；幼儿教师的性别、教龄、年龄及幼儿园的性质、级别，对幼儿教师 TPACK 素养发展不存在统计学意义上的显著差异，但在得分均值方面存在细微差异。幼儿教师 TPACK 素养形成是社会因素（时代驱动、榜样引领、人际关系）、学校因素（学校文化氛围、课程学习、教师指导）和个体因素（自主学习、教学竞赛和实践反思）等内外部因素综合作用的结果。

第四章"幼儿教师 TPACK 素养发展机制"使用扎根理论等研究方法，探究了幼儿教师 TPACK 素养的养成过程和内生机制。研究发现，幼儿教师 TPACK 素养的养成须经历"内化、转化、外化和习俗化"过程，内化阶段主要聚焦 TPACK 态度的形成，转化阶段关注 TPACK 知识的习得，外化阶段主要体现为 TPACK 能力的形成，习俗化阶段表征为 TPACK 素养的养成。

第五章"幼儿教师 TPACK 素养养成课程开发"聚焦幼儿教师 TPACK 素养养成课程体系和培训模式开发，为开发幼儿教师 TPACK 素养养成课程提供了参考框架。研究发现，幼儿教师 TPACK 素养养成课程目标为①形成积极的 TPACK 课程教学整合意识；②掌握幼儿园五大领域学科知识及相应的教学方法知识、掌握以人工智能技术为主导的信息技术知识和开展幼儿五大领域保教保育的学科教学知识，并能综合运用；③具备运用先进信息技术整合幼儿保教保育活动的能力。课程内容包括 TPACK 态度模块、TPACK 知识模块和 TPACK 能力模块；课程实施采取专家讲座、自主学习和信息化教学能力设计比赛等几种形式。

第六章"幼儿教师 TPACK 素养提升政策建言"首先论述了我国幼儿教师 TPACK 素养发展面临的挑战：国家层面，缺乏 TPACK 素养发展精准培养；园所层面，缺失 TPACK 素养校本高阶培训；教师层面，缺乏 TPACK 素养提升内生动力。据此提出了幼儿教师 TPACK 素养发展对策建议：职前培养，开展基于真实境脉的 TPACK 专业训练；园所教研，开展基于保教实践的 TPACK 日常研讨；自主学习，开展基于知行合一的 TPACK 深度学习。

"结语"论述了本研究的结论、主要创新点以及现有研究存在的问题和后续研究计划。研究主要成果有：构建了幼儿教师 TPACK 素养模型和评估指标体系、分析了幼儿教师 TPACK 素养发展现状、探究了幼儿教师 TPACK 素养内生机制、开发了幼儿教师 TPACK 素养养成课程体系和培训模式。研究特点包括研究视角独特、研究成果实用和研究外延开放等。不足表现在：研究评估指标体系尚待进一步完善、培训课程实施效果尚待进一步验证。针对此不足，后续研究将继续完善幼儿教师 TPACK 素养模型和评估指标，继续验证幼儿教师 TPACK 素养发展课程实施成效。

本书具有三个特点：1. 视角新颖。2022 年 4 月 11 日，教育部等八部门颁布了《新时代基础教育强师计划》，计划明确要求深入实施人工智能助推教师队伍建设试点行动，探索教师教育改革，创新教育教学方法，推进教师教育信息化建设与应用。本书聚焦"人工智能时代幼儿教师 TPACK 素养"回应了教育信息化、智能化的时代诉求，能破解当前幼儿教师"信息化教学意识淡薄、信息化教学知识薄弱、信息化教学能力低下"的时代难题。2. 成果实用。本书所构建的幼儿教师 TPACK 素养评估指标体系，为评估幼儿教师 TPACK 素养发展现状提供了可操作的框架，此框架还可以引导广大幼儿教师通过自主和合作学习，提高自己的 TPACK 素养，从而提高自身在智能教育时代的专业可持续发展能力。3. 外延开放。本书的外延非常广泛。从研究内容来看，今后可以拓展到 TPACK 态度、TPACK 知识和 TPACK 能力各维度内部结构模型的构建，并探讨 TPACK 态度、TPACK 知识和 TPACK 能力三要素之间的互动机制；从研究对象来看，研究可以拓展到中小学教师，甚至是大学教师，并且还可以探讨不同学科如语文、数学、英语等教师 TPACK 素养的养成规律。

目　录

导　论

第一节　研究背景

21 世纪是信息化时代。随着 AI 技术的发展和普及，巧用 AI 技术变革教育手段和学习方式，提高教育质量和效益，已引起国家的高度重视。《教师教育振兴行动计划（2018—2022）》强调，必须"充分利用云计算、大数据、虚拟现实、信息技术等新技术，推进教师教育信息化教学服务平台建设和应用，推动以自主、合作、探究为主要特征的教学方式的变革"。[①]《中国教育现代化 2035》明确要求"加快信息化时代教育变革，建设智能化校园，统筹建设一体化智能化教学、管理与服务平台"。[②]2022 年 4 月，教育部等八部门颁布的《新时代基础教育强师计划》则进一步指出："高质量的教师是高质量教育发展的中坚力量，努力造就新时代高素质、专业化、创新型教师队伍，须深入实施人工智能助推教师队伍建设试点行动，探索教师教育改革，创新教育教学方法，推进教师教育信息化建设与应用。"[③]可见，在 AI 时代，无论是教师教育改革还是教师个人专业成长，信息化、智能化已成为一道必答题。

为迎接教育现代化、信息化的挑战，早在 2006 年，Mishra 等学者就对教师在信息化时代应该具备的专业知识进行了分析，提出了整合技术的学科教学知识（Technological Pedagogical Content Knowledge，以下简称 TPACK）分析框架，并以此测量教师整合信息技术实施教育教学的水平。自此以后，教师的 TPACK 素养成为学术界研究的热点。然而，由于幼儿保教的特殊性，幼儿教师的

---

① 教育部等五部门. 教育部等五部门关于印发《教师教育振兴行动计划》（2018—2022 年）的通知 [EB/OL].http://www.moe.gov.cn/srcsite/A10/s7034/201803/t20180323_331063.html.

② 中华人民共和国中央人民政府. 中共中央、国务院印发《中国教育现代化 2035》[EB/OL].http://www.gov.cn/ xinwen/2019-02/23/content_5367987.html.

③ 教育部等八部门. 教育部等八部门关于印发《新时代基础教育强师计划》的通知（教师〔2022〕6 号）[EB/OL].http://www.moe.gov.cn/srcsite/A10/s7034/202204/t20220413_616644.html.

TPACK 素养研究一直是教师教育领域研究的短板。但在幼儿园，利用智慧教室、教学一体机、平板电脑、智能机器人、电子课程、教育 App 等智能产品优化保教服务、提高保教质量已成为幼儿保教实践的新常态，幼儿教师的 TPACK 素养研究理应成为人工智能赋能教师教育研究的重要组成部分。鉴于此，本研究综合运用多种研究方法，构建了幼儿教师 TPACK 素养模型和幼儿教师 TPACK 素养评估指标体系，揭示了幼儿教师 TPACK 素养的内生机制，开发了幼儿教师 TPACK 素养养成课程体系，探讨了幼儿教师 TPACK 素养培训模式。本研究不仅丰富了幼儿教师教育理论，而且为人工智能时代发展提升幼儿教师的信息化素养提供了切实可行的行动路径。

一、研究缘起

（一）学前教育信息化、智能化的时代诉求

2021 年 9 月，教育部在《关于实施第二批人工智能助推教师队伍建设行动试点工作的通知》（教师函〔2021〕）中明确提出"以教师队伍建设为抓手，积极推进人工智能、大数据、第五代移动通信技术（5G）等新技术与教师队伍建设的融合，形成新技术助推教师队伍建设的新路径和新模式，打造高水平、专业化、创新型教师队伍，支撑教育强国战略与教育现代化。"[①] 同时，该通知还提出了地市和区县重点推进的六项工作，即"推动教师应用智能助手，创新教师培养模式，开展智能教师研修，提升教师智能教育素养，建设与应用教师大数据，智能引领乡村学校与薄弱学校教师发展"。[②] 可见，随着信息技术时代的到来，提高教师的智能教育素养势在必行。

人工智能（Artificial Intelligence，以下简称 AI）是一门融合计算机科学、心理学、信息学和逻辑学等众多学科的前沿技术学科，主要研究和开发"用于模拟、延伸人类智能的理论、方法和技术"[③]。随着国家及地方一系列利用现代信息技术发展教师智能素养文件的出台，"信息技术 + 教育"逐渐成为研究的热点。在学前教育领域，信息技术对幼儿保教的影响逐渐凸显，有学者对 2006—2020 年 15 年间研究的相关文献进行了统计分析，发现信息技术在幼儿教育领域的应用研究近年来呈增长趋势，研究的主题主要集中于幼儿智能教育机器人、家园云共育、信息技术教育游戏、幼儿教育安全应用和教学管理等方面。很显然，

---

① 国务院 . 国务院关于新一代人工智能发展规划的通知 [EB/OL]. http://www.gov.cn/ zhengce/cont - ent/ 2017-07/20/content_5211996.html.

② 中华人民共和国教育部 . 教育部关于实施第二批人工智能助推教师队伍建设行动试点工作的通知 [EB/OL]. http://www.moe.gov.cn/srcsite/A10/s7034/202109/t20210915_563278.html.

③ 茹丽娜，唐烨伟，王伟等 . 我国教育信息技术研究综述 [J]. 中国信息技术教育，2019(07)：90-9.

随着信息技术的发展和普及，信息化、智能化技术已逐渐渗透到幼儿保教的方方面面，这就必然要求幼儿教师具备相应的信息化、智能化素养，这种素养集中体现为幼儿教师的 TPACK 素养。但文献研究发现，"由于幼儿教师职前培养和职后培训中有关信息技术教育没有大面积普及，幼儿教师信息技术运用水平相对偏低"[①]。作为幼儿教育的实施主体，幼儿教师不断发展自身的 TPACK 素养，不仅是幼儿教师专业化的需要，也能增强幼儿教师自身专业认同感，促进幼儿教师从保姆型的技术熟练者向专家型的反思教育家转变。[②]

基于此，本章将借助文献研究、问卷调查、访谈等方法，在项目分析和因子分析的基础上，构建幼儿教师 TPACK 素养理论模型和幼儿教师 TPACK 素养评估指标体系，为提升幼儿教师信息化素养提供理论参考和行动路径。

（二）幼儿教师专业发展的内在需要

信息技术知识作为新兴的学科领域，正以惊人的速度不断融入教师教育研究领域中，特别是在后疫情时代，翻转课堂、混合式教学日益渗透到教师的日常教学工作中。"信息技术对于教师教育的影响，信息技术的角色已经由早期的配合者、支持者转变为教师教育的参与者，并逐步走进教师教育的课程教学内核，成为教师教育变革的核心力量。"[③]信息技术与学科教学的整合成为当下所有学段教师必须面对的新常态。

但文献分析发现，虽然部分学科（如语文、数学、英语）都在前人研究的基础上建构了一定的分学科教师 TPACK 知识体系，以应对信息技术赋能教育教学引发的各种变革，但学前教师教育领域中关于幼儿教师 TPACK 知识体系的研究成果很少，提升幼儿教师 TPACK 素养的研究几近空白。

随着《"十四五"学前教育发展提升行动计划》的逐步落实，智慧教室、教学一体机、平板电脑、智能机器人、电子课程、教育 App 等智能产品走进各级各类幼儿园，对幼儿教师的信息化、智能化素养要求也相应提升。而在民办园（普惠园）为主、公办园为辅的学前教育时代，幼儿教师只有与时俱进，加强学习，不断提升自身专业素养特别是信息化、智能化素养，才能迎接学前教育信息化、智能化的挑战，为自己赢得就业的主动权、发展的优先权。

① 于开莲等.幼儿园教师整合技术的领域教学知识（TPACK）调查研究 [J].电化教育研究，2019（3）：118-123.
② 李丹.幼儿教师实践性知识发展研究 [D].重庆：西南大学，2010（4）：4.
③ 肖鑫.整合技术视角下小学语文卓越教师知识结构研究 [D].长春：东北师范大学，2020（5）.

二、研究意义

（一）丰富了学前教师教育理论体系

新中国成立 70 年来，特别是改革开放以后，我国教师教育逐步从外延式学历提升走向内涵式专业发展阶段，教师教育专业化水平不断提高。然而，无论是理论层面的探索，还是实践层面的推进，幼儿教师专业发展研究均落后于其他学段教师的专业发展。随着新时代全面二孩、三孩政策的落地生根，亟须培养一大批适应 AI+ 时代的幼儿教师队伍，这就需要 AI+ 时代教师教育理论指导。作为教师实践性智慧的重要组成部分，本研究所构建的幼儿教师 TPACK 素养模型和评估指标体系是幼儿教师隐性知识显性化的理论成果，是学前教师教育理论的重要组成部分，能为幼儿教师教育专业化、幼儿教师专业可持续发展提供强有力的理论支撑。

（二）构建了幼儿教师 TPACK 素养精准培训模式

本研究在文献研究和实践调查的基础上构建幼儿教师 TPACK 素养模型和评估指标体系，从幼儿教师生活史角度切入，洞察幼儿教师 TPACK 素养的内生机制。在此基础上，开发了幼儿教师 TPACK 素养养成课程体系，构建了基于线上线下融合的幼儿教师 TPACK 素养培训模式。这种基于幼儿保教实践的研究成果将更好地帮助幼儿教师明确专业发展方向，促进幼儿教师专业发展由宏观逐步转向微观，为提升幼儿教师信息化、智能化专业素养提供切实可行的行动路径。

第二节　核心概念界定

一、人工智能

（一）人工智能

人工智能（Aitificial Intelligence，AI）被认为是世界三大尖端技术之一，最初由 John McCarthy（1956）在达特茅斯会议上正式提出。信息技术领域的先驱 Patrick Henry Winston 将信息技术定义为"研究人类智慧的行为规律（如学习、计算、推理、思考和规划等），构造具有一定智能的人工系统，以完成往常需要的人的智慧才能胜任的工作"。[1] 信息技术之父 Feigenbaum 认为信息技术是计算

---

[1] Owen T. Artificial Intelligence by Patrick Henry Winston Addison-Wesley Publishing Company, Massachusetts, USA, July 1984.

机科学的一个分支，它能呈现人类行为中与智能相关的某些特征。另有研究者认为人工智能是一门研究如何制作出类人的智能机器或系统，用于模拟人类活动和思维，延伸和拓展人类智能的科学。[①] 国内对于人工智能的研究起步较晚，2017 年以后逐年增加，部分学者对于信息技术也提出了自己的见解。例如，有研究者认为，信息技术是用人工的方法在机器上实现的一种智能，或者说人们借助机器来模仿人类和其他生物的自然智能。

《2022 年人工智能教育蓝皮书》指出，人工智能是指"以大数据、并行运算、深度学习为驱动，通过研究人类智能，使得机器能够模拟、延伸、扩展人类的智能行为，从而构造出一定智慧能力的人工系统，能够完成通常需要人类智能才能胜任的工作"。[②]

（二）人工智能教育

人工智能教育是指人工智能赋能教育，是人工智能在教育领域的应用和实践，是支持学、教、管、评等教育活动的技术手段，它基于智能感知、教学算法与数据决策等技术，利用智能工具对教育系统各要素进行自动分析、实施精准干预，支持模块化教学与个性化学习。[③]

人工智能的相关技术有机器学习、深度学习、自然语言处理、智能代理、情感计算等。[④] 其中机器学习和深度学习是"人工智能教育应用的底层关键基础技术，也是当前人工教育信息化、智能化研究的热点"[⑤]。

表 0-1 人工智能教育应用关键技术

关键技术	含义	主要底层技术	应用兴例
常规自然语言处理	通过运用算法对人类自然语言数据进行分析，计算机能够理解人们书写或口述的内容，并且能够与人类进行互动和交流	深度学习、分类和回归数	批改网
情感计算	利用文本、社交媒体活动、音频、视频或生物传感器信息，进行情感状态或意见的识别、提取、分析和分类	深度学习、分类、回归数与逻辑编程	清帆科技、腾讯教育、智脑

① Bahrammirzaeea. A comparative survey of artificial intelligence applications in finance: Artificial neural neural networks, expert system and hybrid intelligent system[J]. Neural computing and applications, 2010, 19(8): 1165-1195.

② 顾小清 .2022 信息技术教育蓝皮书 [EB/OL].http://www.199it.com/archives/1410492.html.

③ 张绍东 . 信息技术教育的含义界定与原理挖掘 [J]. 中国电化教育，2021（06）：49-59.

④ 吴永和等 . 构筑"信息技术＋教育"的生态系统 [J]. 远程教育杂志，2017（5）：27-39.

⑤ 高婷婷等 . 信息技术教育应用研究综述 [J]. 现代教育技术，2019, 29（01）：11-17.

续表

关键技术	含义	主要底层技术	应用兴例
知识表示与推理	利用计算机表示信息来处理复杂任务，这种表示通常基于人类的知识、推理和问题解决模式	监督学习、深度学习、支持向量与概率推理	松鼠 AI，极课大数据
语音识别	识别口语中的单词并把它们翻译成文本的过程	长期短时记忆的深度学习、循环神经网络方法	科大讯飞语音识别
场景理解	在上下文情境中感知、分析和解释适时场景 3D 结构、布局以及对象之间的空间、功能和语义关系的过程	深度学习、神经网络	腾讯智慧校园

资料来源：顾小清 . 2022 信息技术教育蓝皮书 [EB/OL]. http://www. 199it.com/ archives/ 1410492.html.

顾小清（2022）在文献分析的基础上，构建了信息技术教育应用关键技术框架（如表 0-2 所示），将人工智能在教育领域应用的关键技术分为教育数据层、技术算法层、功能应用层、教育功能应用层和教育应用层五个等级，可以帮助我们更好地了解人工智能在教育领域的具体应用场景及相关技术。

表 0-2 人工智能教育应用关键技术框架

教育应用层	学生学习、教师教学、教育管理、教育评价
教育功能应用层	基于学习者学业诊断及行为数据分析的智能推荐服务技术；基于社会性、情感性和元认知模型的学情分析服务技术；基于业务建模的监控模拟和预测的决策支持服务技术；适应性学习策略进行形式化描述的方法与模型；教育机器人的系统架构
功能应用层	自然语言处理、知识表示与推理、语音处理、预测分析、计算机视觉、控制方法、机器人学
技术算法层	机器学习、逻辑编程、本体工程、概率推理
教育数据层	管理类数据、资源类数据、评价类数据、行为类数据（教与学）

资料来源：顾小清. 2022 信息技术教育蓝皮书 [EB/OL]. http:// www. 199it. com/ archives/ 1410492.html.

其中，和本研究直接相关的为教育数据层中的管理类数据、资源类数据、评价类数据以及行为类数据。

而面向教师教学的信息技术教育应用产品主要服务于教师的教研、教师备课和教育评价三类。

表 0-3 面向教师的人工智能教育应用

教学场景	相关工具	主要功能
教师教研	北京师范大学听课本 App 云学情智能教研系统	听课本 App 具有协同备课、数据采集、多维数据分析等功能
		云学情智能教研系统具有智能分析、智能教研等功能
教师备课	Waston 1.0 智能考研系统	教学资源智能检索、生成学生画像
教育评价	腾讯精准教学 腾讯教师助手	通过系统化的数据采集、数据分析、辅助教师对学习者进行个性化教学评价

资料来源：顾小清. 2022 信息技术教育蓝皮书 [EB/OL]. http:// www. 199it. com/ archives/ 1410492.html.

二、信息技术

信息技术（Information Technology，简称 IT）是"应用计算机科学和通信技术来设计、开发、安装和实施信息系统及应用软件的各种技术的总称"。[1] 现代信息技术主要包括计算机和智能技术、通信技术、感测技术、控制技术等。其中，计算机（硬件和软件）和人工智能技术、通信技术是教育场域应用最多的信息技术。

整合上述界定可见，本研究中的信息技术包含了人工智能技术，具体指能够服务于教育的各种信息技术硬件和软件，包括：①电脑、手机、投影、教学一体机等硬件设施；② office 软件、思维导图、微信等通用软件及应用；③电子书、网站、视频音频等数字资源；④课程管理平台、在线诊断系统、慕课等网络平台；⑤虚拟现实、信息技术等前沿技术；⑥其他用于教育活动的先进技术等。

三、素养

《现代汉语词典》将"素养"解释为"平日的修养"[2]，其特质是状态稳定。《伦理学大辞典》指出："素养是指经常的自我修养。现多用于指人们通过不断的自我修养和自我锻炼，在某一方面所达到的较高的水平和境界。"[3]《伦理百科辞典》将素养界定为："心理、文化、道德、艺术等各种素养的总称。意谓通过

---

[1]　孙先洪. 信息技术与大学英语课程整合中的教师计算自我效能感研究 [D]. 上海外国语大学，2013：28.

[2]　中国社会科学院语言研究所词典编辑室. 现代汉语词典 [Z]. 北京：商务印书馆，2006：4302.

[3]　朱贻庭. 伦理学大辞典 [Z]. 上海辞书出版社，2011：4.

自我修养和自我锻炼，在某些方面达到较高的水平和境界，如人们在政治、思想、道德和知识技能方面经过长期的勤奋学习和刻苦锻炼，其素质得到很大的提高。"①

另有学者将素养界定为："人在特定情境中综合运用知识、技能和态度解决问题的高级能力和人性能力。"②

综上所述可见，目前学术界对"素养"还没有非常明晰的界定，但其具有如下三点关键特征：①素养是一种稳定的修养；②素养是在教育过程中逐步形成的，具有发展性；③素养是知识、能力、态度等要素的综合体。

因此，要界定"素养"这一核心概念，有必要进一步厘清知识、态度、能力和素养之间的关系。

《辞海》将"知识"界定为："人类认识的成果或结晶，包括经验知识和理论知识。"③从这个角度来看，知识是被选择的经验。《英汉双解教育词典》将"知识"定义为："个人通过生活经验与教育获得的信息与认识的总和。教育机构在确认什么是有价值的知识上具有权威，以至于不属于这些教育机构文化背景的人常常认识不到或不够尊重自己无可置疑的知识与学习能力。"④可见，该定义认为，知识囊括了人在后天生活中所获得的所有经验。

态度是"个体对于某一特定对象所持有的较为稳定的心理倾向。"⑤"态度包括情感、判断、鉴赏等三个小系统。情感关注人们对事物所持有的感情，如自信、担忧等；判断涉及人们对行为的态度，如表扬、谴责等；鉴赏是对一些事物价值的评估，如是否完善、美丽等。"⑥

能力是"人们顺利完成某种活动所必须具备的一种心理特征，包括一般能力（观察力、记忆力和思维能力等）和特殊能力（指从事某一项或几项活动必须具备的能力）"⑦。《简明教育词典》指出："能力与活动相联系，从事任何一种活动都不是一种能力能使其顺利进行，而是需要多种能力的综合。"⑧

① 徐少锦等.伦理百科辞典 [Z].北京：中国广播电视出版社，1999：1.
② 中国社会科学院语言研究所词典编辑室.现代汉语词典 [Z].北京：商务印书馆，2006：4302.
③ 辞海 [Z].上海辞书出版社，1990：1952.
④ 朗特里.英汉双解教育词典 [Z].赵宝恒译，1992：239.
⑤ 吴瑞兴.录像反馈法在初中"24 式简化太极拳"教学中的实验分析 [J].考试周刊，2021（62）：106-108.
⑥ 曹文.评价理论视角下公共演讲中的结盟关系构建——以《后浪》演讲为例 [J].西北成人教育学院学报，2021，07，20.
⑦ 喻国华，徐俊贤.普通心理学 [M].北京：中国科学技术出版社，1995(9)：316—320.
⑧ 周德昌等.简明教育词典 [Z].广州：广东高等教育出版社，1992：1.

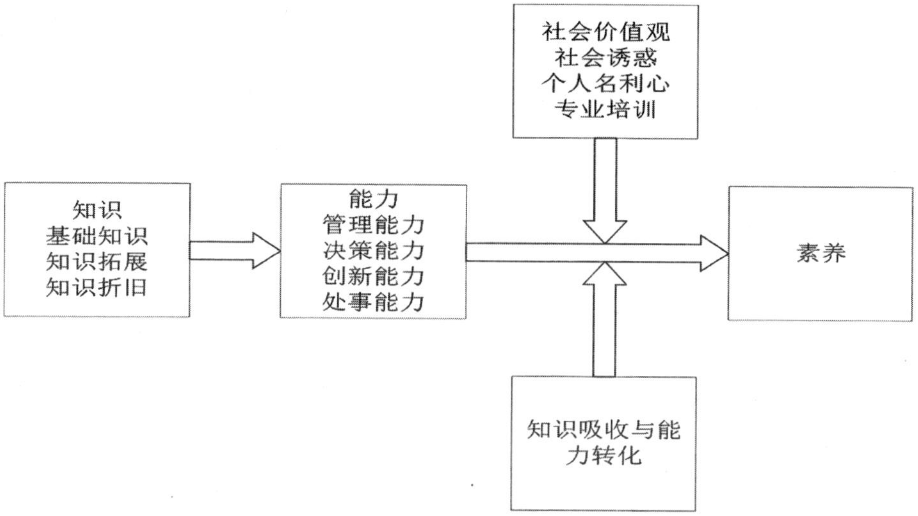

图 0-1 知识—能力—素养的转化研究概念模型

资料来源：关红丽等 . 基于系统动力学模型的知识—能力—职业素养转化的影响因素分析 [J]. 科技创新与生产力 ,2021（04）:23-26.

从图 0-2 可见，知识在积累到一定程度后会转化为能力，能力积累到一定的程度，在态度的影响下，会转变成人的素养。其转化的因果关系图如下：

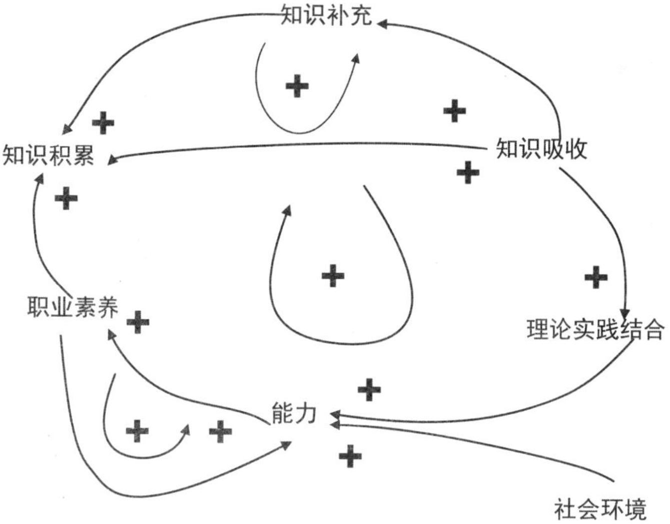

图 0-2 知识—能力—素养转化的因果关系

资料来源：关红丽等 . 基于系统动力学模型的知识—能力—职业素养转化的影响因素分析 [J]. 科技创新与生产力，2021(04)：23-26.

关红丽等（2021）绘制了"知识—能力—素养"三者之间转化系统流程图。根据虚拟仿真结果，人们发现"知识—能力—素养"之间存在如下关系：知识转化为能力关键靠理论与实践的双向激活，能力转化为素养关键靠环境、价值观以及理论和实践的有机融合。

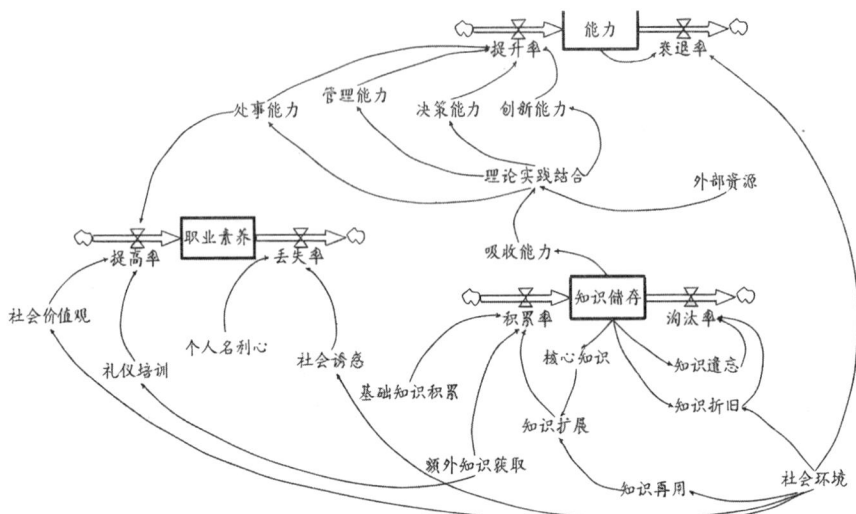

图 0-3　知识—能力—素养转化系统流程图

资料来源：关红丽等.基于系统动力学模型的知识—能力—职业素养转化的影响因素分析 [J]. 科技创新与生产力 ,2021(04):23-26.

据此，本研究认为，素养是个体在面对特定问题情境时，综合运用知识、技能和态度解决复杂问题的素质。素养具有稳定性、发展性和综合性。

四、TPACK 素养

教师的 TPACK 素养是指教师在长期的教育教学过程中，将掌握的信息技术知识、学科内容知识和教学法知识有效整合，灵活运用于课堂教学设计、实施和评价中，持续不断促进学生发展，进而提升自身专业性的基本素质。教师的 TPACK 素养具有个体性、动态性和生成性等特征。其中，TPACK 态度、TPACK 知识和 TPACK 能力是教师 TPACK 素养结构体系的三大要素。

（一）TPACK 态度

关于 TPACK 态度，学界还未给出明确的概念界定。结合上文的分析，本研究认为 TPACK 态度是指教师整合信息技术于教学的意愿、对信息技术服务于教学的感知（感知有用性和感知易用性），以及在使用过程中所产生的自我效能感，最后逐步形成使用信息技术于教育教学的信念。

幼儿教师 TPACK 态度指的是幼儿教师信息化保教意愿。借鉴前人的研究结果，此态度包括幼儿教师的信息技术保教意识、信息技术保教感知、信息化教学效能感三个维度。所谓幼儿教师信息技术保教意识，是指幼儿教师是否具备信息技术保教的意识、是否具备运用信息技术发展幼儿的意识、是否具备运用信息技术发展自身专业的意识。幼儿教师信息化保教感知是指幼儿教师认为在幼儿园日常保教实践中使用某项信息技术对保教实践有益。这种感知可分为感知有用性和感知易用性两类。幼儿教师信息化保教感知有用性是指幼儿教师认为运用某项信息技术能促进其保教活动，有利于其职业发展。幼儿教师信息化保教感知易用性，是指幼儿教师在保教实践中对使用某种信息技术需要投入的时间、精力以及能否获得设备和技术支持的感知。信息化保教效能感是作为主体对自己是否能使用信息技术服务幼儿保教能力判断和信念。它决定了主体在幼儿保教的过程中是否选择信息技术以及对使用信息技术服务幼儿保育保教的坚持性和努力程度。

（二）TPACK 知识

TPACK 全称为 Technological Pedagogical Content Knowledge, 即整合技术的学科教学知识，它是舒尔曼（Shulman）2005 年整合了科勒（Koehler）和米什拉（Mishra）的学科教学知识（Pedagogical Content Knowledge，以下简称 PCK）学说后提出的新学科教学知识理论框架。TPACK 框架包含三个核心要素和四个复合要素。学科内容知识（Content Knowledge，以下简称 CK）、教学法知识(Pedagogical Knowledge，以下简称 PK)、技术知识(Technological Knowledge，以下简称 TK）是 TPACK 框架的三个核心要素，学科教学知识（Pedagogical Content Knowledge，PCK）、整合技术的学科内容知识（Technological Content Knowledge，以下简称 TCK）、整合技术的教学法知识(Technological Pedagogical Knowledge，以下简称 TPK) 和整合技术的学科教学知识（TPCK）是 TPACK 框架的四个复合要素。作为一种综合性的知识结构，TPACK 知识是"教师整合信息技术进行有效教学所必备的知识"。[①]

学科内容知识（CK），主要指不同学科特有的"概念、理论、观念、组织框架、证据和证明，以及获得学科发展的实践和途径"[②]。对学前教育来说，学科内容知识主要指幼儿教育五大领域的知识。

教学法知识（PK），是教师关于"教学实践、教学过程、教学程序、教学策

① 朱敏. 幼儿教师 TPACK 现状调查与分析 [J]. 宁波教育学院学报，2014，16(05)：44-47.
② 李美凤，李艺.TPCK：整合技术的教师专业知识新框架 [J]. 黑龙江高教研究，2008(04)：74-77.

略以及教育学方法与策略的认知。"[①] 对学前教育来说，教学法知识主要指组织幼儿参与各类活动，学习五大领域的知识的方法与策略。

信息技术知识（TK），是教师关于"传统技术（黑板、粉笔、教科书、投影仪等）和数字技术（计算机、网络等）等物化形态技术的认知"[②]。对学前教育来说，信息技术知识主要指关于幼儿园里常用技术设备的硬件操作知识和软件应用知识。

学科教学知识（PCK）主要指教师为了促进学生理解学科知识而采取的策略和方法，它是学科内容知识和教学法知识融合产生的针对特定学科教学的知识。对学前教育来说，主要指针对幼儿园五大不同领域内容采取的教学策略和方法。

整合信息技术的学科内容知识（TCK），是"技术与特定的学科内容相互作用产生的知识"。[③] 对学前教育来说，主要指针对幼儿园五大领域内容选用不同信息技术、媒体辅助保教的知识。

整合信息技术的教学法知识（TPK），是"技术和一般教学法相互作用产生的知识"。[④] 对学前教育来说，主要指选择不同信息技术辅助具体保教活动、提高保教效益的知识。

整合信息技术的学科教学知识（TPACK）是教师能够根据具体的教学情境的需要，综合考虑学科知识、教法知识和技术支持，设计恰当的教学方案的知识。[⑤] 对学前教育来说，主要指幼儿教师整合幼儿保教五大领域内容知识、教学法知识和信息技术知识以实现更好的保教效果的知识，整合保教五大领域内容知识、教学法知识和信息技术知识，创设适合幼儿学习环境、设计适合幼儿活动的知识。

（三）TPACK 能力

关于 TPACK 能力，学者们有不同的界定。丁薇（2017）指出教师的 TPACK 能力是指"教师能将信息技术、学科教学知识和教学法知识整合到实际教学过

① Schmidt, D. A., Baran, E., Thompson, A. D., Mishra, P., Koehler, M. J., & Shin, T. S. Technological Pedagogical Content Knowledge (TPACK): The Development and Validation of an Assessment Instrument or Pre-service Teachers[J]. Journal of Research on Technology in Education, 2009, 42:123-149.

② Groth, R., Spickler, D., Bergner, J., Bardzell, M. A Qualitative Approach to Assessing Technological Pedagogical Content Knowledge[J]. Contemporary Issues in Technology & Teacher Education, 2009, 9：392-411.

③ 李美凤，李艺 .TPCK：整合技术的教师专业知识新框架 [J]. 黑龙江高教研究，2008(04)：74-77.

④ Koehler M. J., Mishra, P. What Happens When Teachers Design Educational Technology? The Development of Technological Pedagogical Content Knowledge[J]. Journal of Educational Computing Research, 2005, 32(2):131-152.

⑤ 李美凤，李艺 .TPCK：整合技术的教师专业知识新框架 [J]. 黑龙江高教研究，2008(04)：74-77.

程中的一种能力"。① 杨佳（2019）则认为 TPACK 能力是指"教师运用信息技术来整合学科内容并进行教学的一种能力"。② 本研究中的 TPACK 能力是指教师能够将学科教学知识、教学法知识和信息技术有机融合，灵活运用到实际教学过程中的能力。

Yurdakui 等（2012）在大规模调研的基础上，建构了具有较高信度和效度的 TPACK 调查量表，用于测量教师（包括职前教师和在职教师）的 TPACK 发展水平。该量表设 4 个一级指标和 33 个二级指标，一级指标分为设计（design）、应用（exertion）、伦理（ethics）和精通（proficiency）四个维度。③ 本研究根据研究目的改编了该量表，增加了信息技术的要素。幼儿教师 TPACK 能力"设计水平"主要指幼儿教师能选用合适的信息技术和资源为幼儿保教活动服务；幼儿教师 TPACK 能力"应用水平"主要指幼儿教师能使用信息技术辅助实施保教计划，评价保教质量；幼儿教师 TPACK 能力"伦理水平"主要指幼儿教师能尊重信息技术知识产权和信息技术伦理规范；幼儿教师 TPACK 能力"精通水平"主要指幼儿教师善于学习现代信息技术，运用现代信息技术优化幼儿保教内容和过程，提高保教质量，并形成指导同行的领导力。

第三节　文献综述

文献分析采取基础分析和运用 Cite Space 软件进行热点与趋势分析两种方式进行。文献基础分析主要采取逐篇阅读凝练核心主题的方式进行。为了进一步了解"信息技术 + 教育"和近二十年教师 TPACK 素养研究的热点和趋势，又采用文献计量学中的科学知识图谱方法进行文献分析。

科学知识图谱是"把应用数学、图形学、信息科学等学科的理论和方法与计量学引文分析、共现分析等方法结合，用可视化的图谱形象地展示学科的核心结构、发展历史、前沿领域以及整体知识架构的多学科融合的一种研究方法"④。这种研究方法目前已经被广泛地运用到各个学科领域,研究工具为陈超美博士开发的可视化分析软件 CiteSpace，它能有效处理和深度挖掘各类数据库中析出的材料，绘制相应的知识图谱。

---

① 丁薇 . 大学教师 TPACK 能力的培养策略 [J]. 宁波教育学院学报，2017，19（02）：17-20.
② 杨佳 . 智慧教学背景下大学英语教师 TPACK 能力培养 [J]. 中国成人教育，2019（20）：87-89.
③ Yurdakui,I.K.,et al.. The development, validity and reliability of TPACK-deep : A technology pedagogical content knowledge scale[J].Computers & Education,2012,58(3): 964-977.
④ 李运景 . 基于引文分析可视化的知识图谱构建研究 [M]. 南京：东南大学出版社，2009：1.

一、"人工智能 + 教师"的相关研究

（一）中文核心期刊文献中"人工智能 + 教师"的研究

1."人工智能 + 教师"研究的基础分析

以"人工智能时代"并含"教师"为主题词在 CSSCI 核心期刊库检索（时间跨度为 2011 年—2022 年），共检索到相关文献 88 条，其中 2017 年 1 篇、2018 年 5 篇、2019 年 20 篇、2020 年 27 篇、2021 年 28 篇、2022 年 7 篇，从发文数量来看，呈显著上升趋势，说明该研究主题自 2017 年《国务院关于印发新一代人工智能发展规划的通知》颁发之后，已经成为教师教育领域较为热点的研究主题。从主要主题出现的频次来看，近 5 年发表文献主题频次较高的有：人工智能时代（46 次）、人工智能（30 次）、教师角色（7 次）、教师专业发展（6 次）、教师教育（2 次）、实践路径（2 次）、乡村教师（2 次）。信息技术教育（2 次），由此可见，自 2017 年以后，学术界已经敏锐地觉察到人工智能对教育变革、人才培养方式、教师的专业发展、教师的专业角色、教师的教学方式、学生的学习方式所带来的变化，提出了应对人工智能时代的对策，如发展教师的智能素养等。近 5 年主要聚焦的研究主题为：

（1）人工智能对教育变革的影响

该类研究认为随着人类进入人工智能和人类智能并存的二元智能时代，人类社会生活将发生翻天覆地的变化，人工智能从未如此贴近我们的教育生活。据此，研究者们指出传统意义上的教师工作将会向信息技术教学系统延展，人与机器协作的"混合式教学"将更多出现在未来的课堂，教师不再是"知识传授者"，而更多转向"教育的引领者"，开放、多元和个性化的学习体系将取代标准化、规范化为特征的现代学校体制；学生的学习以提出问题、自主学习、人际交往、谋划未来为主要特征；教育测评和教育内容也将发生大的变革；教育设施和实践时空将发生重要变化①。

（2）人工智能对教师专业发展的影响

该类研究指出，在以人工智能为代表的新时代语境下教师需以人工智能为镜，反思人工智能的发展对于教师专业素养的要求，优化"方法"，修炼"德性"，不断提高"转识成智"的实践智慧，才能成为人工智能无法替代的"大先生"。据此，提出了人工智能时代背景下教师专业发展的主要路径：理性自觉，强化自身教育洞察力；辩证综合，穷究教育世界之义理；德性自证，扎根本土反思性实践②。另有学者指出，智能时代背景下由人工智能参与的教学活动日益

① 钟凯.基于二元智能时代的教育实践变革研究 [J]. 南京社会科学，2018(11)：137-143.
② 李栋.信息技术时代教师专业发展特质的新定位 [J]. 中国教育学刊，2018(09)：87-95.

增多，"教师"角色也日益多样化，教师需要扮演好学生成长数据的分析者、价值信仰的引领者、个性化学习的指导者、社会学习的陪伴者以及心理与情感发展的呵护者等多重角色①。

（3）人工智能对教师教学的影响

该类研究主要从人工智能对教育功能、师生关系、课程体系和教育体制构成的挑战出发，提出高校教师的课堂教学应该从传统的"灌输式教学范式"向以"学生为主体的学"的教学范式转变②。此类研究还指出人工智能对现代教育的种种冲击：教育目标更强调高阶思维、价值观、信息素养、社会交互等素养；教学理念更倾向全纳教育；教学方式注重人机协同和精准教学；教学内容由标准化转向定制化；教学组织形式更加灵活多样；师生关系趋向平等与合作。为应对上述转变，满足教学形态的新需求，教师应主动构建面向人工智能时代的学习空间，并对学习空间从"空间规划、物理环境与服务、陈设、智能技术的整合四个方面进行设计与实现"。③ 李泽林（2019）则从数据层、算法层、感知层、技术层和应用层五个层面对信息技术在教学中的应用进行了详细解读，并提出了优化学习的策略。

表0-4 人工智能在教学中的应用框架

类别	应用领域	优化学习策略
数据层	教学评价、教学行为、教学资源、教学管理	为教学提供大数据，共享远程教学数据库，丰富教学资源；收集、处理、分析教学数据，建立本地教学数据库，为学生的个性化学习和教师的精准教学提供支持
算法层	机器学习、深度学习	机器学习利用算法使机器从大量历史数据中学习规律，自动发现模式并应用于预测；深度学习则可以对现实世界大量数据进行抽象表达，实时了解学生的学习状态，减轻教师重复工作负担，并为学生提供及时反馈
感知层	语音识别、图像识别、文字识别、生物特征识别	借助语音、图像、文字、情感、体验等特征辨识，协助教师感知学生学习的动力和投入程度
技术层	专家系统、虚拟现实、可穿戴设备、知识图谱	通过综合应用多种类型和多层次的技术与方法，辅助教师的教学工作以及促进学生的学习
应用层	自适应学习、学情测评、智能导学、智能推荐、决策支持、智能机器人、自动化批改、个性化学习、虚拟学伴	各种人工智能技术在教学领域应用的集中体现，能够对教学各环节进行干预和指导。

资料来源：李泽林，伊娟.人工智能时代的学校教学生态重构 [J].课程·教材·教法，2019，39(08)：34-41

① 范国睿.智能时代的教师角色 [J].教育发展研究，2018，38(10)：69-74.
② 叶兴国.外语教师面临的新形势新问题 [J].外语教学与研究，2017，49(02)：292-295.
③ 许亚锋，高红英.面向信息技术时代的学习空间变革研究 [J].远程教育杂志，2018，36(01)：48-60.

（4）人工智能对学习方式的影响

该类研究认为，人工智能在教育领域的应用和普及，给学习方式变革既带来了机遇，又带来了挑战。机遇包括重建学习空间、重塑师生交往、优化学习策略、培养"创新人才"所需素养；挑战包括人性反叛与人文迷失、技术地位僭越、万能论陷阱以及诱发的"AI 臣民"现象等。为提升教育质量，研究建议信息技术时代的学习方式变革应该坚守人文情怀，凸显人文精神；谨防智能僭越，关注师生交往；关注学习生态，形成学习共同体；提升学生 AI 素养，重视主体权利等[①]。

（5）人工智能对人才培养方式的影响

人工智能的飞速发展，不仅对高校人才培养规格提出了新要求，而且改变了高校的人才培养方式，推动着高校环境转型升级，重塑了高校教学的意义，促使高校教师角色发生转变，等等。为此，高校必须积极应对信息技术时代的机遇与挑战，树立"不惧机器"的培养理念，打造产教融合的人才培养平台，调整专业设置和课程体系，并引导教师合理利用信息技术。同时，高校也必须认识到在推进人工智能技术应用中可能出现的人员安置、数据安全隐患和弱势高校"动力"不足等问题，采取有效措施主动引导信息技术的健康发展[②]。以华东师范大学为例，面对人工智能时代，华东师范大学积极探索"新师范"教育形态，构建并实施融通"一流专业教育＋一流教师教育＋一流智能教育"的"本硕一体化卓越教师教育模式"。该模式以全面提高未来教师的核心教学素养为目标，基于智能时代背景进行融通式顶层设计，创建了贯穿全程、层级递进的培养体系[③]。

（6）人工智能对师生关系的影响

教育的伦理属性规定了师生关系是追求道德完善的伦理关系。人工智能时代，学校教育突破了时空限制，智能机器替代了部分知识传授，师生之间传统的地缘、业缘和类血缘关系迎来挑战，导致知识传授面临着新的伦理风险。伦理意蕴下的师生关系是重要的社会关系，是社会人与人道德伦理的风向标。人工智能时代，需要"守住师生关系的伦理底蕴，建构教师—学生—智能机器共在的伦理空间，以'爱'为重要交流方式，为师生间的情感交流和道德传授提供伦理保证[④]。"在人工智能教育逐渐走近的时代，师生关系演变的研究引起的众多的关注，已成为教育学研究中的重要议题之一。类研究的主题与焦点又多指

---

① 赵慧臣，唐优镇，马佳雯，王玥．信息技术时代学习方式变革的机遇、挑战与对策 [J]．现代教育技术，2018，28(10)：20-26．

② 任增元，刘军男．信息技术时代高校人才培养变革的思考 [J]．大学教育科学，2019(04)：114-121．

③ 戴立益．信息技术助推教师教育模式变革 [J]．中国高等教育，2021(20)：16-18．

④ 刘霞．信息技术时代师生关系的伦理审视 [J]．教师教育研究，2020，32(02)：7-12．

向教学关系，常从跨学科的视角多层面地剖析师生教学关系。郑新等（2020）立足教学生态系统，分析了师生教学关系的演变，并着重分析了教学媒体在这一演变中所扮演的角色。该文认为，信息技术时代的师生关系将由平衡走向共生，特别是互利共生，其特征为教学中师生教学交互的深入性、教学中各类语言理解的透彻性、教师立德树人作用的显著性。文章还进一步指出，可从以下五方面着力构建这种互利共生的师生教学关系：①充分发挥信息技术在共生关系中的中轴作用；②重新审视教学中师生各自的角色定位；③重视师生教学关系质量的评价与提升；④追求更高层次的师生情感交互；⑤坚守技术应用的教师专业伦理。[①]

（7）人工智能对教师智能素养的要求

该类研究针对人工智能时代对教师专业特质和角色变化的要求，认为教师具备智能素养是人工智能时代的基本要求。刘斌等（2020）构建了基本知识、核心能力和伦理态度三个维度的教师智能素养体系，提出了"政策引领—系统推进—多方支持—自主发展"提升教师智能教育素养的路径。[②]乔莹莹等（2021）认为，人工智能时代为幼儿园教师专业发展带来了新机遇与新挑战，幼儿园教师应努力提升智能教学素养、智能教研素养、智能管理素养等三方面的信息素养。为达此目标，幼儿园应为教师信息素养的培训提升构建良好的支持系统，通过加强智能教育培训提升教师的信息理念和信息意识，通过强化智能教育实践提升教师的信息技术应用能力，通过构建专业共生体优化幼儿教师的信息素养发展生态[③]。同时，另有研究指出，在人工智能时代，作为教师智能素养的重要组成部分，教师的技术领导力是影响学校信息化发展的关键要素，教师技术领导力主要包括"技术应用的规划力、技术与教学的整合力、技术应用的保障力、技术支持下的管理力和技术应用的省思力5个结构成分[④]"。

（8）人工智能对教师知识素养的要求

人工智能（AI）技术的教育应用给教师教学带来前所未有的变革，从智能教学环境、"AI+教学法"的创新到教学内容表征形式的智能化，AI的影响日渐显现，但随之也带来了一系列极具挑战性的伦理问题与伦理风险，这需要重构教师的知识结构。为此，一些学者将伦理知识融入TPACK框架，提出并构建了"AI+学科教学"伦理知识框架（AIPCEK）。AIPCEK继承了伦理知识所具有的复杂性、情境性、实践性、协商建构性和多元化等特点，其基本发展模式有三

---

① 郑新，杨晓宏，张靖.教学生态系统视域下师生教学关系的嬗变研究——兼论人工智能时代师生教学关系变革之可能[J].中国电化教育，2020（11）：39-45.

② 刘斌.人工智能时代教师的智能教育素养探究[J].现代教育技术，2020，30（11）：12-18.

③ 乔莹莹，周燕.人工智能时代幼儿园教师信息素养的内涵与培养[J].学前教育研究，2021（11）：58-61.

④ 郭炯，郝建江.智能时代的教师角色定位及素养框架[J].中国电化教育，2021（06）：121-127.

种：即 AIPCEK 发展的金字塔需求模型；基于在线实践的社区教师 AIPCEK 发展模式；基于项目驱动的教师 AIPCEK 发展模式。AIPCEK 框架的提出，有助于揭示智能时代教师知识结构新的特点及伦理内涵，为教师的知识结构研究及教学实践提供一种新的分析框架[①]。

总而言之，在 2017 年《国务院关于印发新一代信息技术发展规划的通知》颁布后，人工智能在教师教育领域的研究逐年增多，研究的视角也逐渐多样，从 2017 年对人工智能对教育变革、教师角色等方面的畅想，到 2018 年探讨人工智能时代背景下的教育实践变革、教师专业发展特质的定位、教师角色的变化、学习空间、学习方式的变革等，到 2019 年、2020 年、2021 年和 2022 年深入探究人工智能时代背景下教师智能素养的内涵、构成和发展路径等，可见人工智能背景下的教师教育研究逐步从宏观转入微观。

2.“人工智能 + 教师”研究热点与趋势

（1）近 20 年的发文数量分析

以“人工智能”并含“教师”为关键词在中国知网 CSSCI 核心期刊库检索，共检索到相关文献 610 篇。本研究按照论文发表的年份对 610 篇论文进行频次分析，绘制出图 0-4。从图 0-4 可以看出，2002—2017 年，每年的论文发表数量基本在 10 篇以内。但是到了 2018 年，文献发表数量已经达到 53 篇。而近 4 年，发文数量迅速增加，2019 年 125 篇，2020 年 147 篇，2021 年 146 篇，2022 年截至 5 月底，已发表论文 59 篇，可见相关研究趋热倾向十分明显。

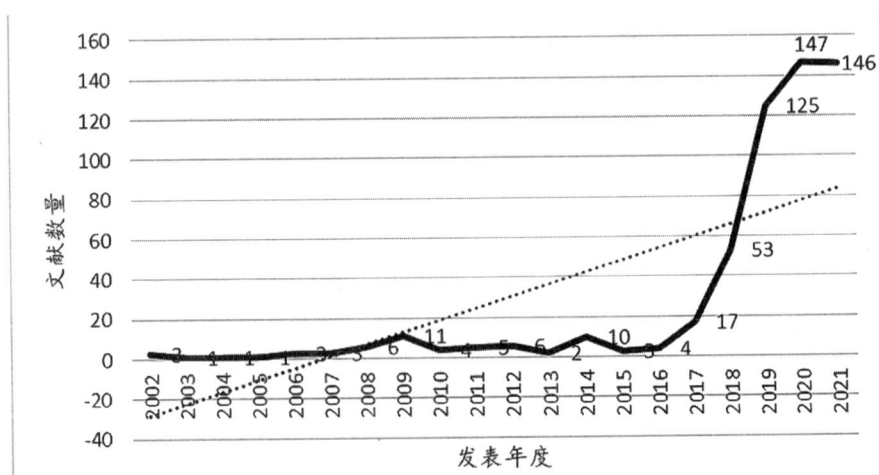

图 0-4　2002—2021 年“人工智能 + 教师”领域研究 CSSCI 期刊研究发文数量

[①] 邓国民，李云春，朱永海.“人工智能 + 教育”驱动下的教师知识结构重构——论融入伦理的 AIPCEK 框架及其发展模式 [J]. 远程教育杂志，2021，39(01)：63-73.

（2）作者合作分析与机构合作分析

用 CiteSpace 分析近 20 年来"人工智能＋教师"研究的作者和机构，可以绘制出研究作者共现图谱（图 0-5）和研究机构共现图谱（图 0-6）。从作者共现图谱可以看出作者节点为 292，连接数 E 为 209，作者节点之间的连线不多，这说明此领域研究呈现出以独立研究为主、合作研究为辅的态势。合作研究主要集中于以黄荣怀为中心的一批学者如刘德建、曾海均、高媛等之间的合作。统计数据还显示，近 20 年在 CSSCI 收录期刊上发表相关研究的主题论文频次最高前 5 位研究者分别为 INVALID（15 篇）、黄荣怀（9 篇）、任友群（7 篇）、余胜泉（7 篇）、祝智庭（6 篇）。图谱中研究机构结构的节点数为 388，连接数 E 为 603，体现了各研究机构作者之间存在较高频次的合作关系。

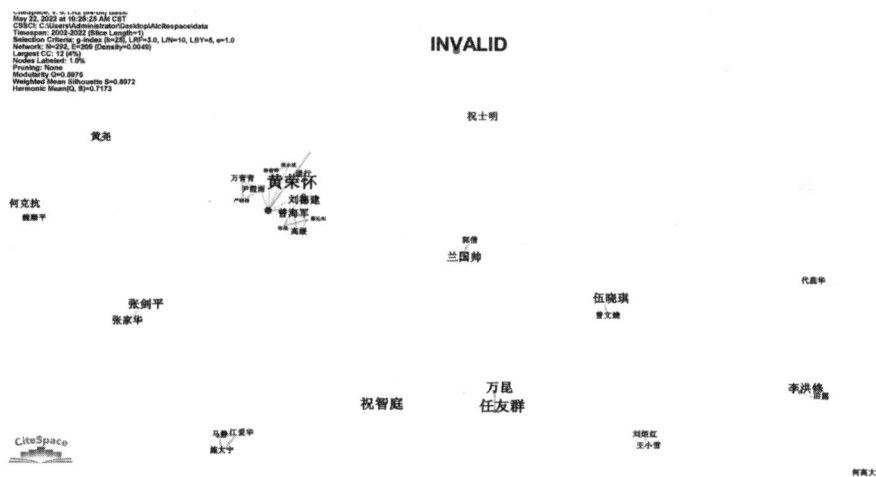

图 0-5　"人工智能＋教师"研究作者合作网络图谱

从合作机构来看，相关研究的发表单位集中在北京师范大学教育学部、天津大学教育学院、西南大学教育学部、北京师范大学智慧学习研究院、华东师范大学教育信息技术系。华东师范大学教育学部、华东师范大学开放教育学院、华东师范大学课程与教学研究所核心研究学者为任有群和祝智庭；北京师范大学教育学部教育技术学院、中央电化教育馆和北京师范大学未来教育高精尖创新中心之间合作关系以 INVALID 和余胜泉等学者为中心；河南大学教育科学学院、河南省教育信息化发展研究院之间不仅有内部合作，还与东北师范大学信息科学与技术学院开展了外部合作。另外，浙江师范大学教师教育学院周跃良、张家华和张剑平之间也开展了内部合作。发文量名列前茅的机构有北师大教育学部、北师大未来教育高精尖创新中心、华东师大教育信息技术学院、中央电化教育馆、西南大学教育学部、天津大学教育学院等。

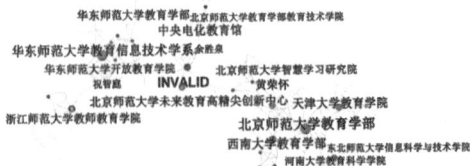

图 0-6 "人工智能＋教师"研究机构合作网络图谱

（3）研究主题的热点聚类分析

使用 Cite Space 软件中的主题词共现分析功能，分析 610 篇文献后，绘制了主题词共现知识图谱（图 0-7）并进行聚类分析，可以了解 TPACK 研究的热点及主题的演进情况。鉴于该领域相关研究较新，本研究导出了共现频次大于 10 的关键词（详见表 0-5）。从表 0-5 可见，近 10 年来教师 TPACK 研究比较热门的关键词频次及中心性如下：信息技术（252，1.14）、学习（41，0.48）、智能教育（39，0.09）、人机协同（28，0.05）、智慧教育（25，0.05）、高等教育（23，0.15）、大数据（19，0.10）、智能时代（17，0.04）等。一般而言，若节点的中心性大于等于 0.1，则表明该节点比较重要。表 0-5 中所列的关键词的中介中心性高于 0.1 的有 5 个，表明信息技术、学习、高等教育、大数据和教师是比较活跃的关键词。

表 0-5 "人工智能＋教师"共现频次大于 10 的关键词信息

序号	关键词	发表年份	出现频次	中心性
1	信息技术	2007	252	1.14
2	学习	2002	41	0.48
3	智能教育	2018	39	0.09
4	人机协同	2018	28	0.05
5	智慧教育	2016	25	0.05
6	高等教育	2014	23	0.15
7	大数据	2014	19	0.10
8	智能时代	2020	17	0.04

9	教师	2009	16	0.11
10	智能技术	2018	14	0.02
11	教师教育	2019	14	0.00
12	教育技术	2009	12	0.03
13	深度学习	2017	13	0.02
14	信息技术	2007	12	0.03
15	教育变革	2017	11	0.01
16	未来教育	2017	11	0.02
17	教师角色	2020	11	0.02
18	学习分析	2018	10	0.02

从图 0-7、图 0-8 可以看出，近 20 年"人工智能＋教师"领域的研究呈现主题多样化的特点，共有关键节点 N 为 363，连线 E 为 814。节点关键词的字号越大表明该关键词出现的频次越高，中心性也越强。

图 0-7 "人工智能＋教师"研究的共现关键词图谱

聚类分析结果显示：Q 值为 0.5975（Q ＞ 0.3），S 值为 0.8972（S ＞ 0.5），表明聚类结构显著且合理。聚类大小值 SIZE 分析表明，SIZE ≥ 15 的聚类研究内容有 8 个板块。第一板块是有关人工智能的研究，SIZE 值为 68，共现的核心关键词有：教育传播与技术、社交媒体、MOOCS，翻转课堂等；第二板块是有关信息技术学习的研究，SIZE 值为 64，共现的核心关键词有：信息技术、网络课程、语音合成、信息素养、智能教育、儿童编程教育等；第三板块是有关智能教育的研究，SIZE 值为 43，共现的核心关键词有：智能教育、教师教育变革、信息技术、教师角色、技术哲学、教育生态等；第四板块是有关人机协同的研究，SIZE 值为 30，共现的核心关键词有：信息技术、音乐慕课、互联网教育、混合现实、教学评价、智慧教育、人网融合、教育革命、数字化校园、人本价值等；第五板块是有关智慧教育的研究，SIZE 值为 24，共现的核心关键词有：人机协同、模式构建、信息生态、AI 双师课堂、教育信息技术、信息技术、智能代理、教育目标、PST 框架、学习空间；第六板块是有关高等教育的研究，SIZE 值为 22，共现的核心关键词有：信息技术、教育变革、信息科技、协同共存、网络学习空间、未来教育、师范大学、大数据时代、教师专业发展等；第七板块是有关大数据的研究，SIZE 值为 21，共现的核心关键词有：机器学习、创客教育、信息技术、信息技术教育等；第八板块的是有关智能时代的研究，SIZE 值为 19，主要共现的核心关键词有：高等教育、信息技术、课程实施、课程改革、教师专业发展、薄弱学校帮扶、多维协同、供给侧结构改革、教学关系等。

图 0-8 "人工智能 + 教师"研究的聚类关键词图谱

（4）研究前沿演进分析

本研究利用 Cite Space 的变异检测算法提取了近 20 年（2002—2022 年）相关研究文献的突现词汇，梳理了变化速度快、出现频次高的词汇，分析、掌握"信息技术 + 教师"的发展趋势和动态，结果如图 0-9 所示。图 0-9 表明，在该节点出现了"学习、教学、信息技术、远程教育、虚拟教室、策略、数字化、技术、教育创新、慕课、智慧教育、在线学习、教育技术、教育变革、智慧学习、计算思维、教师、教育应用、人网融合、新兴技术、教师角色、在线教学、教师发展、在线教育"等高频词。

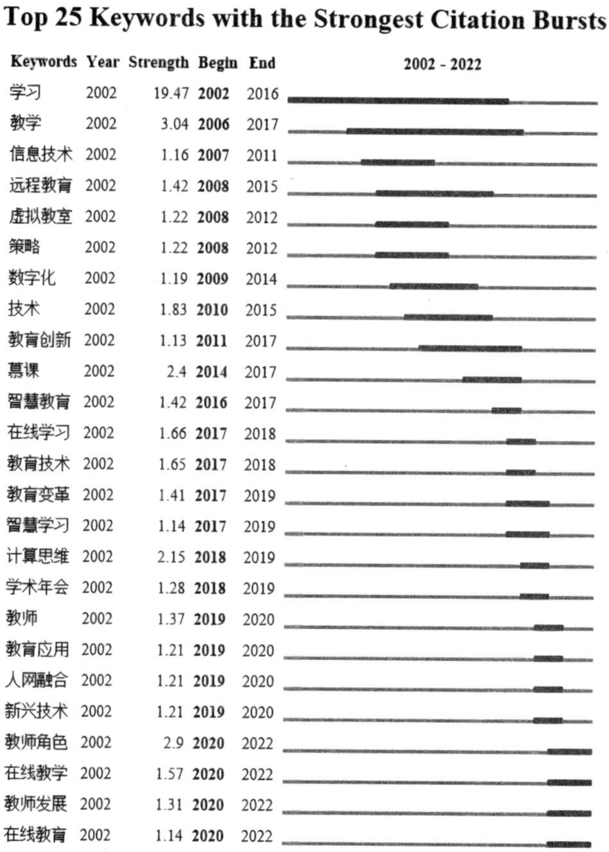

Top 25 Keywords with the Strongest Citation Bursts

Keywords	Year	Strength	Begin	End	2002 - 2022
学习	2002	19.47	2002	2016	
教学	2002	3.04	2006	2017	
信息技术	2002	1.16	2007	2011	
远程教育	2002	1.42	2008	2015	
虚拟教室	2002	1.22	2008	2012	
策略	2002	1.22	2008	2012	
数字化	2002	1.19	2009	2014	
技术	2002	1.83	2010	2015	
教育创新	2002	1.13	2011	2017	
慕课	2002	2.4	2014	2017	
智慧教育	2002	1.42	2016	2017	
在线学习	2002	1.66	2017	2018	
教育技术	2002	1.65	2017	2018	
教育变革	2002	1.41	2017	2019	
智慧学习	2002	1.14	2017	2019	
计算思维	2002	2.15	2018	2019	
学术年会	2002	1.28	2018	2019	
教师	2002	1.37	2019	2020	
教育应用	2002	1.21	2019	2020	
人网融合	2002	1.21	2019	2020	
新兴技术	2002	1.21	2019	2020	
教师角色	2002	2.9	2020	2022	
在线教学	2002	1.57	2020	2022	
教师发展	2002	1.31	2020	2022	
在线教育	2002	1.14	2020	2022	

图 0-9　2002—2022 年"人工智能 + 教师"研究引用最多的突现关键词图谱

图 0-9 还表明，有关教师开展信息技术学习的研究集中于 2002—2016 年；有关教师开展人工智能教学的研究集中于 2006—2017 年；有关教师学习信息技术的研究集中于 2007—2011 年；有关教师开展远程教育的研究集中于 2008—2015年；有关虚拟教室及其策略的研究集中于 2008—2012 年；有关数字化的研究集中于 2009—2014 年；有关技术的研究集中于 2010—2015 年；有关教育创新的主题研究集中于 2011—2017 年；有关慕课的主题研究集中于 2014—2017 年；有关智慧教育的主题研究集中于 2016—2017 年；有关在线学习的主题研究集中于 2017—2018 年；有关教育技术的主题研究集中于 2017—2018 年；有关"智慧学习"和"计算思维"的主题研究集中于 2017—2019 年；有关"教育应用、人网融合和新兴技术"的主题研究集中于 2019—2020 年；有关"教师角色、在线教学、教师发展和在线教育"的主题研究集中于 2020—2022 年。

从上述分析可见，最近 3 年的研究热点为"智慧学习、教师、教育应用、人网融合、新兴技术、教师角色、在线教学、教师发展、在线教育"，这和国家颁布的信息技术标准密切相关。最近的研究更加关注教师在线教学、教师的角色以及在智能时代背景下的专业发展。

（二）外文核心期刊文献中"人工智能＋教师"的研究现状

1."人工智能＋教师"的基础研究

（1）人工智能在教育领域的应用

人工智能在教育领域的应用主要包括三个层面：开发层（分类、匹配、推荐和深度学习）、应用层（反馈、推理和自适应学习）和集成层（情感计算、角色扮演、沉浸式学习和游戏化）。

①开发层

人工智能技术在教育系统开发层面的应用主要包括演示、逻辑建模和数据维度。其中，建模是主要的研究领域，因为建模技术是人工智能技术的基础，贯穿整个系统开发的过程。这类研究通常在计算机科学和信息科学领域进行。开发的过程通常采用归纳演绎方法，对实验数据进行分析，预测变量，然后进行算法测试，得到最终的建模方程。开发一个人工智能教育系统通常可以分为四种类型：分类、匹配、推荐和深度学习。其中分类是指知识库的重建，重建安前先将材料根据不同的特征进行分类。这有助于文本分析的准确性；匹配是指一种转换机制，其中不同的分类集与特定的学习目的有关；推荐被认为是一种智能创作工具，在自然语言过程的支持下，可以自动创建新的主题、理论和教学内容，作为对学习者有效反馈的回应，以帮助教师节省精力和时间。深度学习是一种大数据处理和学习行为分析的综合方法。基于学习或教学行为等教育领域大数据的激增，该系统可以通过升级算法来进行自我调整，以满足用户的动态需求。

②应用维层

目前，研究人员已经开始探索人工智能在教学中的合理应用，应用包括反馈、推理和适应性学习，一些人工智能应用程序，已经可以实现技术、知识和教学设计的合作。人工智能应用的第一个领域是反馈。人工智能系统可以利用人工神经网络，根据学生的输入提供即时反馈，帮助他们逐步获得抽象概念，并进行实践练习。人工智能的第二个应用就是帮助学生形成推理能力。以可视化技术为例，可视化技术可以帮助学生通过观察推理行为来发展他们的推理过程。Vattam 等人的研究发现，通过思维方式的可视化，参与的学习者可以更好地理解复杂系统中组织的多个层次[①]。人工智能的第三个应用是适应性学习系统。该系统可以根据个体学习者的特征、需求和教学目标，调整干预目标。例如智

---

① Vattam S S, Goel A K, Rugaber S, et al. Understanding complex natural systems by articulating structure - behavior- function models[J]. Journal of Educational Technology & Society, 2011, 14(1): 66-81.

能语音识别和自动写作评估等技术，已经比较成熟。

③**集成层**

以往的人工智能学习中，表现测量的维度主要包括学习结果（得分和成就）和技术感知（满意度和接受度）。随着眼球追踪技术和脑电图等生物反馈技术的成熟，情感也越来越多地被用于调查学习者的内部学习动机，例如创造力和责任感等情感态度。目前比较典型的案例是可以通过人工智能技术支持情感计算和分析：复杂算法、可视化、虚拟/增强/混合现实、神经科学等，这些智能技术可以为学习者构建一个良性的学习环境。以复杂算法为例，复杂算法设计遵循的原则为学习者被视为知识的创造者，而不是接受者，这有助于学习者产生积极的情感；而可视化则被认为是解决复杂概念的最优方法，可视化的优点在于将复杂的知识学习变得生动有趣，这样可以有效激发学习者的学习动机。在上述信息技术的支持下，应用情感分析维度有四种学习模型，即反馈、角色扮演、沉浸式学习和游戏化。情感计算是指通过物理传感器和情感算法捕捉人类情感并进行分析，近年来受到广泛关注。情感计算可以增强人机交互作用，在对学习者面部识别的基础上，改进检测学习者情绪状态的智能辅导系统，给予学生及时的情绪反馈；角色扮演是一种鼓励学习者通过扮演不同的角色思考解决问题的学习方法，角色扮演学习法可以增强学生的责任感；沉浸式学习则通过设置虚拟真实场景，让学习者置身于学习环境中，以培养学习者的创造力；游戏化学习可以有效地将教学设计、知识和情感等要素结合在一起，游戏的奖励系统则有利于促进学习者主动学习。

总体而言，人工智能在教育领域的探索经历了从理论研究到特定领域实践的发展历程。2011年和2012年，人工智能领域主要集中于分散理论和群体智能理论的定性研究，随后信息技术研究真正开始，最初人工智能算法并不成熟，而最新的智能算法通常基于大数据技术，它可以在海量数据中不断学习和改进。2019年以后的研究，则更加重视对以往研究的总结和发展前景的展望。

随着人工智能在教育领域的广泛应用，教师的人工智能素养也日益受重视。Ismail Celik 等（2022）通过文献研究发现，人工智能时代改变了教师的角色，教师运用在教育教学领域的信息技术主要包括计划、实施、评估阶段[1]，如图0-10所示：

（1）人工智能对于教师的影响

①**人工智能时代的教师角色**

教师在人工智能教育中扮演7种角色。第一，人工智能培训师。教师是提供有效教学数据的资源，这一角色是基于信息技术教学的最常见角色，教师在

① Celik I，Dindar M，Muukkonen H，et al. The Promises and Challenges of Artificial Intelligence for Teachers: a Systematic Review of Research[J]. TechTrends:1-15.

人工智能教育系统中的重要作用。第二，为人工智能系统提供专业发展数据。教师参与研究，为人工智能系统提供数据，以更准确地预测教师专业发展的相关变量，例如工作满意度、教学质量和教师的表现和参与状态等。第三，提供有关学生特征的信息。教师为人工智能教育的实施提供有关学生的信息。第四，检查评估的准确性。教师对作业和论文进行评分，以测试信息技术评分算法的准确性。第五，确定评估标准。教师确定基于信息技术的评估标准。第六，选择教学材料，指导实施。教师为基于信息技术的教育选择材料并指导实施。第七，提供反馈意见。教师就人工智能教育中的技术问题给予反馈。

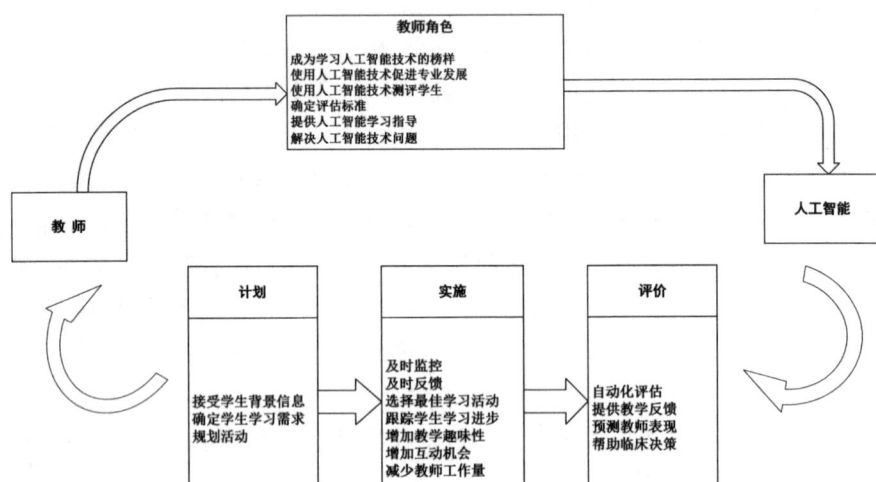

图 0-10 人工智能时代背景下教师角色

资料来源：Celik I，Dindar M，Muukkonen H，et al. The Promises and Challenges of Artificial Intelligence for Teachers: a Systematic Review of Research[J]. TechTrends:1-15.

②人工智能对于教师教育教学的作用

人工智能赋能教师的教育教学主要体现在教育教学计划、实施和评估环节。首先，在计划环节，人工智能的优势在于能够大量获取学生的背景信息，老师可以根据不同学生的背景信息决定选择何种教学内容。其次，在实施环节，人工智能最突出的优势是对学习过程的及时监控，有助于教师为学生提供实时反馈，及时调整学习活动。再次，在评估环节，人工智能能够帮助教师在考试自动化、成绩评定和学生表现评价方面提供决策指导。例如，论文自动评分系统不仅可以显著提高论文评分的效率，而且还可以使评分更加客观（Yuan etal.，2020）。同时，人工智能通过使用多个数据源和信息技术自动建模，还可以向教师提供有关教学实践有效性的反馈，可以帮助教师改进教学实践。

③人工智能应用于不同学科领域的情况

从学科领域来看，人工智能在不同学科领域应用不同，其中小学教育达 9%，科学达 7%，社会达 2%，信息技术达 9%，学前教育达 2%，英语达 14%，文学达 4%，数学达 14%，小学教育和英语是教师最常使用的人工智能领域。在英语课程中，人工智能系统主要用于自动论文评分和适应性反馈；另有 46% 的研究关注科学、技术、工程和数学相关的研究，少数关注社会科学和儿童早期研究。

④人工智能在教育领域应用面临的挑战

人工智能为教育教学带来了巨大的便利，但也面临着一系列的挑战。第一，人工智能自身的缺陷。人工智能可能无法为图形、图像和文本进行评分，需要提高算法的复杂性，提高信息技术评价的准确性。其次，学校缺乏相应的硬件基础设施。教师缺乏相应的人工智能技术知识，再次，人工智能系统很难基于学习者的需求给予不同的反馈，因此尚不能满足教师对有效评估的要求。

2. "人工智能 + 教师"的研究热点与研究趋势

（1）近 10 年的发文数量

以"人工智能"并含"教师"为主题词在 Web of Science 核心数据库进行检索，共检索到 159 篇相关文献。从图 0-11 可以看出，2013 年、2014 年各 1 篇，2015 年 3 篇，2016 年 2 篇，2017 年 2 篇，2017 年 6 篇，2018 年 6 篇，2019 年 12 篇，2020 年 39 篇，2021 年 64 篇，截至 2022 年 5 月，2022 年已发表了 29 篇。整体来看，"人工智能 + 教师"相关研究不仅显著增长，而且有趋热的倾向。

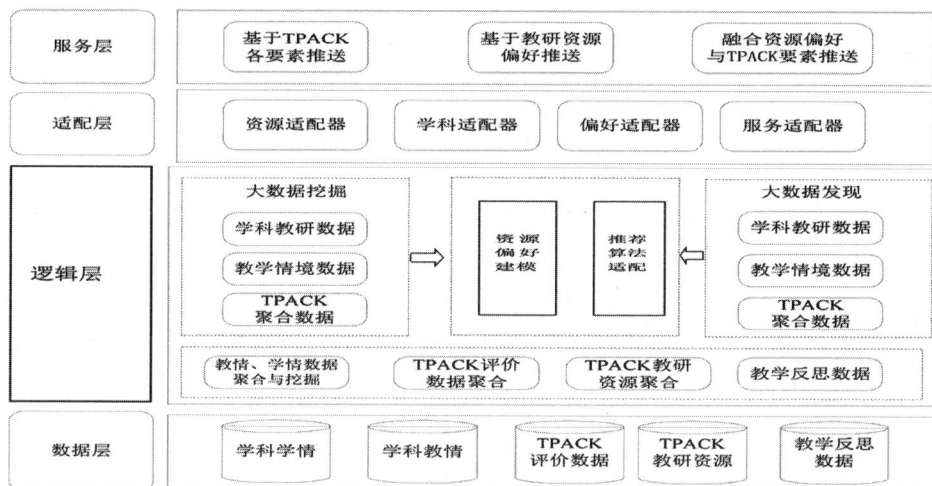

图 0-11 近 10 年"人工智能 + 教师"主题在 web of Science 核心期刊中的发文数量

（2）作者合作分析与机构合作分析

图 0-12 和图 0-13 是用 Cite Space 分析、绘制的 2015—2020 年在外文核心

期刊发表的"信息技术＋教师"文献中研究作者共现图谱和研究机构共现图谱。从作者共现图谱中可以看出，作者节点为91，连接数 E 为98，部分作者节点之间的连线较多，说明合作研究比较普遍，主要集中于以 Wang Y 为中心的和 Guggemos J，Fidan Mncel N 等学者之间的合作；以 Baneres D 和 Karadeniz A 为中心的，和 Jong M，Elena Guerrero Roldan A，Elena Rodriguez M 之间的合作；以 Chiu T 和 Chai C，Kearns D 等为中心的，和 Johnson B，Mccarthy T，Rosenblum L 之间的合作；以 Chiu T 为中心的，和 King I，Chai C 之间的合作；Sanchez Prieto J、Al Shawabkeh A，Kharbat F 之间的合作等。但总体而言，合作研究明显较多。统计数据显示，近 20 年在 Web of Science 期刊上发表的相关研究论文位列前 5 位研究者分别为 WANG Y（3 篇）、CHIU T（2 篇）、KARADENIZ A（2 篇）、CHAI C（2 篇）、BANERES D（2 篇）。

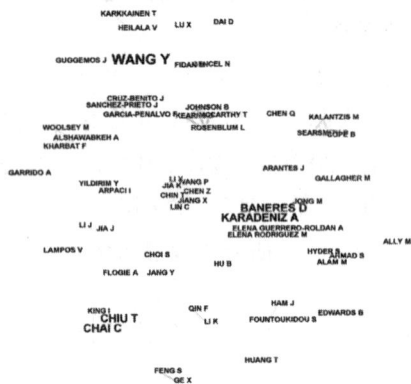

图 0-12 "人工智能＋教师"研究作者合作网络

从研究机构合作网络共现图谱来看，香港中文大学（Chinese University Hong Kong）发文量最多，其次为宁波大学（Ningbo University）、安纳托利亚大学（Anadolu University）。从机构合作情况来看，香港中文大学和密西根州立大学之间存在密切的合作关系；莫纳什大学和凯特伯雷建造服务公司存在合作关系；北京师范大学和阿萨巴斯卡大学之间存在合作关系；浙江大学、东北师范大学之间存在合作关系等。从 Web of Science 发文数量来看，中国学者的研究取得了相当不俗的成绩。

（3）研究热点的聚类分析

以"人工智能＋教师"为关键词在 Web of Scienle 核心期刊库检索，共检索到 159 条文献。本研究使用 Cite Space 软件中的主题词共现分析功能，绘制了关键词共现知识图谱（图 0-14）并进行了聚类（图 0-15），以解析此研究领域的热点及主题的演进。鉴于该研究领域较新，本研究导出了共现频次大于 2 的关键词（详见表 0-6）。

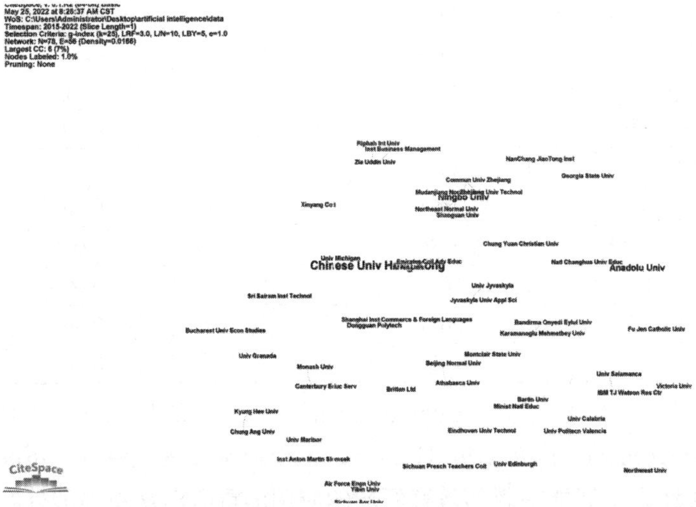

May 25, 2022 at 8:26:37 AM CST
WoS: C:\Users\Administrator\Desktop\artificial intelligence\data
Timespan: 2015-2022 (Slice Length=1)
Selection Criteria: g-index (k=25), LRF=3.0, L/N=10, LBY=5, e=1.0
Network: N=78, E=96 (Density=0.0166)
Largest CC: 6 (7%)
Nodes Labeled: 1.8%
Pruning: None

图 0-13 "人工智能 + 教师" 研究作者和合作机构知识图谱

从表 0-6 可见，近 10 年来 "人工智能 + 教师" 研究比较热门的关键词频次及中心性如下：人工智能（29，1.07）、学生（7，0.13）、智能系统（6，0.13）、网络学习（4，0.23）、模型（4，0.06）、大数据（3，0.18）、高等教育（3，0.06）、行为（2，0.02）、信息技术自我效能感（2，0.11）、环境（2，0.01）、STEM 教育（2，0.00）、课程设计（2，0.03）、专业发展（2，0.00）、信息技术教育（2，0.00）、职前教师（2，0.01）、能力（2，0.00）、语言（2，0.00）等。一般而言，若节点的中心性大于等于 0.1，则说明该节点比较重要。表 0-6 中所列的关键词的中心性高于 0.1 的有 6 个，表明人工智能、学生、智能系统、网络学习、大数据和信息技术自我效能感是比较活跃的关键词。

表 0-6 "人工智能 + 教师" 研究共现频次大于 2 的关键词信息

序号	关键词	发表年份	出现频次	中心性
1	人工智能	2015	29	1.07
2	学生	2018	7	0.13
3	智能系统	2015	6	0.13
4	智能教育	2020	6	0.05
5	网络学习	2019	4	0.23
6	模型	2020	4	0.06
7	大数据	2019	3	0.18
8	高等教育	2021	3	0.06

续表

序号	关键词	发表年份	出现频次	中心性
9	行为	2009	2	0.02
10	信息技术自我效能感	2019	2	0.11
11	环境	2015	2	0.01
12	STEM 教育	2021	2	0.00
13	课程设计	2020	2	0.03
14	专业发展	2021	2	0.00
15	信息技术教育	2020	2	0.00
16	职前教师	2021	2	0.00
17	语言	2021	2	0.00
18	能力	2020	2	0.00

同时，在 2022 年，文化智能（Cultural intelligence）、文化反应教师
（Culturally responsive teacher）、内在动机（intrinsic motivation）等关键词也不断
涌现，说明学者们关注人工智能在教师教育领域的应用的重心已从单纯的外在
技术的学习转向内在动机的激发。

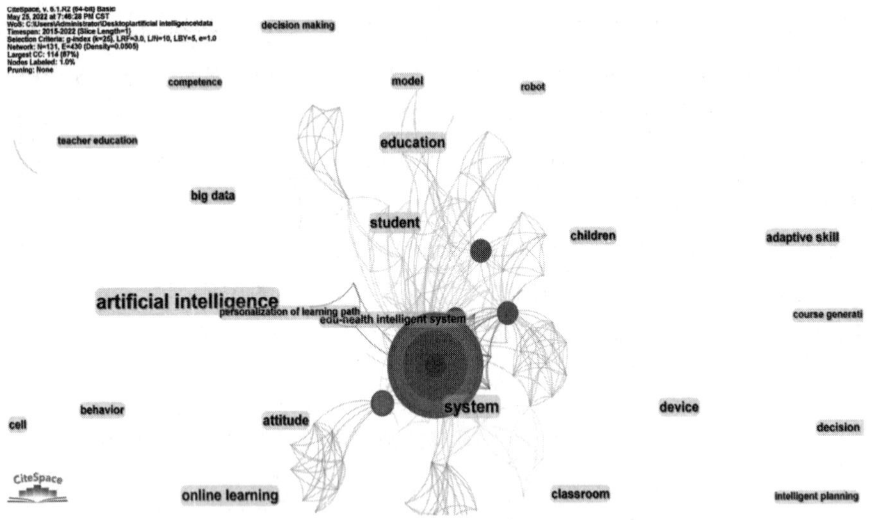

图 0-14 "人工智能＋教师"研究关键词共现图谱

聚类分析显示：聚类分析的 Q 值为 0.6748（Q＞0.3），S 值为 0.9046(S＞
0.5)，表明聚类结构显著且合理。聚类大小值 SIZE 分析表明，聚类研究 SIZE
值大于等于 6 的有 8 个板块。第一板块是有关过程质量特征的研究，SIZE 值为
20，共现的核心关键词有：人工智能、教师教育、合作创造过程、课程设计、非
线性系统、师生互动质量、结构质量；第二板块是有关网络学习内容的研究，
SIZE 值为 18，共现的核心关键词有：人工智能、认知神经教育模型、跨学科模

型、认知科学、STEM 教育、信息技术素养、通识教育、非工程专业学生、学习路径等；第三板块是有关信息技术初步应用的研究，SIZE 值为 16，共现的核心关键词有：信息技术、评估、信息技术学习焦虑、学习行为动机、评估量表发展等；第四板块是有关写作评估系统的研究，SIZE 值为 14，共现的核心关键词有：信息技术、自动化写作评估、大数据、大学英语教学、反馈、写作等；第五板块是有关网络教师的研究，SIZE 值为 12，共现的核心关键词有：智能教师、网络教师、教师能力、21 世纪教育、第四次工业革命、网络教育、网络学习；第六板块是有关教育的研究，SIZE 值为 11，共现的核心关键词有：教育咨询系统、智能障碍、健康信息、适应性技能、健康教育智能系统、可视化活动等；第七板块是有关可解释的学生代理人分析的研究，SIZE 值为 11，共现的核心关键词有：决策、可解释的信息技术、数据模型、学生助力、深度学习、网络英语学习教学平台、信息技术教育；第八板块是有关整合技术的学科教学知识研究，SIZE 值为 6，共现的核心关键词有：整合技术的学科教学知识、技术、知识、技能、态度、教师的专业发展、信息技术、发展策略等。

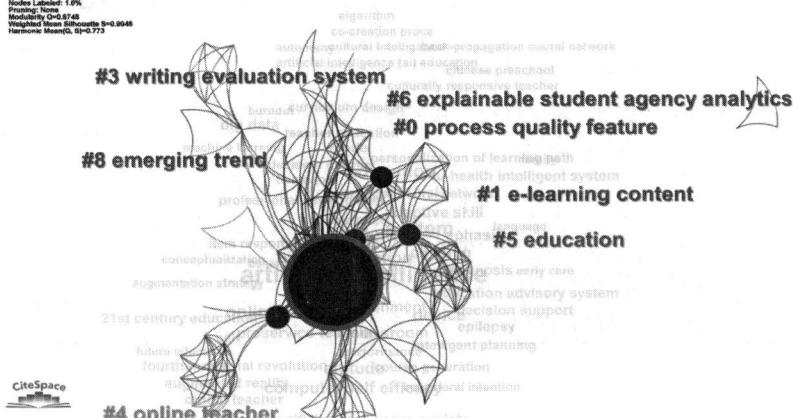

图 0-15 "人工智能 + 教师"关键词突现图谱

　　从现有中英文文献"人工智能 + 教师"研究主题来看，人们对于人工智能应用的研究兴趣日益浓厚，近几年关于教师使用人工智能技术的研究也日益增多，将来或许有更多的研究集中于人工智能在教师教学中的应用方面。

二、"教师 TPACK"相关研究

（一）教师 TPACK 研究的基础分析

　　整合技术的学科教学知识是"信息技术发展以及教育信息技术发展水平不

断提高的重要表现，也是信息技术在教学中的角色地位日益重要的重要表现"。[①]
十多年来，国内外有关教师 TPACK 的研究从无到有，经历了理论创建（2005—
2008）、实践验证（2009—2012）和深入探索（2013—2022）三个阶段。

1. 理论创建阶段

（1）TPACK 的概念溯源

在早期理论创建阶段，国外学者主要探讨教师 TPACK 的概念界定及其框架
结构。TPACK 这一概念由 Shulman（1986）所提出的"学科教学知识"（PCK）
演变而来[②]。Pierson（2001）则更进一步，提出了教师将技术与教学整合的研
究[③]，Lundeberg 等人开展的职前教师使用信息技术知识与信念方面的研究，标志
着此领域的研究基本成型[④]。Koehler 和 Mishra（2005）正式提出"TPACK"，并
对其进行了详细的阐释和说明。他们认为，TPACK 主要指在一定的教学情境下
教师将信息技术与课堂教学整合的知识综合体[⑤]。

如图 0-16 所示，它由三个核心成分组成，同时又交叉融合形成 TPACK 的四
个衍生成分。这 7 个成分之间的操作性定义具体见表 0—7。

表 0-7 TPACK 的 7 种成分的概念界定[⑥]

TPACK 成分	定义
TK	关于信息技术（包括硬件与软件）的知识
PK	关于学生学习、教学理论、教学策略、教学评价等的知识
CK	关于学科内容的知识
PCK	关于使用相应的教学策略来教授某学科内容的知识
TPK	关于使用相应的信息技术来支持某种教学策略 / 方法的知识
TCK	关于使用相应的信息技术来呈现某学科内容的知识
TPACK	关于使用各种信息技术来开展某个学科内容教学的知识

① 肖鑫 . 整合技术视角下小学语文卓越教师知识结构研究 [D]. 长春：东北师范大学，2020，5.

② Shulman L S. Those who understand: Knowledge growth in teaching[J]. Educational researcher, 1986, 15(2): 4-14.

③ Pierson M E. Technology integration practice as a function of pedagogical expertise[J]. Journal of research on computing in education, 2001, 33(4): 413-430.

④ Lundeberg M, Bergland M, Klyczek K, et al. Using action research to develop preservice teachers' confidence, knowledge and beliefs about technology[J]. The Journal of Interactive Online Learning, 2003, 1(4): 1-16.

⑤ Koehler M J, Mishra P. What happens when teachers design educational technology? The development of technological pedagogical content knowledge[J]. Journal of educational computing research, 2005, 32(2): 131-152.

⑥ 蔡敬新等 ."技术—教学—学科知识"（TPACK）研究：最新进展与趋向 [J]. 现代远程教育研究，2015，3：10-18.

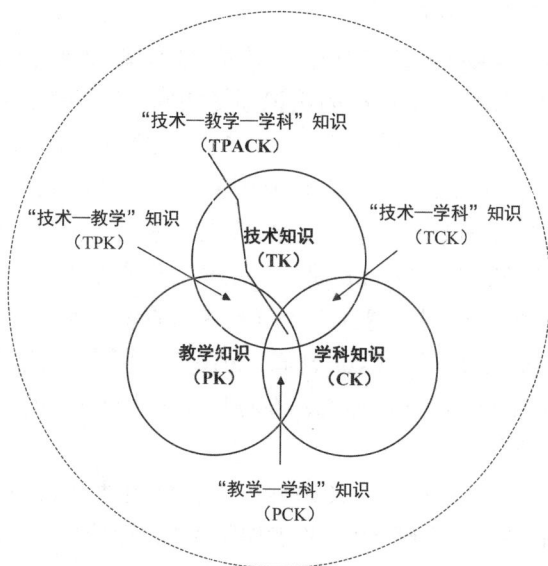

图 0-16 TPACK 的组成结构

资料来源：Koehler, M. J., & Mishra, P. (2009). What Is Technological Pedagogical Content Knowledge? [J]. Contemporary Issues in Technology and Teacher Education (CITE Journal), 9(1): 60-70.

（2）TPACK 的构成要素

一些学者认为，TPACK 是整合性的知识框架，包括技术知识、教学法知识、学科内容知识、整合技术的教学法知识、整合技术的学科内容知识、学科教学法知识和整合技术的学科教学知识[1][2][3]；还有一些学者认为，TPACK 是上述七种知识要素相互作用形成的动态结构框架，该框架包括学科知识、信息技术知识、学习者知识和教学境脉知识。他们强调，教师 TPACK 是教师在具体的教学情境中，针对具体的学生，将学科知识、教学知识和技术知识相互融合而形成的新的独立知识体系[4]。

---

[1]　Mishra P, Koehler M J. Technological pedagogical content knowledge: A framework for teacher knowledge[J]. Teachers college record, 2006, 108(6): 1017-1054.

[2]　Koehler M J, Mishra P, Cain W. What is technological pedagogical content knowledge (TPACK)?[J]. Journal of education, 2013, 193(3): 13-19.

[3]　Chai, C. S., Koh, J. H. L., & Tsai, C. C. Facilitating preservice teachers' development of technological, pedagogical, and content knowledge (TPACK)[J]. Journal of Educational Technology & Society, 2010, 13(4): 63-73.

[4]　刘艳华等 . 教师整合技术的学科教学知识（TPACK）境脉因子模型构建研究 [J].2015，158 (2): 60-66.

（3）TPACK 的理论争鸣

文献研究发现（Voogt et al., 2013）[①]，围绕 TPACK 的研究形成了三个理论流派，这三个理论流派对于 TPACK 的认识不尽相同。第一个流派认为，TPACK 是 PCK 的发展，是某种特定形式的 PCK。这一流派强调信息技术知识是支撑学科知识和教学知识的辅助手段。在教师掌握了更多的信息技术并熟练运用后，信息技术知识将会和学科教学知识逐步融合，密不可分[②]。第二个流派认为，TK 和 PK、CK 具有同等地位，TPACK 是这三个核心要素互相融合促进的结果，它具有动态生成性。但这种观点遭到不少研究者的质疑，因为"部分组成成分并不能在实际测量中被有效识别（Koh et al., 2010）"。[③]第三个流派则认为 TPACK 是一种独特并能单独发展的知识形态，不需要借助其他成分的个别发展（Angeli & Valanides，2009）[④]。

TPACK 的研究发轫于国外，2010 年左右，国内才开始涉猎 TPACK 研究。随着信息化时代的到来，教师 TPACK 发展越来越受到重视，对教师 TPACK 研究呈逐年上升趋势。[⑤]

2. 实践验证阶段

在实践验证阶段，国外学者基于教师 TPACK 分析框架，设计了教师 TPACK 测量量表，运用定量、定性和混合测量方法，对教师 TPACK 进行测评。此阶段，国内则侧重介绍国外 TPACK 概念、解读 TPACK 知识框架、探究 TPACK 知识框架的初步运用，分析教师的 TPACK 素养对学生学习的影响。

（1）TPACK 的结构测量

Schmidt（2009）等通过自编的李克特五点量表，从 7 个维度测量了 124 名美国职前教师 TPACK 素养。探索性因子分析发现，其中 47 个题项具有较高的信度和效度[⑥]。这一探索虽然被后来者诟病未考虑到 7 个因子之间的内在关联性，

① Voogt J, Fisser P, Pareja Roblin N, et al. Technological pedagogical content knowledge–a review of the literature[J]. Journal of computer assisted learning, 2013, 29(2): 109-121.

② Graham, C. R.Theoretical considerations for understanding technological pedagogical content knowledge (TPACK)[J]. Computers & Education, 2011, 57(3): 1953-1960.

③ Koh J H L, Chai C S, Tsai C C. Examining the technological pedagogical content knowledge of Singapore preservice teachers with a large scale survey[J]. Journal of Computer Assisted Learning, 2010, 26(6): 563-573.

④ Angeli, C., & Valanides, N. (2009). Epistemological and methodological issues for the conceptualization, development, and assessment of ICT-TPCK: Advances in technological pedagogical content knowledge (TPCK). In C. D. Maddux (Ed.), Research highlights in technology and teacher education 2009 (pp. 1-16). Chesapeake, VA: Society for Information Technology and Teacher Education.

⑤ 徐鹏，张海，王以宁等 .TPACK 国外研究现状及启示 [J]. 中国电化教育，2013(09)：112-116.

⑥ Schmidt D A, Baran E, Thompson A D, et al. Technological pedagogical content knowledge (TPACK) the development and validation of an assessment instrument for preservice teachers[J]. Journal of research on Technology in Education, 2009, 42(2): 123-149.

但仍为后来者提供了有益的思路。Koh（2010）将 Schmidt 的量表改编成 29 个题项的 7 点量表，测量了 1185 名新加坡职前教师的 TPACK 素养，但数据统计发现，PK、TCK 与 TPACK 不能很好地被识别，分别被合并成新的因子[①]。后续研究者（Chai et al.，2011；Jang & Tsai，2013）的研究也发现了同样的问题，他们据此认为理论上不存在 7 个 TPACK 的因子结构[②③]。

Lee 与 Tsai（2010）的 TPACK 基于网络技术的探索性和验证性因子分析结果表明，量表中 TPK 与 TPACK 的题项常常被同一个因子解释[④]。Jang 和 Tsai（2013）的研究也发现 PK 和 PCK 可以合并为一个新的因子，TPK、TCK 和 TPACK 也被另一个共同因子所解释。[⑤] 这些因子合并的现象可能与教师在教学实践中不能正确区分七个因子（Cox & Graham，2009）[⑥] 有关，也有可能与 TPACK 本身的高度情境性相关（Koehler & Mishra，2005）[⑦]。

为了解决上述共现性较高的问题，Chai（2011）在后期的研究中有意识地将 TPACK 七个维度的题项在概念上作了明确区分，又分别对 214 名新加坡职前教师和 455 名在职教师进行测量。数据分析发现，在对 TPACK 的成分进行明确的定义后，7 个因子能被很好地识别。[⑧]

（2）TPACK 的结构模型

在验证 TPACK 结构的同时，Chai 及其同事深入探讨了 TPACK 各个因子之间的结构关系。Koh 等（2013）通过结构方程模型分析发现，在职教师的 CK 与

① Koh, J. H. L., Chai, C. S., & Tsai, C.-C. Examining the technological pedagogical content knowledge of Singapore pre-service teachers with a large-scale survey[J]. Journal of Computer Assisted Learning, 2010, 26(6): 563-573.

② Chai C S, Koh J H L, Tsai C C, et al. Modeling primary school pre-service teachers' Technological Pedagogical Content Knowledge (TPACK) for meaningful learning with information and communication technology (ICT)[J]. Computers & Education, 2011, 57(1): 1184-1193.

③ Jang, S. J., & Tsai, M. F. Exploring the TPACK of Taiwanese secondary school science teachers using a new contextualized TPACK model [J]. Australasian Journal of Educational Technology, 2013, 29(4): 566-580.

④ Koh, J. H. L., Chai, C. S., & Tsai, C.-C. Examining the technological pedagogical content knowledge of Singapore pre-service teachers with a large-scale survey[J]. Journal of Computer Assisted Learning, 2010, 26(6): 563-573.

⑤ Jang, S. J., & Tsai, M. F. Exploring the TPACK of Taiwanese secondary school science teachers using a new contextualized TPACK model [J]. Australasian Journal of Educational Technology, 2013, 29(4): 566-580.

⑥ Cox, S., & Graham, C. R.Diagramming TPACK in practice: Using an elaborated model of the TPACK framework to analyze and depict teacher knowledge[J]. TechTrends, 2009, 53(5): 60-69.

⑦ Koehler M. J. , Mishra, P. What Happens When Teachers Design Educational Technology? The Development of Technological Pedagogical Content Knowledge[J]. Journal of Educational Computing Research, 2005, 32(2): 131-152.

⑧ Chai C S, Koh J H L, Tsai C C, et al. Modeling primary school pre-service teachers' Technological Pedagogical Content Knowledge (TPACK) for meaningful learning with information and communication technology (ICT)[J]. Computers & Education, 2011, 57(1): 1184-1193.

PCK 对 TPACK 的直接作用并未达到显著水平（p >0.05）[1][2]。Chai 等（2013b）一项研究也发现，亚洲华人职前教师的 TK、PK 和 CK 对 TPACK 均无显著的直接作用，CK 对 PCK 亦无显著预测作用。但 TK、PK 和 CK 能通过 TPK、TCK 和 PCK 对 TPACK 产生间接效应。[3]

（3）TPACK 的个案研究

TPACK 的个案研究常常使用观察、访谈等研究方法探讨不同的教师在具体的教学情境中的 TPACK 观及其在教学中的体现。Hammond 等（2009）[4]、Khan（2011）[5]、Manfra 与 Hammond（2008）[6] 在 TPACK 个案研究领域中取得了一定的成果。

2009–2012 年是 TPACK 研究迅速发展的一段时期，研究方法、领域、内容都呈现出多向发展的趋势。研究方法主要有定性研究、定量研究、混合研究，其中 2008 年以后以定量和混合研究居多。研究内容主要是本体研究、框架研究、测量方法研究、教师素养养成策略研究、信息技术与课程融合的研究等。随着研究的逐步深入，近年来国外对 TPACK 的研究转向对框架下微观概念的界定及教学实际问题的解决。[7] 研究的对象也不断拓展，涉及幼儿园、小学、中学、大学老师，中国还出现了一部分对乡村教师 TPACK 的研究，对他们的课堂行为表现以及教学策略等进行调查分析。

2. 深入探索阶段

在深入探索阶段，国外相关研究主要聚焦构建具体学科的 TPACK，探究不同学科教师 TPACK 发展模型。国内相关研究则关注教师 TPACK 素养的生成机制，探索发展教师 TPACK 的课程体系和实施路径等。

---

① Chai, C. S., Koh, J. H. L., & Tsai, C. C.Examining practicing teachers' perceptions of technological pedagogical content knowledge (TPACK) pathways: a structural equation modeling approach[J]. Instructional Science, 2013, 41(4): 793-809.

② Koh, J. H. L., Chai, C. S., & Lim, W. Y. Teacher professional development for TPACK-21CL: Effects on teacher ICT integration and student outcomes[J]. Journal of Educational Computing Research, 2017, 55(2): 172-196.

③ Lin T C, Tsai C C, Chai C S, et al. Identifying science teachers' perceptions of technological pedagogical and content knowledge (TPACK)[J]. Journal of Science Education and Technology, 2013, 22: 325-336.

④ Hammond, T. C., & Manfra, M. M. Giving, prompting, making: Aligning technology and pedagogy within TPACK for social studies instruction [J]. Contemporary Issues in Technology and Teacher Education, 2009, 9(2): 160-185.

⑤ Khan, S. New pedagogies on teaching science with computer simulations [J]. Journal of Science Education and Technology, 2011, 20(3), 215-232.

⑥ Jang, S. J., & Tsai, M. F. Exploring the TPACK of Taiwanese secondary school science teachers using a new contextualized TPACK model [J]. Australasian Journal of Educational Technology, 2013, 29(4): 566-580.

⑦ 徐鹏，张海，王以宁等 .TPACK 国外研究现状及启示 [J]. 中国电化教育，2013(09)：112-116.

（1）TPACK 的类型分类

有研究者将现有的 TPACK 实证性研究分为四类：通识型 TPACK、技术专属型 TPACK、教学专属型 TPACK 和学科专属型 TPACK[①]。

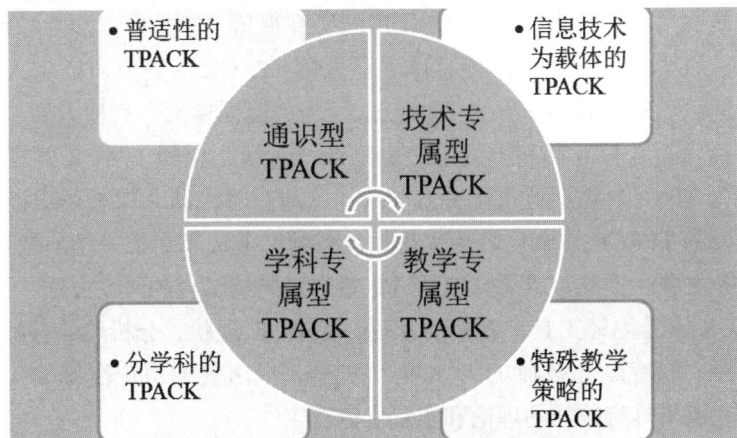

图 0-17　TPACK 实证研究分类

（2）TPACK 的发展策略

关于教师 TPACK 的发展策略，随着研究从提出泛泛而谈的发展建议走向学理层面的反思，相关研究正逐步深入。

部分研究侧重提出发展教师 TPACK 策略，例如改革职前和在职教师教育和培训课程，在学科教学法方面突出 TPACK 的内容，帮助教师掌握整合信息技术于教学的方法和策略，包括整合技术的课堂教学设计、教学课件制作、网络教学平台使用、教学资源库建设等；同时，此类研究还提出培养教师的自主专业发展意识，激发教师开展技术与教学整合创新的热情，建构教师专业学习共同体，促进 TPACK 的交流与分享等。[②]

部分研究侧重对教师 TPACK 发展的学理层面的思考。他们认为，教师 TPACK 的发展可分为"技术中心"立场的消费型教师观和"技术设计型"教师发展观。前者主要通过培训使教师掌握技术应用的通用知识，追求技术解决问题的普适性处方；后者则认为教学情境是复杂的、动态的，教师需从简单的信息技术的应用者转变为创造性使用技术的设计者。[③]

部分研究运用定量研究的方法探究教师影响 TPACK 发展的因素。该类研究认为，职前教师 TPACK 结构中的 TPK、PCK、TCK、CK 的发展能够对

① 蔡敬新，邓峰．"技术—教学—学科知识"（TPACK）研究：最新进展与趋向 [J]. 现代远程教育研究，2015(03)：9-18.

② 张凤娟等．大学英语教师 TPACK 特点及其发展研究 [J]. 中国电化教育，2015，5：124-129.

③ 张静等．"技术中心"转向"技术设计"TPACK 框架的教育意蕴反思 [J]. 教育研究与实验，2015(1)：36-40.

TPACK 发生显著影响。外部因素诸如职前教师选修计算机相关课程对职前教师的 TPACK 水平产生正向影响。

综上所述可见,有关教师 TPACK 的研究为 AI+ 教育时代教师的专业发展提供了一种新视角。近年来,教师 TPACK 的研究视角不断扩大,涉及学科不断增加,数学、科学、语文、英语等具体学科教师 TPACK 的研究不断深入。然而,在中国知网以"幼儿教师"并含"TPACK"为关键词检索,只检索到 5 篇论文,仅有的 1 篇发表在核心期刊上的论文也只涉及对幼儿教师 TPACK 的现状调查,对幼儿教师 TPACK 素养研究几乎为空白,这和新时代幼儿保教要求极不相称。提升幼儿教师 TPACK 素养已成为促进幼儿教师专业成长、推进学前教育高质量发展的当务之急。据此,本研究拟通过定量和定向相结合的研究方法,设计幼儿教师 TPACK 素养测评工具,测量幼儿教师 TPACK 现状,分析幼儿教师 TPACK 发展的瓶颈,探究幼儿教师 TPACK 内生机制,提出发展幼儿教师 TPACK 的策略。该研究成果具有较强的理论和实践价值。

(二)教师 TPACK 研究热点变迁与评述

1. 中文核心期刊文献中教师 TPACK 研究热点

以"TPACK"并含"教师"为关键词在中国知网 CSSCI 数据库检索,时间跨度为 2011—2022 年,仅检索到文献 5 篇。为了检索到更多文献,本研究又以"TPACK"并含"教师"为主题词检索,共检索到相关文献 200 篇。

(1)文献量变化趋势

从历年文献发表的数量来看(见图 0-18),教师 TPACK 研究在国内起步较晚,2015 年达到一个高峰,后期有轻微波动,但总体呈现上升趋势。

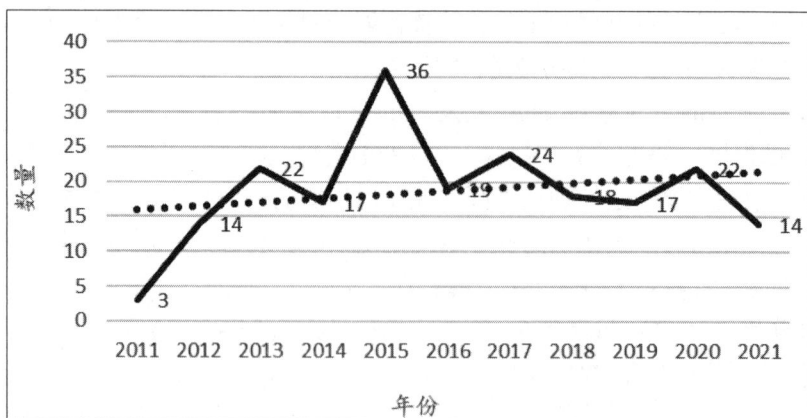

图 0-18 "教师 TPACK 研究" 2011-2021 年 CSSCI 期刊发文数量统计

从涉及的学科领域来看,近 10 年涉及的教育类学科主要有教育理论与教育管理(158 篇)、高等教育(51 篇)、中等教育(21 篇)、初等教育(11 篇)、成人教育与特殊教育（3篇）、音乐舞蹈（3篇）、化学（2篇）、学前教育（1篇），教育理论与教育管理学科领域内发表的相关文献最多，学前教育领域发表的文献数量最少，10年仅有1篇。

从项目基金支持的情况来看，论文发表受到全国教育科学规划课题资助的有17项，国家社会科学基金资助的有13项，教育部人文社会科学项目资助的有7项，国家自然科学基金资助的有6项，教育部新世纪优秀人才支持计划资助的有2项，国家科技支撑计划资助的有2项，其他省市级别项目资助的项目共34项。从上述统计数据来看，在人工智能时代背景下，TPACK研究已成为教育科研的前沿和热点研究，引起了国家和地方各级政府特别是主管部门的关注。

（2）研究者合作分析与机构合作分析

近年来，合作研究成为教育科研的常态。当今世界日趋复杂，一个复杂的学术问题经过多位学者反复探究取得进展已成为新常态，合作论文、专著已经成为提高科研效率的重要途径。

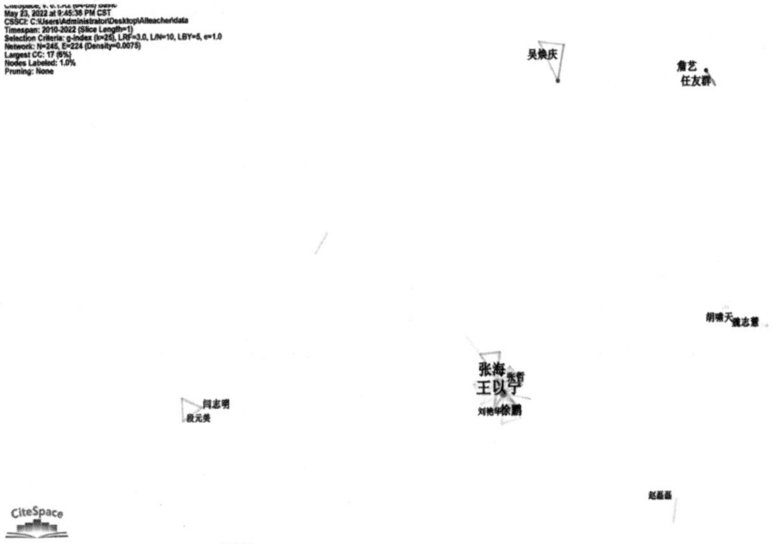

图 0-19　教师 TPACK 研究作者合作网络图谱

从图0-19可以看出，发文量最多的王以宁2012年发表了14篇相关论文；其次是张海，2012年发表了10篇相关论文，发文较多的还有徐章韬（7篇）、张静（6篇）、徐鹏（6篇）、吴焕庆（5篇）、任有群（5篇）等。在此研究领域，国内研究者之间的合作并不多，主要有以张海为中心和于勇、徐鹏、张哲、刘绩宏等学者的合作，以及王以宁与张海为中心与季孟雪、徐鹏、刘冬萍等学者之间的合作。

May 23, 2022 at 9:54:15 PM CST
CSSCI: C:\Users\Administrator\Desktop\Aiteacher\data
Timespan: 2010-2022 (Slice Length=1)
Selection Criteria: g-index (k=25, LRF=3.0, L/N=10, LBY=5, e=1.0
Network: N=264, E=432 (Density=0.0124)
Largest CC: 42 (15%)
Nodes Labeled: 1.0%
Pruning: None

东北师范大学计算机科学与信息技术学院
张海
东北师范大学传媒科学学院
刘晓中 王凯 宁
东北师范大学
东北师范大学信息科学与技术学院

徐章韬
华中师范大学数学与统计学学院

任友群
詹艺
华东师范大学课程与教学研究所
华东师范大学教育信息技术系

裴纳
北京师范大学教育技术学院
曲阜师范大学传媒学院
吴焕庆

图 0-20 教师 TPACK 研究机构合作网络图谱

从机构合作情况来看（图 0-20），发文量较多的是东北师范大学传媒科学学院，2012 年发文 13 篇，机构内研究者之间有密切合作关系；其次是北京师范大学教育技术学院，2014 年发表论文 9 篇。从合作机构区域分布来看，主要集中于北京、上海、东北等高校和高等教育研究机构。从北京地区的合作机构来看，北京师范大学现代教育技术研究所与云南民族大学教育学院、中国教育科学研究院教育信息中心、丽江高等师范专业学校计算机科学系、云南民族大学教育学院之间有一定的合作关系，涉及的学者有余胜泉、丁杰，吴焕庆等；北京师范大学教育技术学院与北京教育学院朝阳分院基础教育研究中心、北京师范大学教育学部、教育部高等人文社会科学重点研究基地北京师范大学教师教育研究中心、北京师范大学中文信息处理研究所、南阳理工大学国立教育学院有着密切的合作关系；北京师范大学教育技术学院、曲阜师范大学传媒学院、北京师范大学现代教育技术研究所、曲阜师范大学信息技术与传播学院之间有着密切合作关系。从上海地区的合作机构来看，上海开放大学发展研究部、上海海关学院继续教育部、上海师范大学教育学院、上海开放大学之间有着密切合作，华东师范大学教育信息技术系与课程与教学研究所之间也存在内部合作关系；从东北地区的合作机构来看，吉林大学公共外语教育学院、东北师范大学计算科学与信息技术学院、传媒科学学院、信息科学与技术学院之间的合作较为密切。

从上述分析可以看出，高层次的 TPACK 研究主要集中在北京、上海、东北等地，全国性的机构之间的深度合作尚不多见。实际上，在振兴乡村教育的时代背景下，地方高校的师范生培养、在职教师的继续教育的 TPACK 素养提升培养培训反而非常欠缺。

（3）关键词共现分析

CiteSpace, v. 6.1.R2 (64-bit) Basic
May 23, 2022 at 6:21:24 PM CST
CSSCI: C:\Users\Administrator\Desktop\Alteacher\data
Timespan: 2010-2022 (Slice Length=1)
Selection Criteria: g-index (k=25), LRF=3.0, L/N=10, LBY=5, e=1.0
Network: N=207, E=221 (Density=0.0104)
Largest CC: 102 (49%)
Nodes Labeled: 1.0%
Pruning: None

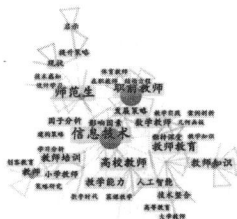

图 0-21 教师 TPACK 研究共现关键词图谱

关键词是一篇论文的核心词汇。一般来讲，"关键词高频率出现，表明了此问题得到学术界的高度关注"。[①] 本研究使用 CiteSpace 软件中的关键词共现分析功能，绘制出了 TPACK 研究关键词共现知识图谱（图 0-22，图 0-23）并进行了聚类，以此来了解 TPACK 研究的热点及主题的演进。因该研究领域较新，本研究在软件后台导出了所有的关键词，列出了共现频次大于 3 的关键词，详见表0-8。

从表 0-8 可见，近 10 年来，教师 TPACK 研究比较热门的关键词频次及中心性如下：信息技术（22，0.34）、师范生（13，0.18）、教师教育（12，0.15）、职前教师（10，0.08）、高校教师（8，0.09）、教师知识（8，0.06）、发展策略（4，0.01）、教育技术（3，0.00）、设计学习（3，0.00）、现状（3，0.03）、教学实践（3，0.00）、慕课教学（3，0.01）、教师培训（3，0.06）。一般而言，若节点的中心性大于等于 0.1，则说明该节点比较重要。表 0-8 中所列的关键词的中介中心性高于 0.1 的有 3 个，表明信息技术、师范生、教师教育是目前教师 TPACK 的主要研究领域。

表 0-8 教师 TPACK 研究共现频次大于 3 的关键词信息

序号	关键词	发表年份	出现频次	中心性
1	信息技术	2014—2017	22	0.34
2	师范生	2016	13	0.18

[①] 甘永涛 .1928—2013 年中国民族教育研究之演化——基于科学知识图谱的实证分析 [J]. 西北师大学报（社会科学版），2015，52（2）：82-87.

序号	关键词	发表年份	出现频次	中心性
3	教师教育	2010	12	0.15
4	职前教师	2014	10	0.08
5	高校教师	2014	8	0.09
6	教师知识	2010	8	0.06
7	发展策略	2014	4	0.01
8	教育技术	2010	3	0.00
9	设计学习	2011	3	0.00
10	发展现状	2012	3	0.03
11	教学实践	2016	3	0.00
12	慕课教学	2020	3	0.01
13	发展的影响因素	2016	3	0.01
14	翻转课堂	2014	3	0.01
15	教学能力	2017	3	0.02
16	教师培训	2015	3	0.06

在聚类分析中，本研究采用了从关键词中提取名词性术语为聚类命名的策略。这类聚类标签是按照对数似然算法（Likelihood Rate，简称 LLR）进行排序。运用 Citespace 对所有关键词进行聚类后，得到 4 个类别。在分析这些关键词聚类的基础上，基本上可以把近 10 年我国教师 TPACK 研究的热点概括为 5 个领域。

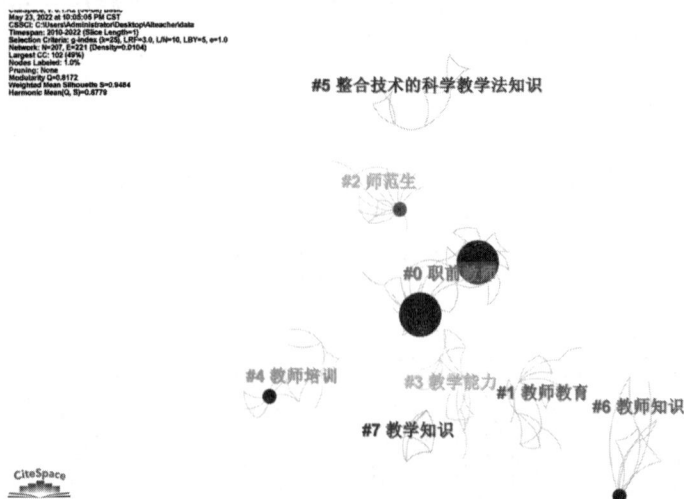

图 0-22 教师 TPACK 研究聚类关键词图谱

第一，信息技术素养。信息技术素养的培养主体主要为职前教师（师范生）、音乐教师、体育教师，主要内容包括信息技术素养的发展策略（教学整合、学科教学）、影响因素。

第二，师范生 TPACK 素养培养。大学往往站在学术的最前沿，所以关于师范生 TPACK 的研究比较多。相关研究主要采取实证研究的方法，围绕师范生 TPACK 发展现状、发展机制、影响因素、建构（提升）的策略（设计学习、微课开发、案例研究）等方面展开研究。

第三，职前教师。这个热点和师范生一样，主要围绕职前教师的培养模型、课程方案、差异分析、教学实践和技术模块培养策略展开。

第四，教师教育领域的 TPACK。主要聚焦数学教师的 TPACK 知识基础研究。

第五，教师培训。主要聚焦教师培训、教育技术、创客教育、策略研究。

Top 11 Keywords with the Strongest Citation Bursts

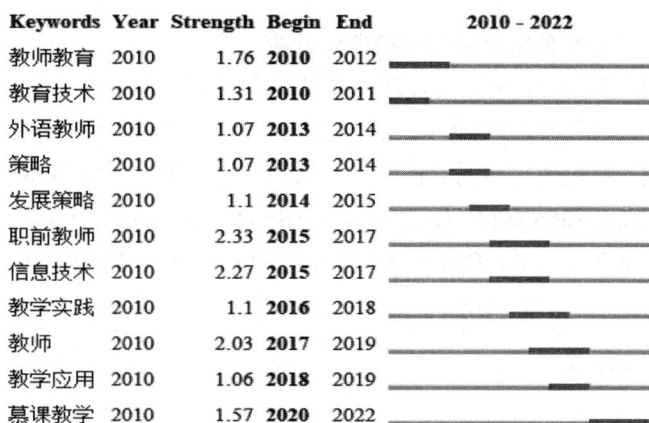

Keywords	Year	Strength	Begin	End	2010 - 2022
教师教育	2010	1.76	2010	2012	
教育技术	2010	1.31	2010	2011	
外语教师	2010	1.07	2013	2014	
策略	2010	1.07	2013	2014	
发展策略	2010	1.1	2014	2015	
职前教师	2010	2.33	2015	2017	
信息技术	2010	2.27	2015	2017	
教学实践	2010	1.1	2016	2018	
教师	2010	2.03	2017	2019	
教学应用	2010	1.06	2018	2019	
慕课教学	2010	1.57	2020	2022	

图 0-23　2010-2020 教师 TPACK 研究引用最多的突现关键词

2. 外文核心期刊文献中教师 TPACK 的研究热点

（1）文献量变化趋势

以"TPACK"并含"teacher"在 Web of Science 外文核心期刊数据库检索文献，检索的时间范围为 1975—2022 年，共检索到相关文献 409 篇，其中 2015 年 44 篇，2016 年 42 篇，2017 年 49 篇，2018 年 39 篇，2019 年 56 篇，2020 年 80 篇，2021 年 69 篇，2022 年已有 30 篇，整体发文数量呈上升趋势。

从研究涉及的学科来看，近 10 年涉及的教育类学科主要有教育研究类（354 篇）、计算机科学跨学科应用类（31 篇）、教育科学学科（19 篇）、语言学（18 篇）、心理语言学（15 篇）、特殊教育（3 篇）。教育研究类发表的相关文献最多，一共 354 篇，数学等 10 年来仅有 1 篇。

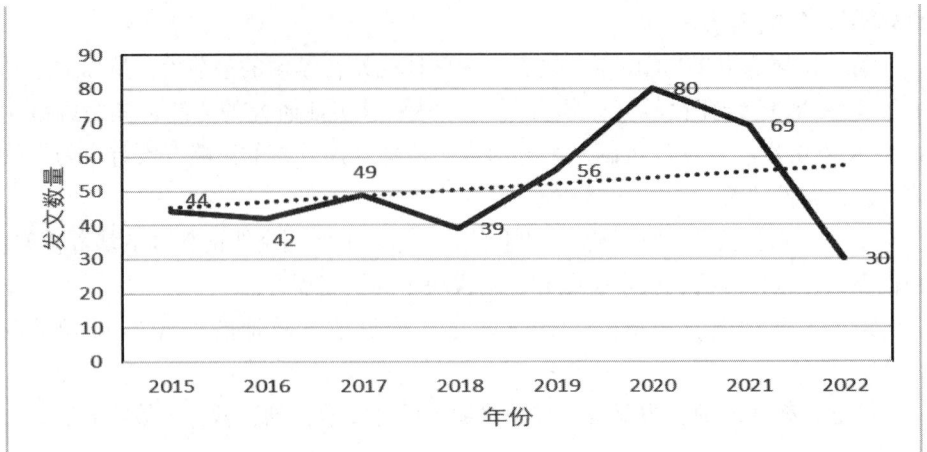

图 0-24 教师 TPACK 研究 2015-2022 年 Web of Science 期刊发文数量统计

（2）研究者合作分析与研究机构合作分析

从图 0-25 可以看出，CHAI C 2016 年发表了 4 篇，发文量最多，其次分别是 KOH J（3 篇）、REDMOND P（2 篇）、CHENG S（2 篇）、NELSON M（2 篇）。在此研究领域，研究者之间的合作并不是很多，主要集中在以 TONDEUR J 为中心，与 JARVELA SMAKITALO K,Naykki P,Sointu Ehoang N 等学者之间的合作；Nel Son M 与 Voithofer R，Caines A，Han G 和 Cheng S 之间的合作，Jin M 与 Liang J，Tsai C，Chai C，Zhou Y 之间的合作等。

图 0-25 教师 TPACK 研究研究者合作网络图谱

从文献的发表数量来看，研究机构中发文量较多的是南洋技术大学（2015，

9）篇，香港中文大学（2019，3篇），北京师范大学（2015，3篇），台湾师范大学（2016，3篇），台湾科技大学（2015，3篇）。从研究机构合作情况来看，香港中文大学与台湾师范大学，南洋科技大学、悉尼大学、南大杨明交通大学之间存在密切合作关系；俄亥俄州立大学、爱荷华州立大学、美国密歇根大学之间存在密切合作关系；亚洲大学、台湾清华大学、台南大学和台湾政治大学之间存在密切合作关系；南洋科技大学、北京师范大学、台湾政治大学、台湾科技大学之间也存在密切的合作关系。

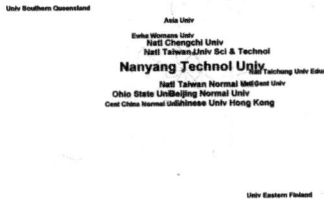

图 0-26　教师 TPACK 研究作者机构合作网络图谱

（3）关键词共现分析

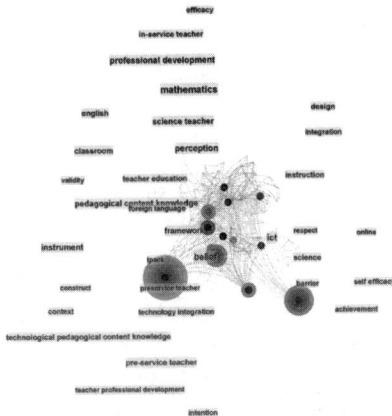

图 0-27　教师 TPACK 研究共现关键词图谱

本研究列出了共现频次大于 3 的关键词，详见表 0-9。从表 0-9 可见，近 10 年来，教师 TPACK 研究比较热门的关键词频次及中心性如下：TPACK 框架（25，0.15）、技术内容知识（20，0.12）、信念（12，0.26）、教育（11，0.05）、职前教师（8，0.08）、教师教育（10，0.08）、技术融合（9，0.08）、信息与通信技术（9，0.23）、整合技术的学科教学知识（9，0.03）、整合技术的内容知识（8，0.07）、技术感知（8，0.18）、尊重（7，0.02）、数学（7，0.25）、科学教师（7，0.25）、专业发展（5，0.15）、科学（5，0.14）和技术设备（5，0.13）。表 0-9 中所列的关键词的中心性高于 0.1 的有 10 个，表明整合技术的学科内容知识框架构建、教师的 TPACK 知识、信念、伦理等是目前外文核心期刊文献中教师 TPACK 的主要研究领域。

表 0-9 国外教师 TPACK 研究共现频次大于 3 的关键词信息

序号	关键词	发表年份	出现频次	中心性
1	TPACK 框架	2015	25	0.15
2	技术内容知识	2015	20	0.12
3	信念	2015	12	0.26
4	教育	2015	11	0.05
5	职前教师	2018	8	0.08
6	教师教育	2015	10	0.08
7	技术融合	2018	9	0.08
8	信息与通信技术	2015	9	0.23
9	整合技术的学科教学知识	2015	9	0.03
10	整合技术的内容知识	2016	8	0.07
11	技术感知	2015	8	0.18
12	尊重	2015	7	0.02
13	数学	2016	7	0.25
14	科学教师	2017	7	0.25
15	专业发展	2015	5	0.15
16	科学	2015	5	0.14
17	技术设备	2018	5	0.13

在聚类分析中，本研究采用了从关键词中提取名词性术语为聚类命名的策略。这类聚类标签是按照对数似然算法（Likelihood Rate，简称 LLR）进行排序。运用 Cite Space 对所有关键词进行聚类后，得到 7 个类别。在分析这些关键词聚

类的基础上，基本上可以把近 10 年外文核心期刊文献中教师 TPACK 研究的热点概括为教育技术、微教学、分层线性模型、技术接受模型等 7 个领域。

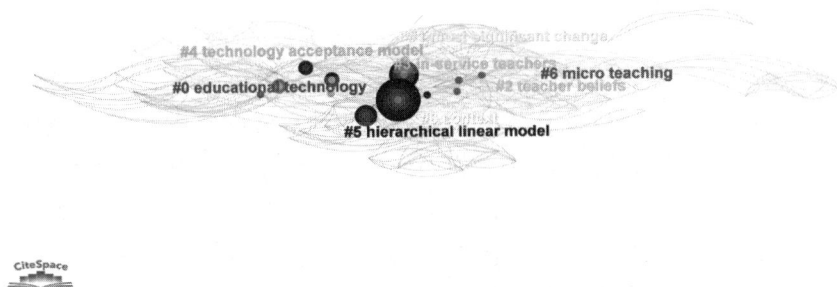

图 0-28　教师 TPACK 研究聚类关键词图谱

从关键词突现的图谱（图 0-29）来看，有关教师 TPACK 设计思维和指导的研究集中于 2015—2016 年；有关科学教师 TPACK 和基于 TPACK 教师发展的研究集中于 2017—2018 年；有关职前教师 TPACK 研究集中于 2018—2019 年。最近两年的研究热点为"科学、量表信度、教育技术"，近期的研究更加关注教师在线教学、教师的角色以及在人工智能时代背景下教师专业发展。

Top 10 Keywords with the Strongest Citation Bursts

Keywords	Year	Strength	Begin	End	2015 – 2022
design thinking	2015	1.25	**2015**	2016	
instruction	2015	1.25	**2015**	2016	
ict	2015	0.9	**2015**	2016	
tpack	2015	0.9	**2015**	2016	
science teacher	2015	1.87	**2017**	2018	
professional development	2015	0.92	**2017**	2018	
preservice teacher	2015	1.47	**2018**	2019	
science	2015	1.38	**2019**	2020	
validity	2015	1.24	**2020**	2022	
educational technology	2015	1.24	**2020**	2022	

图 0-29　2015-2022 年教师 TPACK 研究引用最多的突现关键词图谱

近年来，教师 TPACK 研究在国内外学术界持续受到关注，国内外学者之间的合作研究成为一种重要的发展趋势。值得注意的是，中国学者在此研究领域的作用日益显著。特别是在后疫情时代，翻转课堂和混合式教学已经成为教育常态，探究教师如何整合技术的学科素养显得尤为紧迫。

三、"人工智能 + 教师 TPACK"相关研究

以"人工智能"并含"教师 TPACK"为关键词在中国知网 CSSCI 核心期刊库检索，仅检索到 4 篇相关文献，在 Web of Science 数据库检索，共检索到相关文献 64 篇。因文献较少，所以将中英文文献结合进行分析。

从发文的数量来看，中文核心期刊文献中教师 TPACK 研究成果颇丰：徐鹏（2019）探索了信息技术时代教师的专业发展[①]，闫志明（2020）分析了整合信息技术的学科教学知识（TPACK）[②]、邓国民等（2021）论述了"人工智能 + 教育"驱动下的教师知识重构，构建了基于伦理的 AIPCEK 框架及其发展模式[③]、虞江锋（2022）探索了 TPACK 理论框架下开放大学教师的专业发展[④]。外文核心期刊中有关"人工智能 + 教师 TPACK"的研究集中于 1985 年，截至目前，共发表相关论文 64 篇，如图 0-30 所示：2011 年 1 篇，2013 篇 3 篇，2014 年 2 篇，2016 年 2 篇，2017 年 1 篇，2018 年 4 篇，2019 年 16 篇，2020 年 12 篇，2021 年 10 篇，2022 年 4 篇，2019 年以前呈波动上升 2019 年以后有所回落。

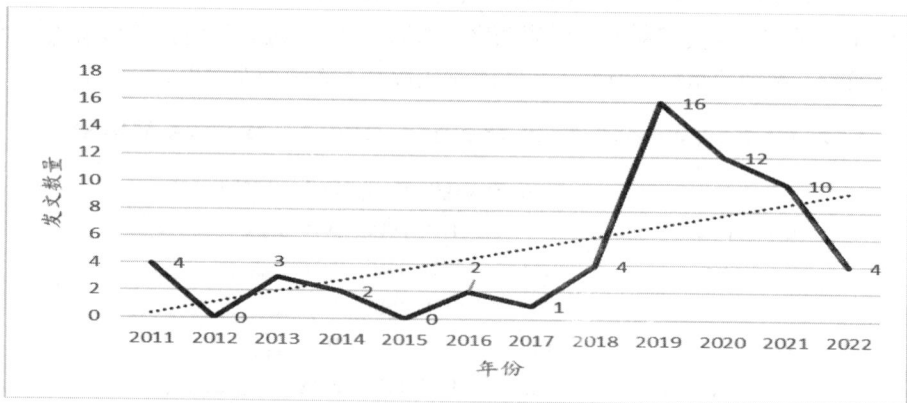

图 0-30 "人工智能 + 教师 TPACK"研究在 Web of Science 核心期刊中发文数量

① 徐鹏.信息技术时代的教师专业发展——访美国俄勒冈州立大学玛格丽特·尼斯教授 [J]. 开放教育研究，2019, 25(04)：4-9.
② 闫志明，付加留，朱友良等.整合信息技术的学科教学知识（TPACK）：内涵、教学实践与未来议题 [J]. 远程教育杂志，2020, 38(05)：23-34.
③ 邓国民，李云春，朱永海."信息技术 + 教育"驱动下的教师知识结构重构——论融入伦理的 AIPCEK 框架及其发展模式 [J]. 远程教育杂志，2021, 39(01)：63-73.
④ 虞江锋，张吉先.TPACK 理论框架下开放大学教师的专业发展分析 [J]. 职教论坛，2022, 38(04)：103-109.

从研究主题来看，主要包括：

（一）整合人工智能技术的 TPACK 知识

该类研究指出，在人工智能时代，TPACK 应该融入信息技术的元素，构建 TPACK 教师知识框架。其中 AI-TK 指的是教师对教学中能够运用的信息技术的认识和理解，既包括可见的信息技术物质产品，也包括信息技术思维，例如计算和数据思维等[①]；AI-TPK 是指教师对信息技术的运用对教和学带来改变的动态理解，它包括教师能根据信息技术对教学的支持，设计出合适的教学策略和活动的知识[②]；AI-TCK 是指信息技术与学科内容相互影响和相互限制方面的知识[③]；TPACK 是一种由学科知识、教学知识和信息技术三种知识相互交织而产生的一种知识。除此之外，教师应对信息技术在教学中应用有可能带来的风险和挑战有清晰的理解[④]。

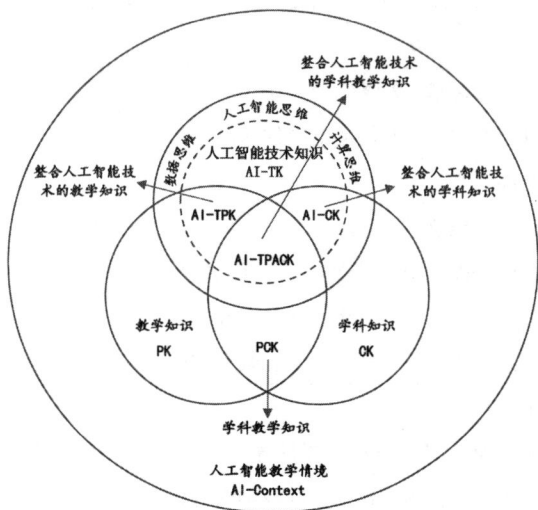

图 0-31　整合人工智能技术的学科教学知识模型

资料来源：闫志明等.整合人工智能技术的学科教学知识（AI-TPACK）：内涵、教学实践与未来议题 [J]. 远程教育杂志,2020,38(05):23-34.

① 马云：信息技术是一种思维方式 [EB/OL].［2020-08-14］. https://baijiahao.baidu.com/s?id=1611834 18680301 4133&wfr=spider&for=pc.
② 詹艺，任友群.整合技术的学科教学法知识的内涵及其研究现状简述 [J]. 远程教育杂志，2010（4）：78-87.
③ 闫志明，付加留，朱友良等.整合信息技术的学科教学知识（TPACK）：内涵、教学实践与未来议题 [J]. 远程教育杂志，2020，38(05)：23-34.
④ 闫志明，付加留，朱友良.整合信息技术的学科教学知识（TPACK）：内涵、教学实践与未来议题 [J]. 远程教育杂志，2020，38(05)：23-34.

（二）整合人工智能技术的 TPACK 能力

Seonghun Kim（2021）依托中国、韩国、印度有关人工智能在中小学（幼儿园）课程教学中应用的文献，基于 TPACK 框架，分析了教授人工智能的教师所必须具备的能力，如表 0-10 所示。表中，PK 维度，教师需有设计项目化教学的能力、运用游戏讲解基本概念的能力；PCK 维度，教师需有使用 AI 技术组织课堂的能力、解决问题的能力，同时需有遵守 AI 社会伦理的意识；CK 维度，主要包括 AI 基础知识、计算机科学知识、应用数学知识、AI 伦理知识；TK 维度教师需有使用 ICT 工具和其他教育软件的能力、构建 AI 教学环境的能力；TCK 维度教师需有使用 Web 和 Api 网络教育平台的能力；TPK 维度教师需有利用 AI 技术给学生提供反馈的能力。

表 0-10 基于 TPACK 的中小学（幼儿园）教师人工智能教育胜任力指标

TPACK	中小学（幼儿园）教师所需要的人工智能教育能力
PK	促进基于项目的学习
	使用游戏讲解基本概念
PCK	创设基于课堂管理和问题解决的活动
	人工智能技术
	人工智能伦理意识
TK	人工智能基础知识（推理、学习和识别）
	应用数学知识（概率、统计和微积分）
TCK	使用信息技术、通信技术工具和教育软件
	构建编程环境
TPK	使用基本 Web 或 Api 的在线教育平台进行人工智能项目教育
	使用人工智能技术提供反馈并鼓励同行评议
	使用开放教育平台共享人工智能项目成果

资料来源：Kim S , Jang Y , Choi S , et al. Analyzing Teacher Competency with TPACK for K-12 AI Education[J]. KI - Künstliche Intelligenz, 2021, 35(2):139-151.

从上述分析可见，随着信息技术时代的到来，研究者对于教师的整合信息技术的 TPACK 知识和能力都做了初步的探索，这为本研究的模型建构奠定了一定的基础。

（三）基于 TPACK 的智能教研能力发展模型

人工智能技术改变了教师教研活动的形式，有研究者根据 TPACK 模型，开发了学科教师教研能力发展模型，构建了 TPACK 框架下的教研资源库和教研资源智能推荐模型①。智能教研模型包括服务层、适配层、逻辑层和数据层。服务层包括基于 TPACK 的要素推送、基于数据教研资源的偏好推送和融合资源偏好的 TPACK 要素推送；适配层包括资源适配器、学科适配器、偏好适配器和服务适配器等；逻辑层则包括教情和学情数据聚合与挖掘、TPACK 评价数据聚合、TPACK 教研资源聚合和教学反思数据；数据层则包括学科学情、学科教情、TPACK 评价数据、TPACK 教研资源聚合和教学反思数据。

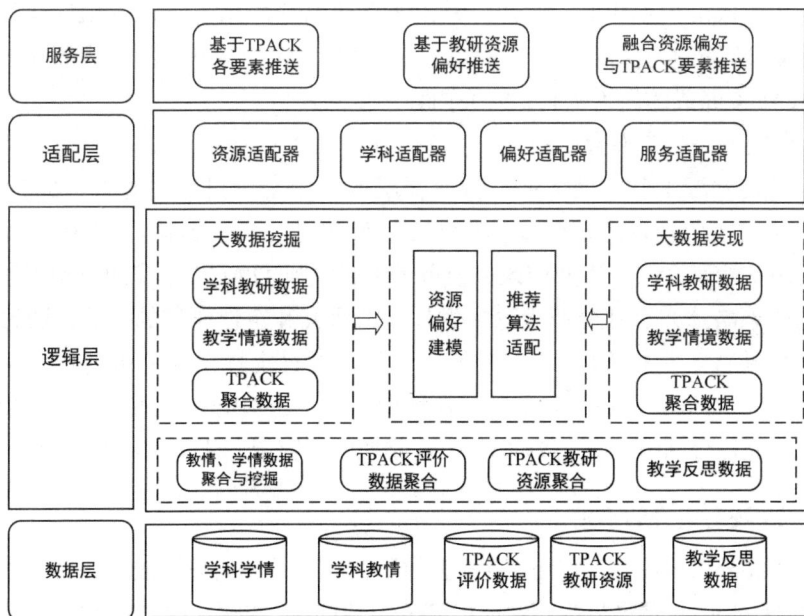

图 0-32　基于 TPACK 框架的智慧教研系统

四、现有研究的特点与不足

（一）现有研究的特点

1. 研究对象趋于多元

从近年公开发表的文献来看，教师 TPACK 的研究对象主要为大学教师和中小学教师，亦有少量文献运用现成的 TPACK 知识结构量表，分析了幼儿教师 TPACK 素养的现状；从学科来看，主要包括英语、数学、物理、化学、语文等学科；从地域来看，除了研究城市教师，亦有部分论文探讨农村教师 TPACK 素养现状，以此探讨我国农村教育现状以及农村教师发展之道。总之，研究对象

①　杨丽娜等 . 基于 TPACK 框架的精准教研资源智能推荐研究与实践 [J]. 中国电化教研，2021（02）：43-50.

逐渐趋于多元化，足见 TPACK 知识体系具有极强的覆盖面。

2. 研究内容趋于深入

从以上综述可见，教师 TPACK 知识体系研究经历了从最初的概念溯源、组成要素分析、结构模型建构发展到类型分类、发展策略研究，研究内容逐步深入。国内亦有部分博士论文深度挖掘了小学语文教师 TPACK 知识的生成过程及其养成路径。从研究内容来看，研究已经从显性的知识结构体系构建深入到对教师知识生成的内部机制的反思，从对教师进行简单信息技术运用培训到倡导教师主动进行技术创新实践，从简单地对教师 TPACK 现状实施调查到深入挖掘教师 TPACK 养成的内生机制，研究内容逐步深入。

3. 研究方法趋向混合

从研究方法来看，绝大部分现有文献或运用定量研究法对教师的 TPACK 素养现状实施调查，同时结合观察法和访谈法进一步了解教师 TPACK 发展情况；使用质性研究法，诸如访谈、叙事等了解教师 TPACK 生成的影响因素，探讨发展的策略。亦有部分博士论文发挥定量研究和定性研究的优势，通过定量研究建构某特定学科教师 TPACK 知识体系，通过定性研究分析特定教师群体 TPACK 发展的机理，以此为基础开发培训课程，建构培训体系。鉴于定量研究和定性研究各有利弊，今后教师 TPACK 领域的研究应趋于运用混合式研究范式。

（二）现有研究的不足

从上述分析可见，"人工智能 + 教师"在教育领域的研究成果非常丰硕，教师 TPACK 研究也成效斐然，然而以"人工智能""教师"并"TPACK"为主题词检索，在 CSSCI 数据库只检索到 5 篇论文，分别为《人工智能时代大学教师的角色定位研究——技术整合的视角》《人工智能 + 教育驱动下的教师知识重构——论融入伦理的 AIPCEK 及其发展模式》《整合信息技术的学科教学知识(TPACK)：内涵、教学实践与未来议题》《人工智能时代的教师专业发展——访美国俄勒冈州立大学玛格丽特·尼斯教授》和《高校教师翻转课堂教学胜任力模型研究——兼及"人工智能 + 背景下的教学新思考"》。可见，人工智能和 TPACK 结合的研究较少，研究主要集中在大学教师群体，关注点为智能时代的教师角色、智能时代的学科教学知识、智能时代的教师专业发展、智能时代的教师翻转课堂的教学胜任力，对于中小学教师特别是幼儿教师的关注很少，主要不足表现为：

1. 幼儿教师 TPACK 素养模型研究缺乏

随着人工智能时代的来临，特别是信息技术介入教育领域，人类社会正在进行一场巨大的变革，教师 TPACK 的发展问题受到广泛关注，但是研究对象主要集中于大学教师和中小学教师，对幼儿教师 TPACK 的研究则极为匮乏。现有的关于幼儿教师 TPACK 的研究主要集中在内涵、发展现状、培养策略等方面，缺乏运用系统的质性研究方法对教师 TPACK 素养的形成过程的深度解读，缺乏对 TPACK 素养研究在幼儿教师知识研究领域缺位的原因解析，关于幼儿教师 TPACK 素养理论模型、生成机制和培训课程的研究，几近空白。

2. 幼儿教师 TPACK 素养测评工具缺位

文献综述部分详细分析了国内外教师 TPACK 研究的发展历程，数学、语文、英语等学科基本上都建构了自己专有的 TPACK 知识体系，但仅有的几篇有关幼儿教师 TPACK 素养的研究，只是运用国外普适性的量表，测量幼儿教师的 TPACK 的发展现状，提出几点象征性的建议，可操作性不强。未来亟须构建属于幼儿教师自己的 TPACK 测评体系和工具。

3. 幼儿教师 TPACK 素养养成课程缺失

关于如何发展教师的 TPACK 素养，其他学段的教师教育已做了一些探索，但幼儿教师教育领域探索较少。AI+ 已倒逼幼儿教师必须掌握娴熟的信息技术知识，并将此知识和自身的学科内容和教学法知识有效融合，提高教育教学的质量和效益。但幼儿教师 TPACK 素养并非自然形成，需要依托一定的课程体系进行系统的培养或培训。从目前的研究文献来看，指向幼儿教师 TPACK 素养培养或培训课程仍未构建。

五、对本研究的启示

（一）研究幼儿教师 TPACK 的素养

全面三孩政策实施以后，优质学前教育供给不足的问题更加凸显。为此，国务院连续推出三期行动计划，扩总量、调结构、建机制、提质量，建设普惠性幼儿园，满足人民群众对优质学前教育的需求。新时代学前教育需要更多优秀的幼儿教师，因而对幼儿教师专业发展的关注度也就日益提升。TPACK 作为教师专业发展的新视角，幼儿教师也须加强学习，及时提升。然而，"幼儿教师 TPACK 政策体系的不健全、评价体系的匮乏、培训体系的欠缺以及实践体系的缺乏等现实问题，迫切要求学前教育界从幼儿教师 TPACK 政策体系、评价体系、培训体系、实践体系四个层面审视幼儿教师 TPACK 素养发展路径，满足人工智能时代学前教育对幼儿教师知识体系的要求，进而实现全社会对幼儿园教师'质'的要求"①。

本研究基于现有研究无法满足幼儿教师信息化素养提升和学前教育事业发展需求的现状，以幼儿教师为研究主体，从幼儿教师出发，研究提升幼儿教师

① 张建欣. 新时期幼儿教师 TPACK 发展路径审视 [J]. 中小学电教，2015(11)：11-13.

TPACK 素养的载体、路径，力图补充现有幼儿教师 TPACK 发展研究的不足，为幼儿教师专业发展特别是信息化素养的提升提供理论基础和行动指南。

（二）运用生活史等质性研究方法

"生活史研究是生活历史学家以个体的生活历史经验为材料，通过他们生活故事的讲述与展现，对被研究者的生活故事和意义建构做出一种解释性的理解，由此来洞察个体生存境遇及其与社会之间的互动，揭示个体日常生活经验意义的方法。"[①] 20 世纪 80 年代初，英国学者古德森开始从生活史角度来研究教师生活，他认为"生活史是教师教育研究的最佳方式"[②]。近年来，因生活史的研究可以揭示教师的整体经验、重塑社会变迁与个体生命历程的关系而备受国内研究者的关注。针对目前 TPACK 研究主要围绕其内涵、大体现状、影响因素、培养策略等方面的现象，本研究从幼儿教师生活史角度出发，跟踪研究了四名幼儿教师的个人成长史，分析其发展路径，结合现状研究，探求了目前幼儿教师 TPACK 素养发展存在的问题，并寻求解决策略。

第四节　研究设计

一、理论基础

对于整合技术的教师知识相关问题的研究，不同的研究者对于教师知识概念这个基本问题的诠释不同，尽管如此，却为整合技术的幼儿教师知识体系研究提供了理论推演与实践论证的理论基础。[③]

（一）教师知识理论

1. 主要内容

（1）知识分类学说

教师知识（teacher knowledge）是教师的立教之本。关于教师知识的研究，起步虽晚，进展却很快。美国学者舒尔曼（1987）强调："若要推进教师专业化，就必须证明存在着保障专业属性的知识基础，阐明教师职场中发挥作用的专业知识领域和结构。"他同时指出，静态的理论分析和动态的实践分析是研究教师知识结构的基本路径。如今，教师知识研究已不断走向分化和细化（如表 0-11

---

① 庄严，徐玉珍. 教师研究的生活史视角 [J]. 教育科学研究，2014(02)：70-75.
② 转引自庄严，徐玉珍. 教师研究的生活史视角 [J]. 教育科学研究，2014(02)：70-75.
③ 肖鑫. 整合技术视角下小学语文卓越教师知识结构研究 [D]. 长春：东北师范大学，2020，5.

所示）。

表 0-11　教师知识分类

研究者	知识分类
Berliner	学科内容知识，学科教学法知识、一般教学法知识
R.Sternherg	内容知识、教学法知识，实践的知识
Tamir	博雅知识、个人表现知识、学科内容知识、一般性教学法知识、学科教学知识、教学的专业基础知识
Lee. S. Shulmm	一般教学法知识、课程知识、学科教学法知识、教育对象的知识、教育情境的知识，其他课程知识、内容知识、学习者与学习的知识、一般教学法知识、其他课程知识
Grossman P. L.	内容知识、学习者与学习的知识、一般教学法知识、课程知识、教育环境知识，自我的知识
Frank B. Murray and Andrew Porter	学科内容、普通知识和人文知识，教育学科内容、多元文化和国际方面的知识、教师教学过程的决策知识
Caldecott	学科知识、行业知识，个人实践知识、个案研究、理论性知识、隐喻和映像
Gimmestad & Hall	普通知识、内容知识、教学法知识、学科教学知识
中继亮	本体性知识、条件性知识、一般文化知识、实践性知识
傅道春	原理性知识、案例知识、策略知识
陈向明	理论性知识、实践性知识

资料来源：肖鑫.整合技术视角下小学语文卓越教师知识结构研究 [D].长春：东北师范大学，2020.

　　教师知识作为专业知识，体现了教师职业的专业性和独特性，从 18 世纪逐渐引起人们的关注。随着教师知识的研究的不断深化，研究者们发现，在具体教育教学情境中教师所运用的知识除了"理论性知识"，还有在反复实践后形成的"实践性知识"。进一步研究后，人们发现，教师的"实践性知识"融合了教师个体的个人信念、价值观念和实践经验，一般处于隐性状态，难以准确表达，更难以模仿与复制。当遇到具体问题情境时，"专家型"教师们的"实践性知识"就可能被激活，由隐性状态转向外显状态，进而能迅速解决一些教育难题。于是，研究者们的关注焦点也由关注教师"应该知道什么"转向教师"实际知道什么"，从知识的"普遍性、客观性"转向知识的"个体性、实践性和情境性"。[①]

---

① 张立忠.课堂教学视域下的教师实践性知识研究 [D].东北师范大学，2011.

（2）知识建构理论

20 世纪 90 年代，加拿大学者卡尔·贝莱特（Carl Bereiter）和马琳·斯巴达（Marlene Scadamalia）经过长期的实践和探讨后，提出了知识建构理论。该理论认为："传统的知识掌握与技能培养的目标应转变为以发展学生知识为目标的知识建构，转变学生的角色，使学生由知识的接受者与学习者转变为知识的创造者。"[①]。我国学者张义兵、陈伯栋等（2012）经过研究，将知识建构理论的发展历程分成专家式写作阶段（知识陈述型写作与知识转换型写作）、意向性学习阶段（意向性认知的重要性）和知识建构阶段（原则的提炼、教学法的发展和技术的更新）等三个关键阶段。[②] 考察这三个关键历史阶段，我们就可以发现：知识建构理论的发展过程是一个螺旋递进的逻辑发展过程，是一个浅层建构向深层建构不断递进的逻辑过程，是一个由理论到技术再到操作的历史发展过程。

部分研究者还对自卡尔·贝莱特和马琳·斯巴达提出知识建构理论以来的相关研究进行了全景式的概括与归纳。曹俏俏、张宝辉（2013）就从理论、技术、实践三个层面对其进行了概括：一是理论发展层面，从知识转化到目的性学习再到知识建构；二是技术发展层面，从计算机支持的目的性学习环境到知识建构环境；三是实践操作层面，知识社会网络的形成和发展。[③] 研究指出，信息技术虽已在教育领域广泛运用，也促进了教育的发展，但其始终在扮演着知识传递的角色。

后来，卡尔·贝莱特和马琳·斯巴达继续在此领域深耕，直至发现"智慧社区"。在"智慧社区"，"知识建构"这一核心概念也由"知识讲述（Knowledge Telling）"、"知识转换（Knowledge Transforming）"发展到目的性学习与认知（Intentional Leaning and Cognitive）再到知识建构。新概念的提出，恰恰是为后续的目的性学习与认知做了准备。

（3）知识转化理论

教师知识转化理论是舒尔曼（1987）教师专业知识理论研究的重要成果。舒尔曼认为，教师在教学过程中会经历"理解过程、转化过程、教学过程、评价过程及新的理解过程"等几个不断循环的阶段。[④]

除此之外，日本管理学家野中郁次郎和竹内弘高（1995）也提出了自己的知识转化理论（SECI）。该理论强调："知识创新是隐性知识到显性知识之间的

[①] 陈曼，张秀梅. 网络学习共同体中知识建构策略研究 [J]. 现代远距离教育，2012(05)：23-28.

[②] 张义兵，陈伯栋，Marlene Scardamalia，Carl Bereier. 从浅层建构走向深层建构——知识建构理论的发展及其在中国的应用分析 [J]. 电化教育研究，2012，33(09)：5-12.

[③] 曹俏俏，张宝辉. 知识建构研究的发展历史—理论—技术—实践的三重螺旋 [J]. 现代远距离教育，2013，(01)：14-22.

[④] Shulman, L. S., Those Who Understand：Knowledge Growth in Teaching [J]. Educational Research, 1986, 15(2): 4-14.

无限螺旋循环转换过程。"① 知识的组织创新历经"社会化（从隐性到新的隐性知识）、外在化、组合化及内在化"四个阶段。其中，"社会化过程"常常是学习者获得"隐性知识"过程，"外在化过程"是知识建构过程中隐性知识向显性知识的转化过程，是知识建构过程中十分关键的一环。"组合化过程"是学习者采用符号、语言等手段进行知识重组的过程。"内在化过程"是学习者在反思、实践过程中将学习的知识内化为个体知识。这四个过程循环往复，螺旋上升，进而实现知识的最优化转化。

2. 理论的适切性

幼儿教师的 TPACK 素养由 TPACK 态度、TPACK 知识和 TPACK 能力构成，其中 TPACK 知识是其中的一个重要维度，知识的分类理论为本研究筛选 TPACK 知识二级维度的观测点提供了依据；知识建构和转化理论则为幼儿教师 TPACK 素养生成机制提供了分析视角。

（二）"文化 - 历史"活动理论

1. 主要内容

（1）"文化 - 历史"活动理论

"文化 - 历史"活动理论是社会文化理论和活动理论的合称，首创者为前苏联卓越心理学家 Lev Vygotsky（维果茨基），后经 Alexei Nikolaevich Leontyev（列昂捷夫）等人发展，成为当代社会科学研究领域中研究人类实践的重要方法论。

"文化 - 历史"活动理论的核心分析单元为"活动"，这里的"活动"是面向客体的活动，不仅可以扮演解释意识的角色，而且还可以成为意识的生成器。根据"活动"的范围，该理论被划分为"四代"活动理论。

①第一代"文化 - 历史"活动理论

20 世纪 20 年代，维果茨基提出了第一代"文化 - 历史"活动理论[②]。维果茨基采用马克思历史唯物主义观，提出了该理论最初的模型，率先在主体与客体之间搭建了文化和历史的中介物，并在人类集体的活动中考察人的高级心理机能的发展。

"文化 - 历史"活动理论指出，人类行为中，社会的、文化的、精神的与物质的资源相互交织。人类改造环境的能力体现在不同的活动系统中，并以人类集体行为的方式实现，知识和能力则是在特定的文化和历史环境中浮现出来的。

---

① 张琳琳 . SECI 视角下参与式信息技术教师培训模式设计与实证研究 [D]. 东北师范大学，2013.

② 吴刚等 ."工作—学习"理论的创新与发展——第四代"文化—历史活动理论及应用价值"[J]. 远程教育杂志，2022，40(02)：86-95.

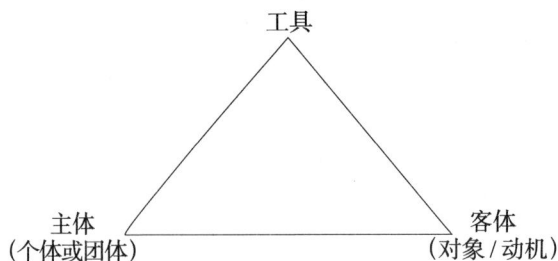

图 0-33 第一代活动理论模型

②第二代"文化－历史"活动理论

第二代"文化－历史"活动理论的代表人物为列昂捷夫和伊利恩科夫。他们认为，人类的活动往往是以目标为导向的活动，通常包含六个要素（见图 0-34），即活动的主体、客体、工具、共同体、规则以及分工。活动的主体即行为的发出者；活动的客体，即行为的目标；工具为中介，包括符号工具和实体工具，可以对外部行为进行控制；共同体是指在共同目标指引下多个成员集合形成的群体；规则，即人在共同体中活动时所遵循的原则、要求；劳动分工，指人在活动中所享有的权利和承担的义务。

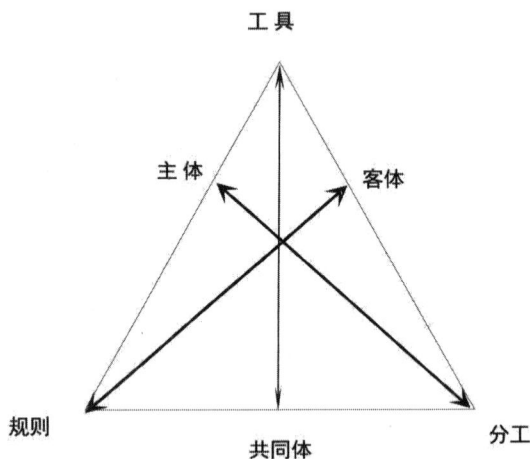

图 0-34 第二代活动理论模型

第二代"文化－历史"活动理论重点关注个体与社会的关系，指出矛盾是历史累积下来的冲突和张力，是个体学习以及组织变化和发展的驱动力，最终也能够在人类活动系统中得到解决。

③第三代"文化－历史"活动理论

第三代"文化－历史"活动理论的代表人物为芬兰赫尔辛基大学的恩格斯托姆。他拓展了第二代"文化－历史"活动理论的分析单元，将研究对象置于一个更为复杂的网络（不同文化、不同观点）系统中，通过"潜在共享客体"将不同共同体的活动联系起来，形成了时空更加广阔的活动网络系统。

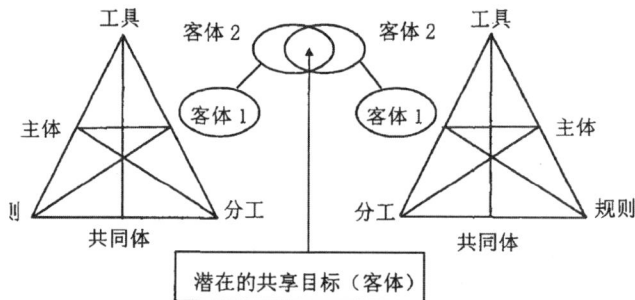

图 0-35 第三代活动理论模型

④第四代"文化－历史"活动理论

恩格斯托姆和圣尼诺（Engeström Y & Sannino A，2020a）后来发现，面对当今社会的复杂问题时，第三代活动理论有时也很难胜任。因此，他们又提出了第四代"文化－历史"活动理论。

第四代"文化－历史"活动理论更侧重"活动内部和跨活动间的拓展性学习的多重合并与循环，着力推动异质活动系统联盟的形成"。这些拓展性学习循环既相互独立，又相互依赖，相互叠加。随着问题不断被解决，其"共享客体"也会不断迭代更新。

在这些拓展性学习循环中，每一个独立的拓展性学习循环又包含 7 个环节。这些环节所涉及的利益主体和"共享客体"都在不断变化，但核心目标始终不变，引发变革及创新的跨边界困境问题始终存在。它们的存在又推动了拓展性学习向高阶循环。

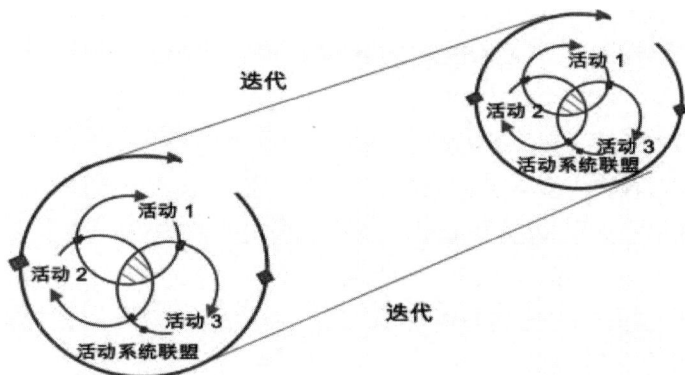

图 0-36 基于拓展性学习的第四代"文化－历史"活动理论的分析单元

资料来源：吴刚，赵军，苏静逸等 . "工作—学习"理论的创新与发展——第四代"文化—历史"活动理论及应用价值 [J]. 远程教育杂志，2022，40(02)：86-95.

综上，"社会－文化"活动理论是一个不断发展、始终处于变化中的理论，其内涵和外延不断随着时代的进步而拓展。

表 0-12 四代"文化—历史"活动理论的差异分析

	第一代活动理论	第二代活动理论	第三代活动理论	第四代活动理论
活动客体	个人学习或发展面临的困境	集体发展中需要创新方法解决的矛盾	相互关联的活动系统内部或之间的矛盾	社会危机需要多层级和跨部门的解决方案
分析单元	中介行动	集体活动系统	两个或以上具有部分共享对象的交互式活动系统	面临严峻社会挑战的异质活动联盟中的相互交织的拓展性学习周期
学习概念	特定技能或知识的内化过程	通过拓展性学习创造尚未存在的概念及实践	跨界学习和横向学习的拓展性循环	多重合并性拓展性学习循环之间的水平和垂直互动
能动性／主体性概念	抓住历史进化的本质及实现自我解放的可能性	从个体到集体从任务到活动的拓展性学习	差异性和互补性的认可与谈判	双重刺激下的变革能动性
干预方法	解放思想及掌控自己行为的训练	个体分析和重新设计活动过程	革新实验室	多个相互关联的革新实验室

资料来源：吴刚，赵军，苏静逸等．"工作—学习"理论的创新与发展——第四代"文化—历史"活动理论及应用价值 [J]．远程教育杂志，2022，40(02)：86-95.

⑤活动系统的四级矛盾

恩格斯托姆在其第二代、第三代"社会—文化"活动理论的中指出，活动系统中存在"四级矛盾"。这四级矛盾分别为：

1. 一级矛盾存在于中心活动系统中每一个元素之中的内部矛盾，是由每一个元素本身的双重性质导致的矛盾；

2. 二级矛盾存在于中心活动系统内部，是元素与元素之间的矛盾；

3. 三级矛盾存在于中心活动系统与新的（文化上更先进的）活动系统之间，是不同客体（动力）间的矛盾。

4. 四级矛盾存在于中心活动系统与其周边临近活动系统（例如主体生产性活动等）之间的矛盾。①

根据"文化—历史"活动理论的观点，四级矛盾是推动学习行为逐次递进

① 转引自魏戈．矛盾驱动的教师专业学习：基于大学与中小学合作研究的案例 [J]．教育发展研究，2019，39(04)：24-34.

的重要力量。这些不同层级的矛盾，共同推动了拓展性学习循环的发展，催生了学习行为，并使教师的态度、知识和能力在不同的活动发展阶段不断被重构和固化。

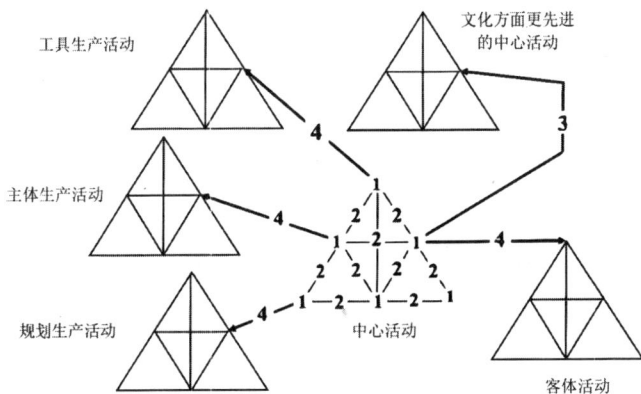

图 0-37　活动系统互动之中的四级矛盾

资料来源：魏戈.矛盾驱动的教师专业学习：基于大学与中小学合作研究的案例 [J].教育发展研究，2019，39(04)：24-34.

2. 理论的适切性

素养是人在特定情境中综合运用知识、技能和态度解决问题的高级能力，素养需经过长期的训练，通过实践中反省思考、行动与学习而获得。幼儿教师的 TPACK 素养是幼儿教师在幼儿保教过程、家园沟通及个人专业成长等情境下合理应用信息技术解决实际保教问题过程中表现出来的知识、能力和态度的总和。从上述定义可以看出，TPACK 素养不是先天的素质，而是通过后天的学习、实践逐步养成的，这和"文化—历史"活动理论的观点不谋而合。

（三）拓展性学习理论

维果茨基将主体的学习活动分成"公共—私人""集体—个体"两个维度，哲学家哈瑞在此基础上进一步将学习活动划分为四个空间，该空间被称为"维果茨基"空间[①]，已成为分析学习过程的经典理论。

毛齐明（2010）将"维果茨基"空间的四个空间与坐标系对应，构建了学习过程理论模型（图 0-38）。第一象限 (A 空间) 为"公共—集体"空间，第二象限 (B 空间) 为"集体—私人"空间，第三象限 (C 空间) 为"私人—个体"空间，第四象限 (D 空间) 为"公共—个体"空间。

---

① Harré R. Personal being: A theory for individual psychology[M]. Oxford: Blackwell, 1983.

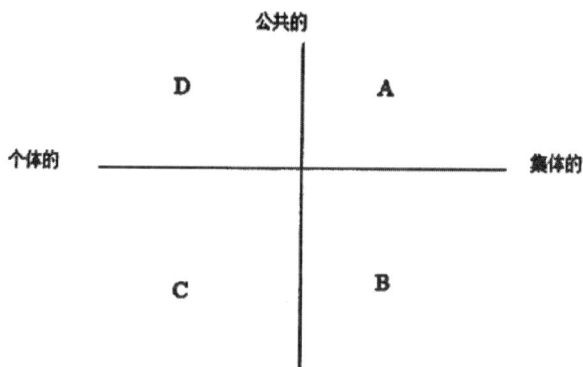

图 0-38 学习过程理论模型

资料来源：毛齐明．教师有效学习的机制研究 [D]．长春：华东师范大学，2010.

与维果茨基空间理论对应，学习的过程可划分为四个过程，即内化（运用）、转化、外化和习俗化。

1. 主要内容

（1）引入新观念

主体的学习一般是学习者在参照群体发现不足后从群体中引入新观念并从利用群体资源过程中开始的，也就是从"公共—集体"空间开始的。对于幼儿教师 TPACK 素养而言，"新观念"一是指信息技术知识、教学内容知识和学科教学知识等公共知识。在大学时，这些公共知识都以分科课程的形式呈现，当他们接触这些公共知识时，他们就会发现自身知识体系的不足，就会产生学习的冲动。二是幼儿园教师专业发展标准。不断更新的专业标准往往会激发教学实践知识与现实教学要求的新冲突，从而暴露出幼儿教师知识体系的新问题，于是幼儿教师的学习动力再次被激活。三是其他优秀幼儿教师的教学经验。当幼儿教师发现身边同事使用信息技术参加各级各类大赛获奖时，也会激发其认知冲突。当公共知识和他人经验进入学习者视野时，也就是学习者的学习跨越第一空间（A 空间）走向第二空间（B 空间）的过程，即内化过程，学习者的学习也由此进入第二空间——"集体—私人"空间。

（2）内化新观念

新观念的引入可以触发学习者的学习，并不必然改变学习者原有的观念。因为新旧观念（习俗）通常以隐性的方式存在，学习者自己都有可能意识不到。当学习者头脑中两种观念共存时，集体学习就可以帮助学习者发现自己头脑中的旧观念。因此，此阶段学习者的学习如果同时伴随社会性的集体学习时，学习者更易发现自己的旧观念。只有当个体观念转变为显性的知识时，新观念和旧观念才会在实践场域展开激烈的碰撞与交锋。在激烈的碰撞与交锋中，两者相互磨合，逐步进入第三空间，即"私人—个体"空间。完成这两个阶段跨越，"转变"即可实现，旧观念将转变为新观念。

（3）建构新理论

此阶段个体的学习以个人反思和重建为主，具有试验探究性质。个体并没有现成的有效方式解决新旧观念之间的冲突，唯一可行的途径就是不断进行尝试性的建构。对于幼儿教师 TPACK 素养的养成来说，建构可能会从某一保教活动环节的设计开始，由浅入深，从简单活动到复杂活动，最终建构形成自己独特的教学风格。正如列昂捷夫所言，"文化工具的使用通常会反作用于人类，使人在运用工具改造世界的同时，反过来通过这种活动改造自己"。[①] 当幼儿教师不断尝试运用新技术建构新活动时，不仅会成功构建新活动，而且还会不断改变自己的个人观念，且最终化解新旧观念之间的矛盾，构建新的个人理论。

（4）调整新理论

根据"社会—活动"理论，任何有生命力的理论都不会一成不变，而是要不断地发展和深化。学习者个人理论初具雏形后，必须不断调适，才会不断成长，而成长的动力主要来自自我反思和他人的各种反馈和评价。这一过程主要发生在 C 空间和从 C 空间向 D 空间跨越的过程中。对于幼儿教师来说，形成了一定的 TPACK 素养，就要通过一定的活动展示出来，这些活动包括日常性的交流、集体教研中的交流、常规观摩和研讨等等。这些反馈有消极的，也有积极的，无论是哪一种反馈都可视为个体理论在实践中遇到了新矛盾，要化解新矛盾，就需要学习者进一步调整个人理论，对学习进行新一轮拓展和巩固。此过程就是从第三空间进入第四空间的过程，是观念和行为进一步互动的过程。通过观念和行为的高阶互动，促进学习者个人实践理论模型的逐步优化和完善。

（5）习俗化新理论

个体的学习进入第四空间，即集体学习层面后，学习就进入习俗化新理论阶段。集体学习的主要特征为个体和集体的互动。此阶段，经过集体修订后的个体实践理论模型成为一种行为规范和科学概念，以"习俗化"的方式重返"公共—集体"空间，并成为一种新资源，供各学习个体在新一轮学习之旅中学习。

在"内化（运用）、转化、外化和习俗化"理论框架下，学习者的学习具有两个鲜明的特征：第一，学习者的学习在跨越两个空间阶段时，往往不是单向的、线性的，而是一个相互交织的过程。如新旧观念的转换并不是新观念立刻替代旧观念，而是经过几个回合的交锋，互有胜负，最终达到新观念取代旧观念。第二，学习者学习的过程并不完全是从 A 环节到 D 环节单线过程，也不一定以 A 为起点，这个过程是复杂的、动态的过程。第三，学习的过程是连续的。

---

① Léontiev, A. N.. Activity, consciousness, and personality[M].Prentice-Hall,1978.

这种连续表现为学习者在学习的过程中，A、B、C、D 这几个环节是连续的、循环的；即使学习者在某段时间内，学习过程虽然有反复，但总体却是螺旋上升的。

2. 理论的适切性

拓展性学习理论详细地揭示了教师的隐性知识在"集体—个体—集体"之间的互动从而生发为集体可以学习的显性知识的过程。该理论为本研究探索幼儿教师 TPACK 素养的生成机制奠定了理论基础。

（四）成人教育学理论

1. 主要内容

总结以往的教师培训，学者们逐渐意识到，培训如果仅仅组织参训者学习培训的内容，还不足以提高培训的质量。教师培训者需要采取各种手段激发参训者的学习热情，使参训者成为积极的学习参与者。成人教育学理论充分考虑了成人学习的特点，为教师专业培训提供了有效的理论支撑。其主要假设为：

自我概念：成人学习者的学习是自主的、独立的，有自己的学习节奏；

角色体验：成年人倾向于应用他们先前的经验来学习；

学习准备：成年人倾向于准备好学习他们认为需要学习的内容；

学习目的：成年人的学习是为了当下可以立即使用，而不是为了将来使用。他们的学习以问题为中心，以任务为导向，并和实际生活紧密相关；

内在动机：成年人的学习内在动机大于外在动机；

学习期待：成年人的学习需要学习的价值和意义。

2. 理论的适切性

幼儿教师 TPACK 素养专业培训是针对职前或在职幼儿教师实施的，按照成人的学习特点设计培训目标、确定培训内容、选择培训方式、优化评估手段就显得尤为重要。由于成人学习者具有自己的学习节奏，所以培训需要根据成人的学习节奏来制定培训计划；由于成人学习者大多已形成自己的学习积累，所以在培训之前了解成人幼儿教师已经具备的 TPACK 素养，然后根据他们的基础设计独立学习活动和小组学习活动；成人学习大多有明确的目的性，所以幼儿教师 TPACK 素养专业培训学习任务设计需关注 TPACK 素养学习价值和意义的引导。总之，成人教育学理论为幼儿教师 TPACK 素养课程的开发和实施指明了方向。

（五）课程开发理论

课程开发是一项系统工程，需要经过"分析课程需求、确定课程目标、选择教学内容、制订教学计划、实施教学活动、评价教学效果、达成课程目标"

等工作过程。

1. 主要内容

（1）泰勒的课程开发理论

被誉为"现代课程理论之父"的拉夫尔·泰勒，通过 8 年的悉心研究，在 1949 年公开出版了《课程与教学的基本原理》一书。在该书中，泰勒不仅提出了课程开发的基本程序和方法，还提出了著名的"泰勒四问"，即"①学校应该达到哪些教育目标？②提供哪些教育经验才能实现这些目标？③怎样才能有效地组织这些教育经验？④怎样才能确定这些目标正在得到实现？"[①] 基于"泰勒四问"基础之上的泰勒课程开发目标模式，不仅理论完美，自成一体，而且可操作性强，便于实施，因此，泰勒课程开发目标模式，被誉为"课程研究的范式"，无论是在课程开发理论研究领域还是在课程开发实践探索领域，一直居于主导地位。

（2）施瓦布的课程开发理论

虽然泰勒原理堪称完美，但美国著名的课程理论专家施瓦布却敢于向泰勒挑战。他在批判泰勒传统课程开发模式的基础上，提出了"实践性课程"开发理论。课程研究从此由"泰勒原理"的一枝独秀走向多元并存、百家争鸣的新局面。

施瓦布认为，课程开发的基本方式是"审议"。审议首先要选择和形成各种可能的备选课程问题解决方案；其次要遵循实践逻辑。另外，课程审议具有集体和教育的特征。因此，审议的过程就是在特定情境中通过对问题情境的反复权衡而做出行动决策的过程。

（3）教育技术学视野下的课程开发理论

作为一种技术理论，教育技术学研究视野下的课程开发理论主要由三部分组成，即课程理念、方法技术和技术组织，方法技术是该课程开发理论的核心内容。课程理念涵盖了教育观、课程观、学习观等，方法技术涉及需求分析技术、设计技术和评价技术等具体的课程开发技术，而技术组织则指向灵活、合理的技术过程步骤。教育技术学研究视野下的课程开发理论认为，课程即达到特定目标的活动和经验的设定，其根据目标分解获取内容、根据课程模式选择课程内容等"决策先于分析"做法，在很大程度上违背根据目标选择手段、根据内容确定形式的实践逻辑，导致该理论饱受质疑。改进该课程开发理论的重点在于探寻课程开发更合适的方法技术及组织方式。而探索的基本逻辑可以概括为：①课程的基本单元是什么；②基本单元的成分是什么；③这些单元是通过怎样的方法技术构建出来并组织成课程的，而这些方法技术及其组织又可统称课程开发技术。

---

① 拉尔夫·泰勒.课程与教学的基本原理 [M].施良方译.北京：人民教育出版社，1994：17.

（4）逆向课程设计理论

逆向设计（Back-down Design）盛行于北美大陆，美国哥伦比亚大学的格兰特·威金斯（G.Wiggins) 与麦格泰（J.McTighe）是逆向课程设计的代表人物，其著作《追求理解的教学设计》（*Understanding by Design*）受到广泛的认可。他们"内容包括逆向课程设计的内涵解读、原因解析和方法路径。"

①逆向课程设计的原因

在以往的课程设计中，教师教育培训者通常更多关注培训的输入，从活动或内容开始设计课程，甚至是为了开展活动而设计活动，而忘记了活动本身的目的。结果，这样的培训活动无论多么高大上，教师都不会主动学习、深度学习，学习效果自然得不到保障。而逆向课程设计首先关注学习的目标，即从学习的结果来倒推学习活动。这种聚焦于学习结果的课程设计理念，和泰勒（R.W. Tyler）的课程设计理论不谋而合。泰勒早在 1949 年就阐释过类似的观点："教育目标是标准，借助此标准，我们去选择教材、组织课程内容，发展教学秩序，准备测验与评价……"[①] 这种目标先行的设计方法有利于教师教育培训者有的放矢地设计相应的教学活动，有利于被培训者清楚自己的学习方向，开展深度学习，达成学习目标。

②逆向课程设计的内容

逆向课程设计的课程目标主要指向复杂高阶学习目标，其核心词为"理解"。此处的"理解"指的是期望的学习结果，关注的是输出。因而"理解"就表现为"将知识和技能有效地运用到真实的任务和情境中"。从知识习得的角度来看，这种理解只有在深度学习的状态下才能发生，具体而言，主要包括六个层面，即："(1) 解释：恰当地运用理论和图示，清晰合理地阐述事件、行动和观点；(2) 阐明：通过演绎、解说和转述，阐明某种意义；(3) 应用：在新的、相异的和现实的情境中有效地使用知识；(4) 洞察：提出批判性的观点；(5) 深入：有感受别人的情感和世界观的能力；(6) 自知：知道自己的无知，知道自己的思维模式和行为方式如何促进或妨碍了认知。"[②] 这六个层面的理解涉及情感、认知、元认知等课程目标领域，指向高阶学习目标的达成，一旦参训者能达成理解，就能顺利解决复杂领域的情境性问题。

③逆向课程设计的方法

"基于理解的逆向课程设计模式"从促进学生对课程内容进行理解出发设计课程，充分体现了以学习者为中心的教育理念。

---

① Tyler, R. W.. Basic Principles of curriculum and instruction[M].Chicago:University of Chicago Press,1949 :1.45.

② Grant Wiggins, Jay McTighe. 追求理解的教学设计（第二版）[M]. 闫寒冰等译 . 上海：华东师范大学出版社，2017：95-101.

逆向课程设计的设计逻辑也可概括为"三问"，即期望到哪里去？怎么知道到了那里？如何更好地到那里？

在此基础上，德雷克提出了整合的逆向课程设计思路[①]，如图 0-39 所示。KDB（Know，Do，Be）为课程目标，分别对应于大观念、大理解、大技能以及态度、信仰和责任担当。共同主题相当于评估证据，而三类方框则相当于各门课程的学习任务的设计。每门学科内部需要完成的课程设计也应采取逆向设计，如果课程整合能够打破平行学科的限制，自由组合各门学科的课程标准，则通过相应的共同主题将教与学的活动有效组织起来。

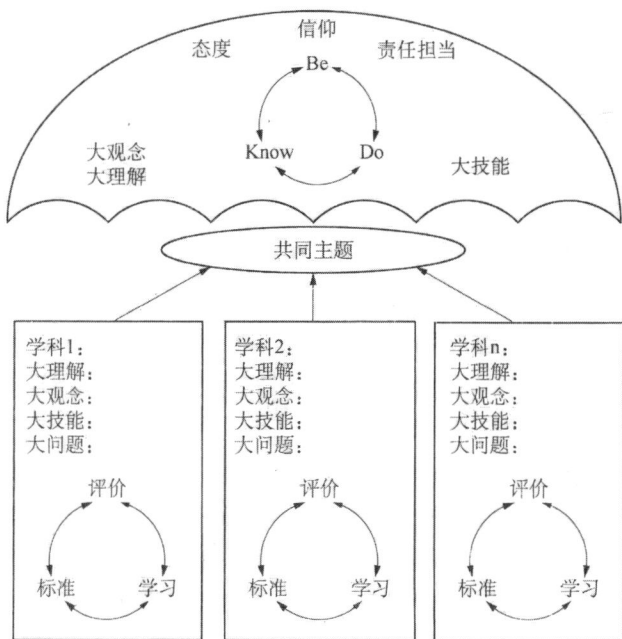

0-39　平行学科之间的课程"整合"思路

资料来源：Grant Wiggins, Jay McTighe，追求理解的教学设计（第二版）[M]. 闫寒冰等译. 上海：华东师范大学出版社，2017:95-101.

逆向课程设计一般分为三个阶段，即"确定预期结果→确定评估证据→设计学习任务"。具体而言：

第一阶段，明确课程目标。课程目标既是课程设计的开始，也是评价课程实施效果的基本依据。课程设计始终要围绕达成课程目标的一系列问题展开：怎样的课程内容值得学习者理解，课程学习者需要做些什么才能走进课程，课程学习者应该掌握哪些课程内容，课程学习者需要理解哪些课程内容，哪些课

① Drake,S. M.. Creating standards-based integrated curriculum: Aligning curriculum, content, assessment, and instruction[M]. Thousand Oake, CA: Crowin Press, 2007:35.

程内容需要持久理解等。

第二阶段，确定评估标准。逆向设计要求教师在确定好课程目标之后，优先考虑学生达成课程目标的方法以及提交达成目标证据的路径。

第三阶段，设计学习任务。明确课程目标、确定评估标准之后，课程设计者要提出详尽的设计计划，计划要组织具体的学习材料，选择合适的教学方法，进而合理安排教学活动，丰富学习者的学习体验。

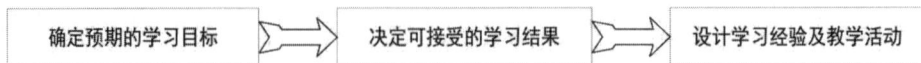

图 0-40 逆向课程设计流程

2. 理论的适切性

逆向课程设计是从学习者的学习结果出发、逆向思考课程内容的课程设计思路，这种课程设计思路有利于通过结果导向、评价前置和任务逻辑，优化课程设计，提升学习者的学习效率。而幼儿教师 TPACK 素养养成培训就是一种目标明确的职前培养或在职培训学习，因此逆向课程设计理论符合幼儿教师 TPACK 素养提升的课程设计逻辑。具体表现为：

（1）聚焦幼儿教师 TPACK 素养发展的目标设定

逆向课程设计是以结果为导向的，课程设计始于逆向思考，要求设计者在设计之前，就先考虑学习者在学习后应该达到的目标是什么，避开了活动式课程设计和灌输式课程设计的弊端。

如下文第五章所述，幼儿教师 TPACK 素养是幼儿教师长期学习、反复实践后实践智慧的结晶，其形成和发展离不开课程设计者对学习者学习结果的正确导向和终极把握。目标的前置确立，有利于课程实施者据此进行整体的设计和安排。

（2）聚焦幼儿教师 TPACK 素养发展的学习任务群设计

根据逆向课程设计理论，在确定发展目标和评价指标之后，课程设计者要把学习者的学习过程分解为一系列学习任务或任务群，每一个任务或任务群以一个问题为中心。然后，根据学习任务或任务群的性质和特点，组织培训活动需要的资源，设计有效的教学策略。幼儿教师 TPACK 素养的养成具有境脉性，十分注重在真实的场域发展幼儿教师的信息技术和幼儿保教深度融合能力。基于问题解决的学习任务（群）设计既可以提升幼儿教师在保教实践中运用 TPACK 知识的能力，又能够促使幼儿教师深入思考，逐渐理解信息技术对幼儿保教活动的价值，最终实现其 TPACK 素养的全面发展。

（3）聚焦幼儿教师 TPACK 素养发展的成果展示

逆向课程设计理论的特点是评价置于培训活动之前，这要求课程实施者要根据培训目标，先明确最终评估的成果，然后考虑培训的内容和方法。这一设计理念，打破了课程评价是课程开发的最后环节的思维定式，有利于课程实施者改变评价将学习者知识掌握作为评定培训效果的惯习。幼儿教师的 TPACK 素养逆向课程设计增加了评价与目的之间的契合度，同时，评价也是整合和选择课程内容的参照。

二、研究目标与问题

（一）研究目标

构建幼儿教师 TPACK 素养理论模型和评估指标体系，开展幼儿教师 TPACK 素养现状调查；探究幼儿教师 TPACK 素养的生成机制，开发幼儿教师 TPACK 素养培训课程体系，探究高效的幼儿教师 TPACK 素养培训模式，提出促进幼儿教师 TPACK 素养提升的政策建议。

（二）研究问题

本研究着力解决以下四个问题：

1. 幼儿教师 TPACK 素养有哪些的构成要素？
2. 怎样测评幼儿教师的 TPACK 素养？
3. 幼儿教师 TPACK 素养养成的一般规律是什么？
4. 设置怎样的课程体系才能有效提高幼儿教师 TPACK 素养？

三、研究重点与难点

结合研究目标与研究问题，对本研究的重点和难点分析如下：

（一）研究重点

1. 教师 TPACK 素养是信息技术时代基础教育领域研究的热点问题，也是世界各国教师队伍信息化建设的重点和难点问题。作为基础教育的基础，幼儿教师的 TPACK 素养对提高幼儿保教质量和效益同样重要。因此，本研究采用数理统计法，构建幼儿教师 TPACK 素养理论模型，为幼儿教师 TPACK 素养发展提供理论支撑，这是本研究的第一个重点内容。

2. 教师 TPACK 素养评估指标体系是目前教师智能素养中较为缺乏的研究内容。目前国内已构建了不少关于学科教师 TPACK 知识、能力方面的评估标准，但幼儿教师的 TPACK 素养测评标准极少得到关注，发表在核心期刊上的文献非常有限。构建幼儿教师 TPACK 素养评估指标体系，既可为幼儿教师评估自己的信息化素养提供测评框架，又可为幼儿教师发展自己的 TPACK 素养指明方向。这是本研究的第二个重点内容。

（二）研究难点

1. 人工智能时代幼儿教师的 TPACK 素养是个非常复杂的系统，包括态度、知识和能力三个一级维度，每个一级维度之下又可分解为若干二级维度。如何科学确定 TPACK 素养的各级维度，厘清各维度的边界，构建科学合理的 TPACK 素养结构模型和评估指标体系，是本研究的难点之一。

2. 幼儿教师 TPACK 素养的发展机制需要深入幼儿园，观察幼儿教师的日常工作和生活，深入挖掘其内在和外在的影响因素，这是本研究的难点之二。

3. 幼儿教师 TPACK 素养养成课程体系是提升幼儿教师 TPACK 素养的基本载体，目前关于幼儿教师的 TPACK 素养提升的课程体系和培训载体十分有限，开发 TPACK 素养养成课程体系，设计 TPACK 素养培训模式，开展 TPACK 素养精准培训成为本研究的难点之三。

四、研究思路与方法

（一）研究思路

本研究按"理论建构—现状分析—实证研究—启示建议"的逻辑思路开展研究（见图 0-41）。研究以现象学和生活史方法论为指导，遵循"形而上"的理性思考和"形而下"的实践探索相统一的原则。

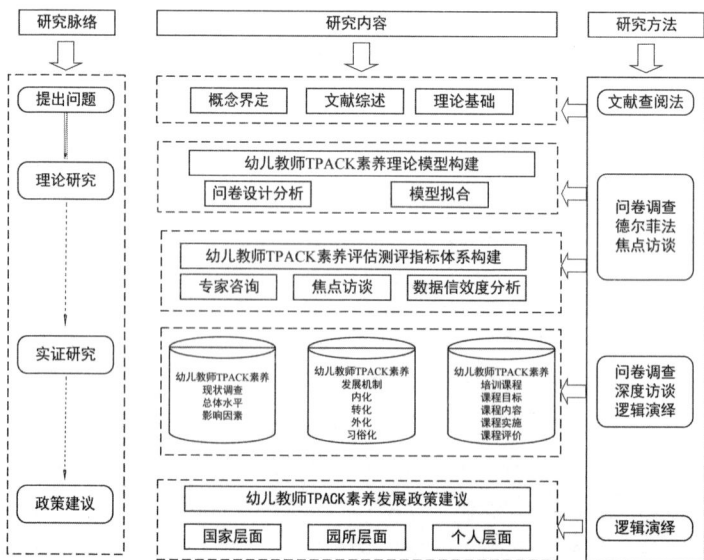

图 0-41 研究思路

　　首先，通过文献研究和问卷访谈，使用数理统计法构建人工智能时代幼儿教师 TPACK 素养"理论模型"和"测评工具"；其次，以现象学方法论为指导，以生活史为研究视角，探求人工智能时代幼儿教师 TPACK 内生机制；最后，开发新时代幼儿教师 TPACK 素养养成课程体系，设计培训模式和评价策略。

（二）研究方法

　　1. 问卷访谈法。通过文献研究，初构"人工智能时代幼儿教师 TPACK 素养结构框架"。通过访谈优秀幼儿教师，修改、完善幼儿教师 TPACK 素养结构框架。基于此，设计《人工智能时代幼儿教师 TPACK 素养结构框架问卷》，采用整群抽样法，对 X 省 Y 市，B 市，S 市，J 省 T 市 60 多所幼儿园教师实施问卷，使用数理统计法构建"人工智能时代幼儿教师 TPACK 结构框架体系和测评工具"。

　　2. 现象学方法。本研究采取开放的态度，悬置先前的理论、直觉和推测，以直面生活本身的态度，使用质性分析软件，对人工智能时代幼儿教师 TPACK 素养发展生活体验方面的调查量表、日志、博客等进行编码分析，提炼其中的核心要素和主题；在此基础上，设法进入幼儿教师 TPACK 素养养成的生活世界，深入观察幼儿教师 TPACK 素养形成过程，挖掘其发展的内生机制，据此提出"人工智能时代幼儿教师 TPACK 素养养成课程体系、培训模式和评价策略"。

　　3. 生活史方法。运用生活史研究方法，探究 4 位优秀幼儿教师 TPACK 素养养成过程的心路历程，探究其发展规律，为评价体验式课程设计的实施效果提供实践案例支撑。

　　本研究的方法论基础是现象学，同时借鉴生活史方法，充实和丰富本研究的立论基础。归纳和演绎、理论探究和与实践探索、质性分析和定量分析相结合等论证方法的交叉运用，有效提高了结论的可靠性和深刻性。

五、研究总体框架

　　本研究的主题是幼儿教师的 TPACK 素养理论模型及其应用，核心包括幼儿教师 TPACK 素养理论模型、评估指标体系、素养发展内生机制、素养养成课程体系。本研究共分四大部分。

　　第一部分由导论构成，主要从人工智能时代幼儿教师 TPACK 素养的现实问题入手，确立本研究的研究目标、明确研究问题、形成研究假设。

　　第二部分由第一章、第二章构成，它是本研究的主体——幼儿教师 TPACK 素养理论模型及其测评量表构建，主要解决以下问题：第一，修订和完善已有量表，实施问卷；第二，运用数理统计法构建幼儿教师 TPACK 素养理论模型，并分析三维结构之间的相互影响关系；第三，运用德菲尔法构建幼儿教师 TPACK

素养评估指标体系。

第三部分由第三章、第四章、第五章、第六章构成，聚焦幼儿教师 TPACK 素养结构模型的应用，主要解决以下问题：第一，幼儿教师 TPACK 素养发展现状调查；第二，幼儿教师 TPACK 素养发展机制；第三，幼儿教师 TPACK 素养养成课程开发；第四，幼儿教师 TPACK 素养养成对策建议。

第四部分由结语构成，是本研究的总结。主要对整个研究进行总结，得出本研究的主要结论，陈述本研究的创新之处，指出了本研究的不足，并以此为依据提出对策建议，为下一步研究指明方向。研究的基本结构如图 0-42 所示。

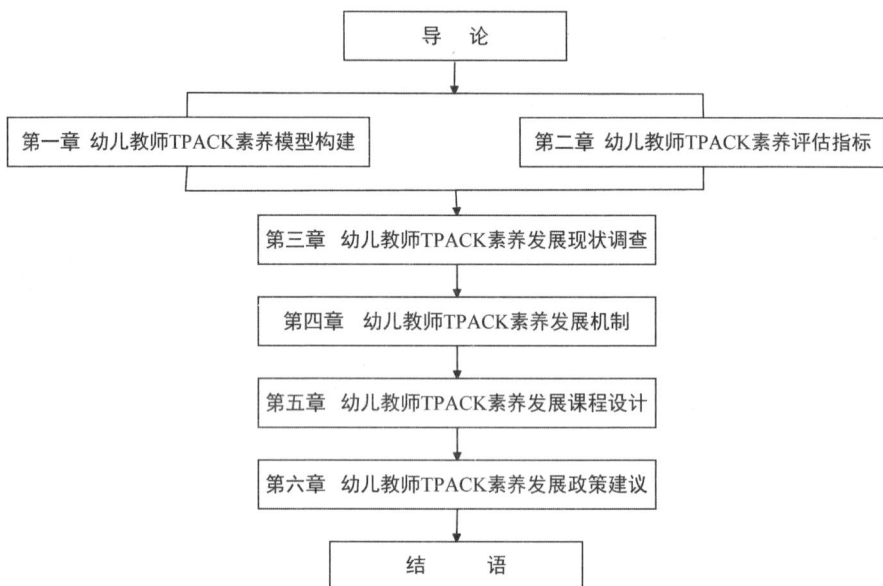

图 0-42 研究基本结构

第五节 本章小结

本章主要包括四个部分，即研究背景、核心概念界定、文献综述和研究设计。

1. 分析了研究的缘起和意义

为应对人工智能时代对幼儿教师信息化素养的挑战，提升幼儿教师 TPACK 素养已刻不容缓。幼儿教师 TPACK 素养研究不仅是学前教育信息化和智能化时代的诉求，而且也是幼儿教师专业素养发展的迫切需要。本研究构建的幼儿教师 TPACK 素养理论模型和评估指标体系丰富了学前教师教育理论，也为幼儿教师 TPACK 素养的培养和培训提供了切实可行的行动路径。

2. 界定了"幼儿教师的 TPACK 素养"这一核心概念

基于对人工智能、信息技术、素养（知识、能力和素质）等概念的详细分析，本研究认为，幼儿教师的 TPACK 素养是指幼儿教师在长期的保教过程中，将掌握的信息技术知识、学科内容知识和教学法知识有效整合，灵活运用于课堂教学设计、实施和评价，持续不断促进幼儿发展，进而提升自身专业性的基本素质。TPACK 态度、TPACK 知识和 TPACK 能力是幼儿教师 TPACK 素养结构体系的三大要素。幼儿教师的 TPACK 素养具有个体性、动态性和生成性等特征。

3. 分析了近 20 年的相关研究成果

运用 CiteSpace 统计软件对"人工智能 + 教师""教师 TPACK""人工智能 + 教师 TPACK"相关研究进行了系统分析。研究发现，现有研究存在研究对象趋于多元、研究内容趋于深入、研究方法趋于混合等特点，同时也存在幼儿教师 TPACK 素养模型研究缺乏、幼儿教师 TPACK 素养测评工具缺位、幼儿教师 TPACK 素养养成课程和精准培训体系缺失等现实问题。

4. 明确了幼儿教师 TPACK 素养的研究设计

第一，分析了本研究的理论基础。主要阐释了教师知识理论、课程开发理论、文化历史活动理论、拓展性学习理论和成人教育学理论的主要核心观点，探究了这些理论作为理论基础对于本研究的适切性。研究发现，教师知识理论为本研究的理论模型的建构提供了理论基础；"文化—历史活动理论、拓展性学习理论"为探索幼儿教师 TPACK 素养发展机制指明了方向；"课程开发理论和成人教育学理论"则为建构幼儿教师 TPACK 素养课程提供了指南。

第二，明确了本研究的研究目标和问题。（1）研究目标。构建幼儿教师 TPACK 素养理论模型和评估指标体系，开展幼儿教师 TPACK 素养发展现状调查；探究幼儿教师 TPACK 素养的生成机制，开发幼儿教师 TPACK 素养培训课程体系，探究高效的幼儿教师 TPACK 素养培训模式，提出促进幼儿教师 TPACK 素养提升的政策建议。（2）研究问题：幼儿教师 TPACK 素养的理论模型；幼儿教师 TPACK 素养测评量表；幼儿教师 TPACK 素养的生成机制；幼儿教师 TPACK 素养培养的课程设置。

第三，阐释了本成果的研究重点和难点。（1）研究重点为构建幼儿教师 TPACK 素养理论模型和测评量表。（2）研究难点为探究幼儿教师 TPACK 素养发展机制和培训课程。

第四，设计本成果的研究思路和方法。（1）研究思路。本研究遵循"文献综述—理论构建—数据准备—现状分析—发展机制—课程设置—对策建议"的思路开展研究，对幼儿教师 TPACK 素养理论模型进行理论和实证研究。（2）研究方法。本研究采用混合式研究方法，运用定量研究构建理论模型，运用质性研究探究模型的应用。

第一章　幼儿教师 TPACK 素养理论模型构建

第一节　幼儿教师 TPACK 素养理论模型结构维度指标遴选

教师 TPACK 相关研究已经有近 20 年的历史,研究的内容涉及 TPACK 意识、TPACK 知识、TPACK 能力、TPACK 发展影响因素等各个方面,无论是理论和实践方面都取得了较为丰富的成果。

一、文献相关指标分析

（一）教师人工智能素养结构模型

人工智能素养是为了适应智能社会的工作和生活而提出的概念。目前对于人工智能素养这一概念,学者们大致有两种观点。第一种观点认为,人工智能素养是个体适应智能时代工作、学习和生活所需的能力[①]。另一种观点认为,人工智能素养是一种综合素质,主要包括信息技术使用相关的态度和伦理、信息技术相关的知识和能力。Gray 认为,人工智能素养包括"AI 概念、AI 应用、AI 伦理三个成分,AI 概念是指基本的信息技术知识,AI 应用指信息技术在现实世界中的应用,AI 伦理指在实践中应用信息技术面临的道德挑战和安全问题。[②]"张银荣等（2022）在文献分析的基础上,构建了人工智能素养模型,具体见表 1-1。该模型包括 AI 知识、AI 能力和 AI 伦理 3 个一级维度,其中 AI 知识包括 AI 发展史、AI 原理、AI 应用、AI 的影响、AI 新技术和用途、敢于质疑 AI 的合理性和公平性;AI 能力包括计算思维能力、数据能力、信息能力、编程能力、算法能力、跨学科能力、人机协同能力;AI 伦理包括 AI 接受度、AI 公平意识、

---

① 许亚锋,彭鲜,曹玥等 . 人机协同视域下教师数智素养之内涵、功能与发展 [J]. 远程教育杂志,2020,（6）: 13-21.

② Wong G, Ma X, Dillenbourg P, et al. Broadening artificial intelligence education in K-12: Where to start?[J]. ACM Inroads, 2020,(1):20-29.

AI 道德、AI 安全意识。

根据本研究的研究目的，研究者改编了和本研究直接相关的"高效获取有用信息，零存整取，不断重构"信息能力题项、"创造 AI 的技术和方法多种多样，面向不同需求的 AI 选择合适的技术进行开发需要结合认知系统、机器学习和机器人技术"跨学科能力题项；"有效利用 AI 工具结合自身智慧，共同解决工作生活问题"人机协同题项；"根据实际问题选择合适的 AI 工具制定方案，达到改善学习和生活的目的"的利用信息技术解决问题题项；"加强 AI 责任感和道德"的 AI 安全意识题项。[①]

表1-1 人工智能素养指标体系[②]

维度	一级指标	举例
AI 知识	AI 发展史	发展历程：了解 AI 发展的阶段特点和趋势
		前沿技术：了解计算机领域的前沿突破，知道计算机软硬件技术的发展和 AI 技术的发展密切相关
	AI 原理	传感器：认识传感器是机器认识、推理真实世界的媒介
		机器学习步骤：理解机器学习原理和每一步实践中遇到的挑战
	AI 应用	识别 AI：识别某物是否使用了 AI 技术
		区别 AI：区别一般领域的 AI 技术和专业领域的 AI 技术
	AI 的影响	AI 中人的角色：认识人在机器编程、选择模式和调试 AI 系统中的重要性
		作用：了解 AI 的优劣势，知道并确定 AI 擅长解决的问题类型
	AI 新技术和用途	探究 AI 新技术：勇于设计或选择 AI 新技术
		探究 AI 新用途：能够探究运用智能工具改善学习和生活的新方式
	敢于质疑 AI 的合理性和公平性	甄别 AI 的合理性：甄别智能工具的有用性、易用性和必要性
		质疑 AI 的公平性：鉴别 AI 工具是否涉及性别、种族歧视问题
AI 能力	计算思维能力	了解 AI 解决问题的过程 知道智能机器是将大问题按照有序的步骤分解为能够自动执行的小问题，从而达到解决问题目的
	数据能力	从数据中学习的能力；学生需要理解计算机如何从数据中学习，才能更好地选用算法；批判性解读数据的能力；理解数据不能只看表面，对数据要持怀疑态度，真正深入解读数据才能理解数据是如何影响算法结果的
	信息能力	高效获取有用信息，零存整取，不断重构
	编程能力	具备编程知识与能力；理解机器是可以被编程的，掌握一定的编程知识与能力有利于理解机器行动，从而更好地使用机器

---

① 张银荣等.信息技术素养模型构建及其实施路径 [J]. 现代教育技术 2022，32(3)：42-50.
② 同上。

续表

AI 能力	算法能力	了解 AI 如何进行决策推理；认知系统中涉及许多决策和推理的模型，掌握 AI 决策和推理的原理
	跨学科能力	创造 AI 的技术和方法多种多样，面向不同需求的 AI 选择合适的技术进行开发需要结合认知系统、机器学习和机器人技术
	人机协同能力	有效利用 AI 工具结合自身智慧，共同解决工作生活问题
AI 伦理	AI 接受度	悦纳信息技术：保持开放的态度，乐于接受信息技术产品
	AI 公平意识	建立 AI 公平意识
	AI 道德	加强 AI 责任感和道德
	AI 安全意识	增强 AI 安全意识
	想象信息技术	设想 AI 的未来角色，促进 AI 技术的发展
	利用信息技术解决问题	根据实际问题选择合适的 AI 工具制定方案，达到改善学习和生活的目的

（二）教师 TPACK 结构模型

1. TPACK 态度测量

关于教师 TPACK 态度结构模型等内在要素的定量测量相关研究比较零散，到目前为止并未构建非常科学的测评工具。赵磊磊（2017）在探究 TPACK 基本结构与技术感知、自我效能之间的关系时，分析了 TPACK 技术感知和自我效能等态度维度的构成。她认为，教师的技术感知是指"教师对使用技术手段进行的教学感知，其可视为教师使用技术进行教学的感受和理解"[1]，具体可分为感知易用性和感知有用性两个维度。"其中感知有用性则是指教师对使用技术能够提升教学绩效的程度；感知易用性主要是指教师对使用技术进行教学的容易程度和可减少努力的程度。"[2] 自我效能感则是个人对自己在特定情境中，是否有能力去完成某种行为的期望，这种期望包括结果预期和能力预期。

本研究从中选取了信息化教学感知（信息化感知易用性和感知有用性）、信息化教学效能感作为幼儿教师 TPACK 素养 TPACK 态度维度的指标之一。

2. TPACK 知识七因子测量结构模型

Schmidt 等（2009）自主编制了 TPACK 七因子结构量表，该量表共 75 道题，从七个维度测量了 124 名美国职前教师的 TPACK 素养。探索性因子分析后，保

---

① 赵磊磊．农村教师技术感知、自我效能及 TPACK 的关系研究——基于 SEM 的实证分析 [J]．全球教育展望，2017，7：89-128.

② 王斐，傅钢善．教师技术感知对电子书包使用意向的影响研究 [J]．现代教育技术，2013，23（12）：36-4.

留了信度和效度较高的 47 个题项。[①] 虽然 Schmidt 等人的研究存在着一定的局限性，但是其测量工具为后续研究提供了比较新的研究视角。其后，Koh(2010)结合地方教学实际，将其改编为 29 道题项的 7 点量表，但发现 7 个因子却无法被有效识别。[②] 为了克服测量的困难，Chai 等（2011b）在后期量表构建过程中，特别注意了 TPACK 七个因子在概念上的区别，加上了限定性的句子，结果发现，TPACK 七个因子能被完美识别。[③]

自舒尔曼提出学科教学知识之后，TPACK 知识结构的七维度模型得到了充分的认可。因此，本研究的初拟指标以学科内容知识、教学法知识、信息技术知识、学科教学知识、整合技术的学科内容知识、整合技术的教学法知识、整合技术的学科教学知识作为幼儿教师 TPACK 知识维度的二级指标，同时根据幼儿教师的学科内容知识结构和教学法知识结构进行了改编。

3. TPACK 能力测量结构模型

Yurdakui 等人 (2012)[④] 在评估 TPACK 素养发展（职前和在职教师）大量研究基础上，构建了一个高效的 TPACK 调查量表，用以测量教师（包含职前教师和在职教师）的 TPACK 发展水准。该测试量表由 4 个一级指标和 33 个二级指标构成，包含设计、应用、伦理和精通四个方面。"设计"是指老师合理运用现代信息科学技术工具与信息资源，通过依据教学内容制订的课程计划与教育环境，优化学习效果的能力；"应用"是指老师运用合理的现代信息科学技术，实施教学计划和评估学生的能力；"伦理"是指老师运用计算机技术，并尊重信息技术资源中的知识产权，遵守相应的教育伦理规范，推动师生共同发展的能力；"精通"则是指老师运用计算机技术辅导教师，并具备指导同行的领导力的能力。

本研究幼儿教师 TPACK 能力维度借鉴了 Yurdakui 等人 (2012) 对于 TPACK 能力维度的分类，分设计、应用、伦理和精通四个二级维度，同时根据幼儿教师的学科特点进行了改编。

---

① Schmidt, D. A., Baran, E., Thompson, A. D., Koehler, M. J., Mishra, P., & Shin, T. Technological pedagogical content knowledge (TPACK): The development and validation of an assessment instrument for preservice teachers. Journal of Research on Technology in Education, 2009, 42(2): 123-149.

② Koh, J. H. L., Chai, C. S., & Tsai, C. C. (2010). Examining the Technology Pedagogical Content Knowledge of Singapore Pre-Service Teachers With a Large-Scale Survey[J]. Journal of Computer Assisted Learning, 26(6): 563-573.

③ Chai, C. S., Koh, J. H. L., & Tsai, C. C. (2011b). Exploring the Factor Structure of the Constructs of Technological, Pedagogical, Content Knowledge (TPACK) [J]. The Asia-Pacific Education Researcher, 20(3):607-615.

④ Yurdakui,I.K.,et al.. The development, validity and reliability of TPACK-deep : A technology pedagogical content knowledge scale[J].Computers & Education,2012,58(3): 964-977.

4. TPACK 发展影响因素结构模型

徐鹏（2014）[1]运用定量统计法，在对教师专业发展、教师知识结构和整合技术的学科教学知识发展的影响因素相关研究文献分析的基础上，总结出心理、学校、职业培训和政策指导等四个维度的教师专业知识习得和应用影响因素。在此基础上，构建了政策制度、学校、人为、教师培训、职业发展、动机和自我效能感七个维度的整合技术的学科教学知识影响因素模型。

本研究构建的"幼儿教师 TPACK 素养指标体系"，以教师知识分类理论、教师知识建构理论和教师知识转化理论（详见导论第四节）、幼儿教师专业标准等为基础，借鉴和参考国内外学者研究制定的幼儿教师 PCK 知识框架，吸收了国内外有关幼儿教师专业发展相关研究成果，是理论研究与实践探索成果的结晶。

（三）幼儿教师专业发展标准

2012 年，教育部颁布了《幼儿园教师专业标准（试行）》。该标准从专业理念与师德、专业知识和专业能力 3 个一级维度，职业理解与认识、幼儿发展知识、环境的创设与利用等 14 个二级维度，62 个观测点[2]，规定了幼儿园教师专业素质的基本要求，是我国幼儿教师培养、准入、培训、考核的重要依据[3]。本研究将《幼儿园教师专业标准（试行）》中和幼儿教师 TPACK 素养直接相关的 24 个三级观测点进行了改编，纳入幼儿教师 TPACK 素养评价指标体系问卷，验证假设模型与调查数据的拟合度，优化理论模型结构维度。

（四）中小学教师信息技术应用能力标准

2014 年，教育部颁布了《中小学教师信息技术应用能力标准（试行）》[4]。该标准从技术素养、计划与准备、组织与管理、评估与诊断、学习与发展等 5 个一级维度，应用信息技术优化课堂教学、应用信息技术转变学习方式两个方面，计 25 个观测点规定了教师应达到的信息技术应用能力。虽然该标准没有直接提及幼儿园老师，也为制定幼儿教师 TPACK 素养指标体系提供了借鉴。

在应用信息技术优化保教活动层面，本研究改编了技术素养中的 1、5 题

① 徐鹏. 教师整合技术的学科教学知识影响因素模型构建研究 [D].2014，5.
② 中华人民共和国教育部. 教育部关于印发《幼儿园教师专业标准（试行）》的通知 [EB/OL]. http:// www. moe.gov.cn/srcsite/A10/s6991/201209/t20120913_145603.html.
③ 中华人民共和国教育部. 教育部关于印发《幼儿园教师专业标准（试行）》的通知 [EB/OL]. http:// www. moe.gov.cn/srcsite/A10/s6991/201209/t20120913_145603.html.
④ 中华人民共和国教育部. 教育部办公厅关于印发《中小学教师信息技术应用能力标准（试行）》的通知（教师厅〔2014〕3 号）[EB/OL].http://www.moe.gov.cn/srcsite/A10/s6991/201405/t20140528_170123.html.

项，计划与准备中的 11 题项，学习与发展中的 21、22、23 题项，作为幼儿教师
TPACK 素养评估指标中态度维度的内容；改编了计划与准备中的 6、7、8、10
题项，组织与管理中的 12、14 题项，评估与诊断中的 17、18 题项，作为幼儿教
师 TPACK 幼儿教师 TPACK 素养评估指标中知识维度的内容；在应用信息技术
转变学习方式维度，改编了技术素养中的 1、2、3 题项，作为幼儿教师 TPACK
素养评估指标中知识维度的内容；技术素养中的 5 题项，作为幼儿教师 TPACK
素养评估指标中能力维度的内容；计划与准备维度中的 7、8、9、10 题项，评
估与发展维度中的 17 题项，作为幼儿教师 TPACK 素养评估指标中能力维度的
内容。

（五）《幼儿园教育指导纲要（试行）》

1. 幼儿教育五大领域学科内容知识

《幼儿园教育指导纲要（试行）》指出，幼儿教育内容具有全面性和启蒙性，
可以相对划分为健康、语言、社会、科学、艺术等五个领域。[①] 本研究探讨的幼
儿教师 TPACK 素养与幼儿教育五大领域知识的内涵、结构密切相关，因此，借
鉴该纲要设置幼儿教师学科内容知识的结构体系。

2. 幼儿教学法知识

幼儿保育保教的教学法主要有观察法、示范法、提问法、谈话法和活动法
等。其中观察法又包括顺序观察法、特征观察法、分解观察法和探索性观察法
等；示范法包括完整示范、部分示范和分解示范等类型；提问法包括描述性提
问、比较性提问、分类性提问、解释性提问、选择性提问和反诘性提问法等类
型；谈话法包括再现谈话法、启发性谈话法等；活动法包括实验法、游戏法和
操作法等。

本研究中 TPACK 知识维度，结合幼儿活动设计的特征，整合了此处的教学
法知识，主要包括幼儿学科活动、幼儿单元主题活动、幼儿区域活动、幼儿生
活活动、幼儿教学活动的设计、指导、实施、评价的教学法知识。这些教学法
知识涵盖了表 1-2 中的观察法、示范法、提问法、谈话法和活动法。

---

① 中华人民共和国教育部 . 教育部关于印发《幼儿园教育指导纲要（试行）》的通知 [EB/OL].
http:// www.moe.gov.cn/ srcsite/A06/s3327/200107/t20010702_81984.html.

表 1-2 幼儿教师教学法知识

一级指标体系	二级指标体系	三级指标观测要素
观察法	顺序观察法	1. 教师组织幼儿对观察对象按照先后顺序，从不同的角度细致观察
	特征观察法	2. 教师组织幼儿对观察对象的最主要或某一方面特征进行相对静止的观察
	分解观察法	3. 教师组织幼儿对观察对象各部分进行仔细分解观察，然后进行综合
	探索性观察	4. 教师组织幼儿观察事物之间的联系、转化、原因和结果进行探索
示范法	完整示范	5. 教师从头到尾的示范，给幼儿完整的印象，便于形成整体的概念
	部分示范	6. 教师在幼儿学习过程中出现难点、错误时，教师进行部分示范以帮助解决局部问题
	分解示范	7. 教师把学习材料分成几部分，分部分、分段地示范，使幼儿掌握每一处要领和学习的重点
提问法	描述性提问	8. 教师提示幼儿细致地观察并描述事物
	比较性提问	9. 教师启发幼儿比较事物的异同
	分类性提问	10. 教师启发幼儿运用概念进行培养思维的提问
	解释性提问	11. 教师提示幼儿了解事物及变化的原因并清楚地加以说明
	选择性提问	12. 教师对几种结论进行取舍的提问
	反诘性提问	13. 教师对幼儿在观察、感知过程中得出的判断进行反问
谈话法	再现谈话法	14. 教师根据幼儿学过的知识，围绕一定的主题提出问题，要幼儿通过回忆知识进行回答
	启发性谈话法	15. 教师根据学习的目的提出一系列前后连贯的问题，引导幼儿根据已有的知识经验或根据眼前事物和现象的观察，进行积极的思考，做出正确的回答
活动法	实验法	16. 教师根据研究假设，运用一定的人为手段，主动干预或控制研究对象的发生发展过程，并通过观察、测量、比较等方式探索现象
	游戏法	17. 教师以游戏口吻或运用有规则游戏组织教学
	操作法	18. 教师根据活动目标提供物质材料，引导幼儿在操作物质材料的活动中充分动手、动脑、动口，从而获得经验。

二、理论模型结构初步确定

综上文献分析可见，对于教师 TPACK 结构模型的研究主要有态度层面、知识层面和能力层面，这些结构模型缺少整合。基于此，本研究结合信息技术素养结构模型，拟从"素养"角度，结合幼儿教师工作的性质和特点，将态度、知识、能力维度适当整合，构建幼儿教师 TPACK 素养假设模型（如图 1-1 所示）。

幼儿教师的 TPACK 素养结构包括 TPACK 态度，TPACK 知识和 TPACK 能力三个维度，其中 TPACK 态度包括信息化保教意识、信息化保教专业发展观、信息化保教效能感和网络信息安全意识七个二级维度；TPACK 知识包括幼儿学科内容知识、幼儿学科教学法知识、信息技术知识、幼儿学科教学知识、整合技术的幼儿学科内容知识、整合技术的幼儿学科教学法知识和整合技术的学科教学知识七个维度；TPACK 能力包括设计、应用、伦理和精通四个维度。

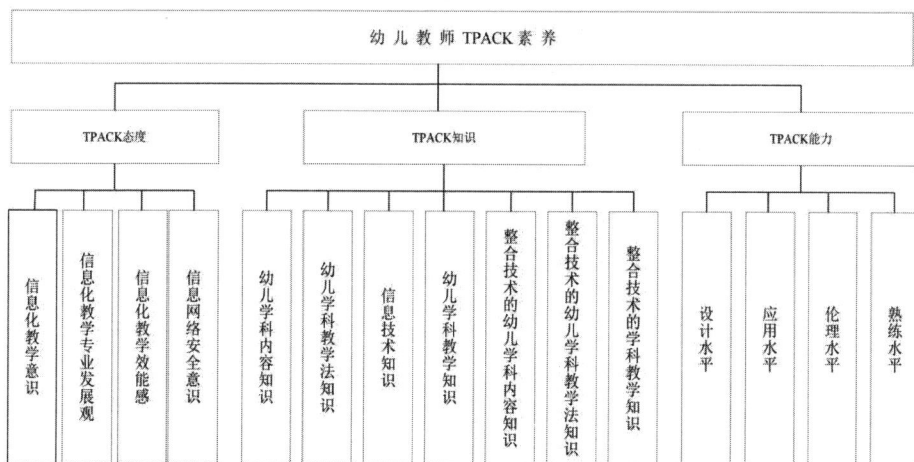

图 1-1　幼儿教师 TPACK 素养指标体系模型

同时，根据前期文献研究结果，可以发现，教师 TPACK 态度对于教师的 TPACK 知识和能力的形成都有显著影响，据此可以做出如下四个假设：

H0：幼儿教师的 TPACK 素养由 TPACK 态度、TPACK 知识和 TPACK 能力三个维度构成；

H1：幼儿教师的 TPACK 态度对于 TPACK 知识的发展影响显著；

H2：幼儿教师的 TPACK 知识对于 TPACK 能力的发展影响显著；

H3：幼儿教师的 TPACK 能力对于 TPACK 态度的形成影响显著。

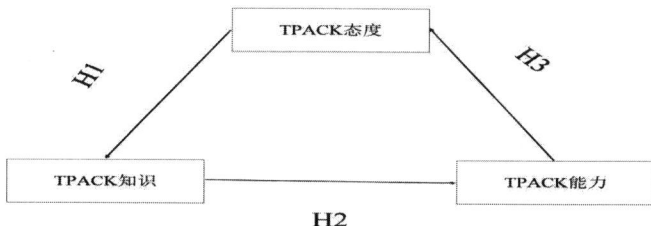

图 1-2　幼儿教师 TPACK 维度之间的内在关系

根据文献分析结果，采用因素分解法，设计《幼儿教师 TPACK 素养理论模型问卷》，使用 SPSS 统计软件与 AMOS 软件验证模型的科学性。

第二节　幼儿教师 TPACK 素养理论模型问卷设计与分析

一、幼儿教师 TPACK 素养理论模型问卷设计思路和原则

（一）问卷设计思路

本章采用量化研究和质性研究相结合的混合式研究方法，首先通过研读文献，确定变量之间的结构维度，收集量化研究数据，探索各个研究变量之间的关系；其次，以各个研究变量之间的数量关系为依据，选择研究对象进行个案访谈，补充定量研究的不足。具体如图 1-3 所示：

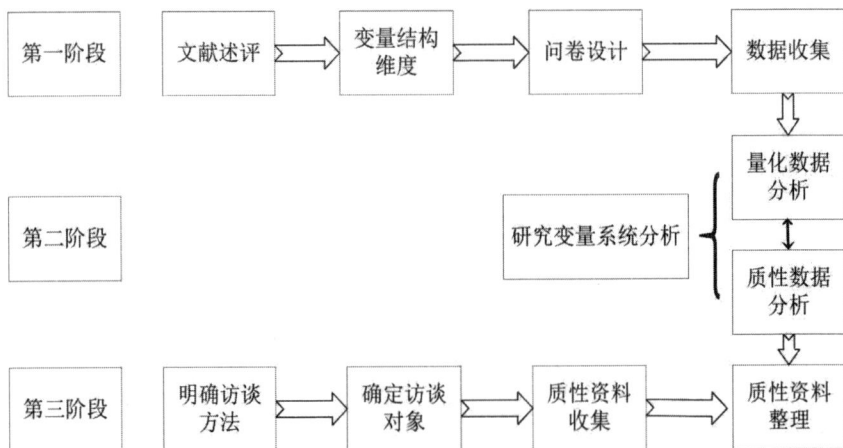

图 1-3　问卷设计思路

（二）问卷编制的原则

问卷调查法是运用统一设计的问卷向研究对象收集数据的一种调查方法。一份成熟的调查问卷需要具备两个功能：第一，调查的问题要有效传达给研究被试；二是设法取得研究被试的支持与合作，尽量获取真实、客观的信息。

1. 调查问卷编制的原则

为了尽可能真实、客观地验证本研究所建构的初拟模型，本研究设计问卷时遵循了以下三条原则：

（1）目的性原则

研究目的是调查问卷设计的核心，它决定了调查问卷的内容和结构，任何调查问卷的设计都必须紧紧围绕研究目的展开[①]。研究者只有对研究目标有清晰的认识，设计的问卷的内容与结构才会与研究目的一致。同时，调查问卷的内容与结构必须覆盖研究目的所需的全部问题[②]。

（2）适应性原则

调查问卷通常要求调查对象在限定时间内快速、准确和客观地反馈调查信息。因此，调查问卷设计要充分考虑调查对象的心理情况，确保问卷设计思路清晰、条理分明，尽量避免给调查对象造成不必要的思想或心理负担，赢得被试对调查的理解、支持和配合。

（3）简明性原则

简明就是以最少的测量项获取必需的、完整的调查信息，这就要求问卷在获得必要调查信息的前提下，言简意赅，指向清晰，一般一个题项只测量一个方面的内容。问卷时长一般控制在 20 分钟以内为宜。

本研究遵循问卷设计的基本原则，首先，根据文献梳理，编制具有较高信效度《幼儿教师 TPACK 素养理论模型结构体系》问卷；其次，通过发放问卷获取大样本数据；再次，在此基础上进行统计分析，建构 TPACK 素养模型。

（三）调查问卷设计的步骤

调查问卷的设计通常分为五个步骤：确定测量内容、调查问卷建构、确定调查问卷用语、调查问卷的排序和版面编辑、调查问卷的前测和修正[③]。本研究根据研究的目的将调查问卷设计流程分为三个步骤：文献研读、质性访谈；设计调查问卷初始稿以及对调查问卷评价与检验，如图 1-4 所示：

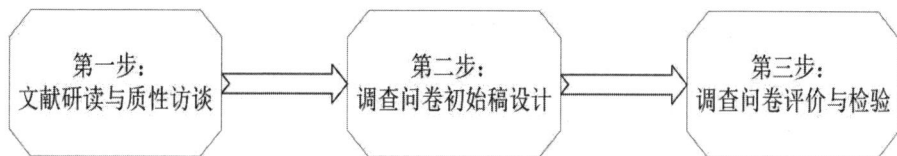

图 1-4 调查问卷设计步骤

（1）文献研读与质性访谈

①文献研究

文献研究是根据特定的研究目的，在一定的范围内查阅、收集和分析文献

---

① 林聚任等．社会科学研究方法（第 2 版）[M]．济南：山东人民出版社，2008：246．

② 王晶舒等．社会调查研究方法 [M]．吉林：吉林大学出版社，2014：98．

③ G. A. Churchill. A paradigm for developing better measures of marketing constructs[J].Journal of Marketing Research, 1979,16(1):64-73.

资料，对具有与研究目的相吻合的文献进行归类分类整理、统计分析的一种调查研究方法。[①] 设计调查问卷需要根据现有文献将抽象概念转化为能够进行直接测量的可操作性变量，为此，研究者通过检索中国知网核心数据库和 Web of Science 核心数据库等来获取本研究相关概念的结构维度和测量项目，以较为全面地了解人工智能时代背景下幼儿教师的 TPACK 素养的最新研究成果，提取 TPACK 素养结构维度指标。

②质性访谈

在文献研读的基础上，研究者还需要通过质性访谈对相关概念的结构维度和测量项目进行选择、修订和确认，以构建适合具体研究目的和研究问题的结构维度和测量项目。访谈法是质性研究的一种重要形式，也是研究过程中帮助澄清研究变量、数理关系、理论假设和研究步骤的补充性工具。在本研究中，通过访谈，补充、完善了文献研究中未涉及的幼儿教师 TPACK 素养评估指标。

（2）初构调查问卷

在文献研读和质性访谈的基础上，研究者设计了调查问卷初稿。在设计过程中，对调查问卷初稿的题项筛选、题量控制、逻辑结构、提问方式、测量顺序等都进行了统筹安排和系统分析。

（3）校验调查问卷

为了保证调查问卷的信度和效度，调查问卷初始稿形成后，需对初构的调查问卷进行校验。调查问卷校验的方法通常有专家评价法和客观评价法。

①专家评价法

专家评价法主要是面向专业研究人员以及一些典型调查对象征询意见并听取他们的评判的方法[②]。专家评价法的具体做法是打印原始调查问卷，分发给学前教育领域的专业研究人员，请他们根据自己的专业经历对调查问卷初稿进行评价，指出初稿存在的问题，研究者据此对调查问卷初稿进行修正完善。本研究的调查问卷初稿共有 80 个选项，研究者邀请了 10 名学前教育领域的专家对调查问卷初稿进行了分析和评价。根据专家意见，修改了部分语言表述，删除了部分重复题项，最终制定了包含 64 个题项的调查问卷初稿。

②客观检验法

客观检验法是直接面对可能的调查对象进行一次小范围测试的方法[③]。具体方法为，采取非随机抽样的方法选取一个小样本，运用调查问卷初稿对其进行调查，根据回收的问卷进行统计和分析，发现问题和不足并进行修改和完善。

---

① 曹志峰.高校教师胜任力与工作绩效关系研究——组织支持的作用机制 [D]. 南京：南京大学，2018，98.

② 董海军.社会调查与统计 [M]. 武汉：武汉大学出版社，2015：86.

③ 董海军.社会调查与统计 [M]. 武汉：武汉大学出版社，2015：85.

在本研究中，笔者于 2021 年 12 月通过问卷星平台将问卷发放给学前教育专业师范生开展调查，共回收有效问卷 238 份。网络平台后台反馈显示，调查对象完成问卷大约用时 15 分钟，基本符合调查问卷设计的原则。对回收的 238 份问卷进行分析发现，问卷具有较高的信度和效度，测量项能够有效保证问卷设计的质量。综上，调查问卷初始稿设计较为科学，可以进行下一步分析。

（四）调查问卷内容结构

在文献分析和访谈的基础上，本研究编制了《幼儿教师 TPACK 素养结构指标体系调查预测问卷》（表 1-3）。该问卷的基本结构包括导语、主体和附件三个组成部分。

（1）导语

导语通常位于调查问卷的开头，阐释调查的目的和意义，让被试积理论模型极参与调查。在本研究中，研究者在导语中明确说明了《幼儿教师 TPACK 素养理论模型结构指标体系调查预测问卷》的目的，并郑重承诺"调查结果仅供建构幼儿教师 TPACK 素养结构模型所用"，以消除被试的顾虑，让其根据实际情况如实作答，提高调查的信度。

（2）主体

问卷主体部分是调查问卷的核心，包括调查问卷所要调查的全部问题，主要由填答指导语以及调查量表组成。

①指导语

填答指导语的主要作用是为调查对象提供一份调查问卷的使用指导。[1] 在本研究中，研究者在填答指导语中对调查问卷中出现的核心概念进行界定，并在主体部分列出了在教育教学过程中可能用到的 AI 技术，以帮助被试准确理解调查题项，根据自己的实际情况如实作答。

②量表

量表是具有结构强度顺序的复合测量，即全部陈述都是按照一定的结构顺序来安排的，以反映所测量概念或者态度具有的各种不同的程度。[2] 在本研究中，对应幼儿教师 TPACK 的三个研究变量，研究者构建了三个量表，具体内容如表1-3 所示：

---

[1]　陈卫等 . 社会研究方法概论 [M]. 北京：清华大学出版社，2015：87.
[2]　陈卫等 . 社会研究方法概论 [M]. 北京：清华大学出版社，2015：87.

表 1-3《幼儿教师 TPACK 素养结构指标体系调查预测问卷》基本内容（节选）

研究变量	结构维度	测量项
TPACK 态度	信息化专业发展观	利用网络与同行交流、分享专业发展信息。 ……
	信息化教学 有用性感知	信息技术是在现代幼儿园保教中不可或缺的重要元素。 ……
	信息化教学 易用性感知	幼儿教师信息技术水平不足以满足幼儿保教活动需要。 ……
TPACK 知识	内容知识	具备幼儿口头语言发展、书面语言发展、文学语言发展 等方面的语言领域知识。 ……
	教学法知识	具备幼儿学科活动的设计、指导、实施、评价的知识。 ……
	AI 技术知识	熟练掌握从网络获取教学资源的方法与技巧。 ……
	学科教学知识	精通幼儿教育五大领域的核心经验知识。 ……
	整合信息技术的 学科内容知识	利用计算机、网络搜集幼儿保教活动的数字教育资源， 例如声音、图像、视频教学素材进行二次加工。 ……
	整合信息技术的 教学法知识	运用信息技术帮助幼儿学习新知识，实现保教目标。 ……
	整合信息技术的 学科教学知识	利用信息技术记录幼儿活动过程及作品，并进行评价和 展示。 ……
TPACK 能力	设计水平	设计整合信息技术的幼儿教育课程，实现教学内容和教 学方法的创新。
	应用水平	恰当地将信息技术应用于晨接、午休等环节（播放音乐、 视频）。 ……
	伦理水平	信息技术使用过程中能有意识向幼儿渗透信息技术使用 的正确观念。 ……
	精通水平	开展灵活的、有特色的信息技术智能教学，形成独特的 教学风格。 ……

③附件

附件指的是研究被试的基本信息、编码和结语等内容。本研究中的附件主要包括研究被试的个人信息，如性别、学历、职称、任教班级等基本信息。个人信息的调查不是越多越好，研究者需要根据研究目的和研究问题的具体情况确定。结合相关文献，本研究选择了幼儿教师的性别、学历、目前职称、任教班级、供职幼儿园的性质、供职幼儿园的级别等几个变量。

编码是将调查问卷中的调研题项编成统一设计的代码的过程，简而言之，就是给测量题项编上序号，用这些序号来代替问卷中的测量项。李克特量表是目前社会科学研究领域最常用的量表。本研究问卷初稿采用了李克特五点量表，将选项备选答案分为很不同意、不太同意、一般、比较同意和非常同意五个等级，并分别赋予 1、2、3、4、5 等分值。结语是调查问卷最后对研究被试表示感谢的话语。

至此，通过对调查问卷初稿的不断修改完善，一份结构比较完整的调查问卷设计完毕（见附录 1）。

二、幼儿教师 TPACK 素养理论模型问卷的施测与分析

在正式进行大规模问卷调查之前，研究者通常需要对调查问卷进行小样本的预调查。主要目的是发现研究设计以及测量工具的缺点并及时予以修改，以避免在正式问卷调查之后出现无法弥补的错误[1]。

（一）幼儿教师 TPACK 素养结构指标体系预测问卷的施测与分析

1. 预测问卷的施测

调查预测问卷编制完成后，研究者应对预测问卷施测。有学者认为，预测调查样本数量应以调查问卷题项的 3 ~ 5 倍为宜。本调查问卷设置 62 个题项。因此本研究对 238 多名学前教育师范生进行了预测。

本次预测调查问卷于 2021 年 12 月 23 日开展。网络调查结束后，研究者对调查样本进行了甄别，剔除无效样本，共获取有效问卷 238 份。有效样本基本情况如下。

表 1-4　预测问卷样本分布情况

维度		人数	所占百分比（%）
性　别	男	13	5.46
	女	225	94.54

---

[1]　艾尔 . 巴比 . 社会研究方法（第 10 版）[M]. 邱泽奇译 . 北京：华夏出版社，2005：17.

续表

维度		人数	所占百分比（%）
年　级	大一	0	0
	大二	28	11.76
	大三	113	47.48
	大四	43	18.07
	专转本	54	22.69
学　历	大专（高职）	1	0.42
	本科	237	99.58
	硕士及以上	0	0
家庭所在地	城市	115	48.32
	乡村	92	38.66
	城乡结合部	31	13.03
实（见）习经历	是	237	99.58
	否	1	16.81
修习信息技术课程	是	198	83.19
	否	40	16.81

从调查样本基本情况来看，由于学科原因，男性师范生仅占 5.46%；学历层面，本科学历比 99.58%；年级层面，大二学生占 11.76%，大三学生占 47.48%，大四学生占 18.07%。另外 99.58% 的师范生已经参加了教育见习和实习，83.19% 的师范生修习过信息技术课程。

1. 预测问卷的分析

本研究的问卷综合了信息技术领域、教师 TPACK 领域的最新研究成果，虽然具有较高的评分者信度和内容效度，但是由于调查问卷的陈述和问卷题项都发生了不同程度的改变，因此需要重新检验预测问卷的信度和效度水平。本研究采用信度分析和探索性因子分析来检验调查问卷的测量项，信度分析用来删除没有贡献的测量项，探索性因子分析用来删除因子负荷低于 0.5 的测量项，以提高问卷的信度和效度。

（1）预测样本的正态性检验

本研究采用科尔莫戈罗夫·斯米尔诺夫检验法（Kolmogorov-Smirnov Test，以下简称 K-S），[①] 并辅以偏度系数和峰度系数检验，对幼儿教师 TPACK 素养的结构维度（TPACK 态度、TPACK 知识、TPACK 能力）的样本数据的正态性进

---

① Kolmogorov-Smirnov Test（K-S 检验）是一种用于比较两个独立样本分布差异的统计检验方法，它属于非参数检验方法中的一种。K-S 检验的主要思想是比较两个样本的累积分布函数（CDF），即观察值小于等于某个值的概率。以下皆同。

行检验，结果如下表所示：

表 1-5 预测样本正态性检验的偏度 - 峰度系数

研究变量	测量题项	Kolmogorov-Smirnov Test			偏度系数	峰度系数
		统计值	标准偏差	渐进显著性（双尾）		
TPACK 态度	A1	238	0.651	0.000	-0.230	0.098
	A2	238	0.681	0.000	-0.389	0.950
	A3	238	0.610	0.000	-.757	2.753
	A4	238	.659	0.000	-.684	1.955
	A5	238	.647	0.000	-.910	2.902
	A6	238	0.527	0.000	-.441	.795
	A7	238	.716	0.000	-.369	.523
	A8	238	.754	0.000	-.791	1.493
	A9	238	.626	0.000	-.725	2.735
	A10	238	.649	0.000	-.669	2.091
	A11	238	.723	0.000	-.786	1.631
	A12	238	.632	0.000	-.738	2.626
	A13	238	.867	0.000	-.852	.771
	A14	238	.649	0.000	-.792	2.548
TPACK 知识	K1	238	.605	0.000	-.544	1.381
	K2	238	.615	0.000	-.899	3.724
	K3	238	.561	0.000	-.790	2.428
	K4	238	.561	0.000	-.601	1.931
	K5	238	.565	0.000	-1.004	4.177
	K6	238	.568	0.000	-.574	1.610
	K7	238	.567	0.000	-.716	1.865
	K8	238	.575	0.000	-.672	1.836
	K9	238	.586	0.000	-.861	3.035
	K10	238	.601	0.000	-.891	2.926
	K11	238	.609	0.000	-.808	2.400
	K12	238	.690	0.000	.690	.303
	K13	238	.663	0.000	-.142	-.057
	K14	238	.633	0.000	-.479	.417
	K15	238	.679	0.000	-.691	1.690
	K16	238	.722	0.000	-.226	-.154
	K17	238	.695	0.000	-.674	.857

续表

研究变量	测量题项	Kolmogorov-Smirnov Test			偏度系数	峰度系数
		统计值	标准偏差	渐进显著性（双尾）		
	K18	238	.771	0.000	-.359	.120
	K19	238	.675	0.000	-.523	.747
	K20	238	.687	0.000	-.745	1.739
	K21	238	.615	0.000	-.502	.750
	K22	238	.669	0.000	-.898	2.474
	K23	238	.654	0.000	-1.111	3.764
	K24	238	.662	0.000	-1.010	2.718
	K25	238	.681	0.000	-.916	2.469
	K26	238	.685	0.000	-.770	1.525
	K27	238	.666	0.000	-1.072	2.806
	K28	238	.737	0.000	-1.125	2.568
	K29	238	.688	0.000	-.696	1.125
	K30	238	.701	0.000	-.796	1.533
	K31	238	.756	0.000	-.706	.912
TPACK能力	C1	238	.631	0.000	-.877	2.847
	C2	238	.599	0.000	-.353	1.003
	C3	238	.657	0.000	-.752	1.656
	C4	238	.660	0.000	-.614	1.317
	C5	238	.611	0.000	-.778	2.218
	C6	238	.602	0.000	-.855	2.580
	C7	238	.605	0.000	-.544	1.381
	C8	238	.599	0.000	-.786	2.743
	C9	238	1.034	0.000	-.591	-.310
	C10	238	.704	0.000	-.733	1.472
	C11	238	.682	0.000	-.718	1.786
	C12	238	.658	0.000	-.397	.325
	C13	238	.693	0.000	-1.044	2.635
	C14	238	.718	0.000	-.765	1.369
	C15	238	.865	0.000	-.781	.711
	C16	238	.643	0.000	-.747	2.368
	C17	238	.662	0.000	-.712	2.033

（**注**：表中 A 代表 Attitude，态度维度题项；K 代表 Knowledge，知识维度题项；C 代表 Competence，能力维度题项，下同）

根据统计学原理，当偏度系数的绝对值大于 3.0 时，被认为是极端的偏态；而峰度系数的绝对值大于 10.0 时，表示峰度有问题；若是大于 20.0，就可以认为是极端的峰度。[①] 因此,当偏度系数的绝对值小于 3.0,且峰度系数的绝对值小于 10.0 时,研究样本可判定为基本服从正态分布。[②]

本研究采用 SPSS25.0 统计分析软件分析预测样本测量项的偏度系数和峰度系数数值。结果表明,尽管所有测量项的 K-S 检验的显著性都等于 0.000,表明研究预测样本数据不符合正态分布,但 K-S 检验对研究变量或者异常值都异常敏感。鉴于研究变量的样本数据难以通过正态分布检验,本研究进一步辅以偏度系数和峰度系数进行检验。幼儿教师 TPACK 素养理论模型的三维结构预测样本测量项的偏度系数的绝对值在 0.230—1.111 之间;峰度系数的绝对值在 0.310—3.764 之间,远远低于偏度系数和峰度系数的估值上限。这说明本研究变量的预测样本数据近似服从正态分布,可以进行进一步的分析。

(2)预测样本的信度分析

一般认为,信度系数应该在 0—0.1 之间,如果量表的信度系数在 0.90 以上,表示量表的信度很好;如果量表的信度系数在 0.80—0.90 之间,表示量表的信度可以接受,如果量表的信度系数在 0.70—0.80 之间,表示量表的部分测量项需要修订;如果量表的信度系数在 0.70 以下,说明量表有些题项需要抛弃。[③] 本研究使用 Cronach a 系数[④] 作为研究变量量表内部一致性信度评估标准。

表 1-6 幼儿教师 TPACK 素养结构模型量表检验结果

研究变量	测量题项	项目删除后的 Cronbach a 系数	分量表 Cronbach a 系数	总量表 Cronbach a 系数
TPACK 态度	A1	0.980	0.900	0.980
	A2	0.980		
	A3	0.980		
	A4	0.980		
	A5	0.980		
	A6	0.980		
	A7	0.980		
	A8	0.980		
	A9	0.980		
	A10	0.980		
	A11	0.980		
	A12	0.980		
	A13	0.980		
	A14	0.980		

[①] 侯杰泰等. 结构方程及其应用 [M]. 北京:教育科学出版社,2004:148-150.
[②] 朱钰等. 统计学 [M]. 西安:西北工业大学出版社,2009:97-101.
[③] 罗清萍等. 实用社会调查方法与技能训练:从选题到实施工作过程 [M]. 北京:经济管理出版社,2013:59.
[④] Cronbach's alpha 系数是一种广泛应用于教育测量和心理测量领域的统计工具,用于评估测试或问卷的内部一致性,即测试或问卷不同题目之间的相互关联程度。以下皆同。

续表

研究变量	测量题项	项目删除后的 Cronbach a 系数	分量表 Cronbach a 系数	总量表 Cronbach a 系数
TPACK 知识	K1	0.980	0.976	
	K2	0.980		
	K3	0.980		
	K4	0.980		
	K5	0.980		
	K6	0.980		
	K7	0.980		
	K8	0.980		
	K9	0.980		
	K10	0.980		
	K11	0.980		
	K12	0.980		
	K13	0.980		
	K14	0.980		
	K15	0.980		
	K16	0.980		
	K17	0.980		
	K18	0.980		
	K19	0.980		
	K20	0.980		
	K21	0.980		
	K22	0.980		
	K23	0.980		
	K24	0.980		
	K25	0.980		
	K26	0.980		
	K27	0.980		
	K28	0.980		
	K29	0.980		
	K30	0.980		
	K31	0.980		

续表

研究变量	测量题项	项目删除后的 Cronbach a 系数	分量表 Cronbach a 系数	总量表 Cronbach a 系数
TPACK 能力	C1	0.980	0.941	
	C2	0.980		
	C3	0.980		
	C4	0.980		
	C5	0.980		
	C6	0.980		
	C7	0.980		
	C8	0.980		
	C9	0.980		
	C10	0.980		
	C11	0.980		
	C12	0.980		
	C13	0.980		
	C14	0.980		
	C15	0.980		
	C16	0.980		
	C17	0.980		

从表 1-6 可见，所有题目的信度系数为 0.98，大于 0.9，信度系数非常好；总量表的信度系数为 0.980，信度系数同样非常好；而其他各二级维度分量表的信度系数在 0.900 ～ 0.976 之间，信度系数都达到了理想的标准。

（3）预测样本的效度分析

目前，测量结构效度的常用方法是因子分析，它是一种降维、简化数据的技术，主要是利用少数几个潜在变量或者公共因子去解释多个显性变量或者可观测变量中存在着复杂关系的分析方法[1]。本研究采用探索性因子分析测量量表的结构效度，结果如表 1-7 所示。

表 1-7 幼儿教师 TPACK 素养 KMO[2] 与 BARTLETT[3] 球形检验结果

KMO 检验		0.955
BARTLETT 球形检验	近似卡方值	14026.705
	自由度	1891
	显著性	.000

---

① 管于华. 统计学 [M]. 北京：高等教育出版社，2005：254.

② KMO（Kaiser-Meyer-Olkin）球形度是一种用于衡量多元方差分析（Multivariate Analysis of Variance，简称 MANOVA）模型拟合优度的统计指标，用于评估样本观测数据是否适合进行多元方差分析。KMO 球形值的范围在 0 到 1 之间，值越接近 1，表示模型的拟合优度越好。以下皆同。

③ 巴特利特检验（Bartlett test）是一种用于检验多元方差分析（Multivariate Analysis of Variance，简称 MANOVA）模型中各变量之间是否存在显著差异的统计检验方法。巴特利特检验是基于似然比原理，用于检验模型中各个总体均值的差异是否显著。以下皆同。

从上表可见，BARTLETT 球形检验的卡方近似值为 14026.705，自由度为 1891，显著性概率 p=0.000，表示相关矩阵不是一个单位矩阵，研究变量之间存在相关关系，KMO 值为 0.955，属于优秀等级。以上结果表明 TPACK 素养结构量表测量项之间存在共同因子，很适合进行探索性因子分析。

本研究采用主成分分析方法提取因子，以特征根大于 1 作为判断提取公因子的依据，并利用 Kaiser 标准化最大方差法 [1] 进行结构分析，旋转 8 次迭代后已收敛。因为对幼儿教师的 TPACK 素养进行定义时已经对结构维度有了基本构想，所以限制幼儿教师 TPACK 素养的因子提取数目为 3。通过验证性因子分析，得到了在理论和数据上都相对清晰的因子结构，具体结构如表 1-8 所示：

表 1-8 幼儿教师 TPACK 素养旋转后因子负荷矩阵

研究变量	测量题项	因子 1	因子 2	因子 3
TPACK 态度	A6	.805		
	A5	.780		
	A4	.718		
	A9	.696		
	A6	.805		
	A7	.671		
	A10	.651		
	A14	.574		
	A3	.568		
	A8	.564		
	A12	.561		
	A1	.392		
	A13	0.206		
TPACK 知识	K31		.781	
	K29		.780	
	K18		.764	
	K20		.749	
	C15		.741	
	K16		.722	
	K25		.700	
	C14		.698	
	K28		.687	

---

[1] Kaiser 标准化最大方差法（Kaiser normalization method with maximum variance）是一种常用于主成分分析（PCA）中的数据标准化方法。PCA 是一种广泛应用于数据降维和特征提取的线性变换方法，它可以将原始数据映射到一个新空间，使得新空间中的数据具有尽可能大的方差和尽可能小的相关性。

续表

研究变量	测量题项	因子 1	因子 2	因子 3
TPACK 知识	K25		.700	
	C14		.698	
	K28		.687	
	K26		.680	
	K19		.679	
	C9		.674	
	K21		.673	
	C3		.645	
	K23		.644	
	K12		.643	
	K22		.640	
	K24		.639	
	K27		.611	
	K30		.608	
	K15		.602	
	K14		.568	
	K17		.533	
	C4		.531	
	K13		.519	
	C11		.502	
	K15		.643	
	K14		.640	
	K17		.639	
	C4		.611	
	K13		.519	
	C11		.502	
	A2		.458	
	A11		.451	
	C13		.371	
TPACK 能力	K2			.757
	K4			.752
	K3			.709
	K6			.700

续表

研究变量	测量题项	因子 1	因子 2	因子 3
TPACK 能力	K8			.679
	K10			.676
	K9			.673
	C7			.671
	K7			.667
	C6			.662
	C16			.661
	K11			.468
	C8			.326
	C1			.344
	K5			.395
	C2			.283
	K1			.316
	C5			.445
	C12			-.028
	C17			.193
	C10			.302

验证性因子分析表明，幼儿教师 TPACK 素养量表中特征根大于 1 的公因子共有 3 个，并且 62 个题项较好地分布在 3 个公因子上。如下表 1-9 所示，第一个公因子包括 14 个测量项，方差贡献率为 24.609%；第二个公因子包括 30 个题项，方差贡献率为 21.601%；第三个因子包括 17 个测量项，方差贡献率为 12.300%，并且这三个公因子累计方差贡献率达到 58.510%，由此可见，提取 3 个公因子已经足够替代原有量表。但是，3 个因子的测量项在各自的因子负荷上均有小于 0.5 的题项，予以删除。

表 1-9 幼儿教师 TPACK 素养旋转后 3 因子贡献率

	方差解释率表格								
因子编号	初始特征值			提取载荷平方和			旋转载荷平方和		
	总计	方差百分比	累积 %	总计	方差百分比	累积 %	总计	方差百分比	累积 %
1	29.951	48.308	48.308	29.951	48.308	48.308	15.257	24.609	24.609
2	4.068	6.562	54.870	4.068	6.562	54.870	13.393	21.601	46.210
3	2.257	3.640	58.510	2.257	3.640	58.510	7.626	12.300	58.510

从以上两表可见，虽然 3 个因子因素解释方程量达到了合格的要求，但按照 3 个因子进行归类，部分题项的因子负荷比较低，说明题项设计有问题，参照因子负荷大于 0.5 的标准，删除了 A1，A13，A2，A11，C13，K11，C8，C1，K5，C2，K1，C5，C12，C17，C10 等题项，重新进行验证性因子分析。

表 1-10 幼儿教师 TPACK 素养旋转后因子负荷矩阵

研究变量	测量题项	因子 1	因子 2	因子 3
TPACK 态度	A6	.819		
	A5	.809		
	A9	.745		
	A4	.738		
	A10	.674		
	A7	.660		
	A14	.620		
	A12	.579		
	A3	.565		
	A8	.553		
	A12	.561		
TPACK 知识	K29		.809	
	K31		.809	
	K20		.759	
	C15		.735	
	K25		.724	
	K18		.722	
	K26		.706	
	K28		.705	
	C14		.702	
	C3		.692	
	K21		.686	
	K24		.680	
	K23		.678	
	K22		.668	
	C9		.664	
	K27		.653	
	K19		.653	
	K16		.646	

续表

研究变量	测量题项	因子 1	因子 2	因子 3
TPACK 知识	K30		.632	
	K12		.607	
	C4		.592	
	K15		.555	
	C11		.553	
	K17		.530	
	K14	.517		
	K8			.777
	K6			.760
	K2			.748
TPACK 能力	K7			.748
	K4			.729
	K3			.727
	K9			.723
	K10			.704
	C16			.578
	C6			.546
	C7			.539
	K13			.511

　　通过验证性因子分析，抽取幼儿教师 TPACK 素养理论模型测量量表中特征根大于 1 的公因子共有 3 个（符合 3 个因子的要求），发现剩余的 47 个题项较好地分布在 3 个公因子上，如下表 1-11 所示。第一个公因子包括 11 个测量项，方差贡献率为 28.526%；第二个公因子包括 25 个题项，方差贡献率为 19.162%；第三个因子包括 12 个测量项，方差贡献率为 14.360%，并且这三个公因子累计方差贡献率达到 62.048%，由此可见，提取 3 个公因子已经足够替代原有量表。最后，3 个因子的测量项在各自的因子负荷上均大于 0.5，这说明幼儿教师 TPACK 素养的收敛效度和区别效度均能满足要求，各个公因子也具有比较明确、清晰的含义。因此，本研究将它们分别命名为 TPACK 态度、TPACK 知识和 TPACK 能力。

表 1-11 幼儿教师 TPACK 素养旋转后 3 因子贡献率

方差解释率									
因子编号	初始特征值			提取载荷平方和			旋转载荷平方和		
	总计	方差百分比	累积 %	总计	方差百分比	累积 %	总计	方差百分比	累积 %
1	23.557	50.120	50.120	23.557	50.120	50.120	13.407	28.526	28.526

续表

因子编号	方差解释率								
	初始特征值			提取载荷平方和			旋转载荷平方和		
	总计	方差百分比	累积 %	总计	方差百分比	累积 %	总计	方差百分比	累积 %
2	3.591	7.639	57.760	3.591	7.639	57.760	9.006	19.162	47.688
3	2.015	4.288	62.048	2.015	4.288	62.048	6.749	14.360	62.048

综上所述，预测问卷有 47 道题项符合最初的 TPACK 态度、TPACK 知识和 TPACK 能力的三个维度设定，绝大部分题项的信度和效度都较好，但也反映出以下问题：TPACK 知识和 TPACK 能力维度的题目互相交叉，没有按照研究者预定的维度进行归类。例如，"我的整合信息技术的学科教学知识水平在同学中处于领先地位"，"我能开展灵活的、有特色的信息技术辅助教学，形成独特的教学风格"，"我能设计整合信息技术的幼儿保教活动，实现教学内容和教学方法的创新"，"我经常使用 QQ、博客、论坛等平台撰写教学日记"，"我能利用信息技术支持培养幼儿发现信息、表达信息的能力"，这些题目被自动归类到 TPACK 知识维度中。而"我具备幼儿保教活动的设计、指导、实施、评价的知识，我具备幼儿学科活动的设计、指导、实施、评价的知识，我具备幼儿自我意识发展、人际交往发展、社会适应发展等社会领域知识，我具备幼儿单元主题活动的设计、指导、实施、评价的知识，我具备幼儿动作发展、生活习惯和自理能力、心理健康发展等健康领域知识，我具备幼儿科学探究、数学认知等科学领域知识，我具备幼儿生活活动的设计、指导、实施、评价的知识，我具备幼儿教学活动的设计、指导、实施、评价的知识"等题项被自动归类到 TPACK 能力维度。

根据统计学原理，产生上述现象的原因可能为：第一，预测样本调查的是学前教育专业师范生，他们对于 TPACK 知识和 TPACK 能力的概念的认识并不是很清晰；第二，题目的设计有问题。

（二）幼儿教师 TPACK 素养理论模型正式问卷的施测与分析

在完成预测问卷设计、施测与分析后，就需要修订问卷，进行正式调查，并评估数据质量，为后续研究变量的统计分析奠定基础。

1. 预测问卷修订与正式问卷形成

根据预测问卷的统计结果，考虑到预测问卷对象的特殊性，结合学前教育领域专家和一线幼儿教师的意见，本研究没有删除预测问卷样本中因子负荷低于 0.5 的题项，只是对所有题项的表述方式进行重新修订。同时，考虑到手机 App 在家园共育方面的便捷功能，增加了"利用信息技术手段培养幼儿发现信息、表达信息的能力，向家长推荐较好的幼儿教育信息"两个题目，所以正式施测题项共 64 道。

修订后的正式问卷由 TPACK 态度、TPACK 知识和 TPACK 能力三个量表组成。其中 TPACK 态度 14 个测量项，TPACK 知识 38 个测量项，TPACK 能力 12 个测量项。

表 1-12 调查问卷修改情况

研究变量	原有测量项数量	删除测量项数量	修改后测量项数量	修改后测量项顺序
TPACK 态度	15	1	14	A1-A14
TPACK 知识	30	0	38	K1-K38
TPACK 能力	17	5	12	C1-C12

经过上述调整和修改，形成《幼儿教师 TPACK 素养理论模型度调查问卷》正式问卷，具体内容见附录 2。

2. 数据的收集与初步分析

正式问卷形成后，研究者结合研究目的和问题，遵循科学抽样的方法，基于网络在线开展了大规模问卷调查，收集数据后对研究样本进行了深入分析，为后续模型构建奠定数据基础。

（1）研究样本数据收集

本研究收集的量化数据主要源于结构式问卷调查。研究数据收集对于研究质量具有十分重要的作用，要得到科学、规范和可靠的研究数据，研究者不仅需要精心设计调查问卷，还需考虑研究样本的代表性。

据此，正式施测采用整群抽样和分层抽样的方式，抽取 J 省公办幼儿园、民办幼儿园、公办民营园（覆盖省示范园、市示范园和合格园三个层次，城市、乡村和城乡结合部三个区域的幼儿园）261 位幼儿教师施测。这些教师中，246 人接受过信息技术培训，204 人认为信息技术培训效果较好。从性别维度来看，男教师 11 人，女教师 250 人；从学历层次来看，高中及以下学历 10 人，大专（高职）63 人，本科学历 188 人；从年龄层次来看，18-22 岁的有 7 人，23-36 岁的有 109 人，27-32 岁的有 33 人，32 岁以上的有 112 人；从教龄层次来看，1-3 年教龄的有 52 人，5-10 年教龄有 96 人，11-20 年以上有 59 人，20 年以上有 54 人。具体如表 1-13 所示：

表 1-13 研究对象的人口统计学特征

维度		人数	所占百分比（%）
性 别	男	11	4.21
	女	250	95.79

续表

维度		人数	所占百分比（%）
学 历	高中及以下	10	3.83
	大专（高职）	63	24.14
	本 科	188	72.03
年 龄	18-22 岁	7	2.68
	23-36 岁	109	41.76
	27-32 岁	33	12.64
	32 岁以上	112	42.91
教 龄	1-3 年	52	19.92
	5-10 年	96	36.78
	11-20 年	59	22.61
	20 年以上	54	20.69
任教学段	小班	96	36.78
	中班	78	29.89
	大班	87	33.33
幼儿园性质	公办幼儿园	235	90.04
	民办幼儿园	21	63.64
	公办民营园	5	36.36
幼儿园级别	省示范园	204	78.16
	市示范园	38	14.56
	合格园	19	7.28
幼儿园区位	城 市	168	64.37
	乡 村	55	21.07
	城乡接合部	38	14.56

（2）研究样本的数据分析

数据分析主要采取描述性统计分析、样本的正态性检验、探索性因子分析、验证性因子分析等方式验证正式问卷的科学性。

①研究样本的描述性统计分析

描述性统计分析是研究随机变量特征的重要工具，它能够客观、准确和集中描述随机变量的分布、趋势和结构等基本特征，是人们深入认识社会形态和本质的基础，细致的描述性研究极大丰富了我们有关社会形态和本质的认识，可以激发出解释性研究中"为什么"的问题①。

---

① 戴维·德沃斯（David Devaus）.社会研究中的研究设计［M］.郝大海译.北京：中国人民大学出版社，2008：2-3.

本研究采用 SPSS24.0 统计软件对幼儿教师的 TPACK 态度、TPACK 知识和 TPACK 能力的 64 个题项进行描述性统计分析，以探索样本的主要分布特征，具体包括每个测量项的平均值、标准差、最大值和最小值等统计量。如表 1-14 所示，描述性分析过程如下：

表 1-14 研究样本描述性统计结果

研究变量	测量题项	最小值	最大值	均值	标准偏差
TPACK 态度	A1	3	5	4.49	.592
	A2	3	5	4.53	.604
	A5	2	5	4.56	.583
	A6	3	5	4.52	.586
	K31	3	5	4.58	.525
	A11	3	5	4.56	.527
	A3	2	5	4.56	.582
	A4	2	5	4.44	.681
	K17	3	5	4.54	.543
	A8	2	5	4.47	.653
	A9	3	5	4.55	.557
	A10	2	5	4.52	.598
	A12	3	5	4.54	.558
	A13	1	5	1.62	.742
	A14	2	5	4.56	.542
TPACK 知识	K1	3	5	4.59	.545
	K2	2	5	4.59	.559
	K3	3	5	4.61	.535
	K4	3	5	4.61	.535
	K5	3	5	4.63	.515
	K6	3	5	4.62	.532
	K7	3	5	4.61	.512
	K8	3	5	4.61	.526
	K9	3	5	4.62	.510
	K10	3	5	4.61	.519
	K11	3	5	4.62	.518
	K12	3	5	4.60	.529
	K13	3	5	4.58	.532
	K14	3	5	4.57	.534

续表

研究变量	测量题项	最小值	最大值	均值	标准偏差
TPACK 知识	K15	3	5	4.59	.523
	K16	3	5	4.57	.533
	K18	3	5	4.52	.579
	K19	3	5	4.59	.537
	K20	3	5	4.60	.536
	K21	3	5	4.61	.519
	K22	3	5	4.62	.516
	K23	3	5	4.63	.506
	K24	3	5	4.62	.516
	K25	3	5	4.61	.527
	K26	3	5	4.59	.545
	C1	3	5	4.58	.525
	C2	3	5	4.58	.539
	C7	3	5	4.56	.535
	C4	3	5	4.59	.531
	C5	3	5	4.57	.541
	C6	3	5	4.58	.524
	K28	3	5	4.57	.526
	K29	3	5	4.56	.527
	K30	3	5	4.55	.543
	K31	3	5	4.57	.540
TPACK 能力	C3	3	5	4.61	.520
	C8	3	5	4.57	.540
	C9	1	5	4.41	.736
	C10	3	5	4.56	.535
	C16	3	5	4.55	.535
	C17	3	5	4.62	.508
	K27	3	5	4.58	.524
	C18	3	5	4.59	.524
	C19	3	5	4.60	.514
	C13	3	5	4.55	.535
	C12	3	5	4.59	.523
	C14	3	5	4.58	.532
	C15	3	5	4.46	.604
	C11	3	5	4.54	.529

从上述统计结果可以看出，各个维度的均值都达到了 4 分以上，说明每个题项都可以保留。

② 研究样本的分布正态性检验

正态性检验是利用观测数据判断总体是否服从正态分布的检验方法，它是数理统计分析中一种重要而又特殊的拟合优度假设检验。如果解释变量不能很好地包含被解释变量的偏度和峰度，就有可能导致错误的数理统计推断。为确保后续统计推断和检验方法的适切性，需要对研究样本分布正态性进行检验。本研究采用 Kolmogorov-Smirnov Test（K—S）并辅以偏度系数和峰度系数检验，对幼儿教师的 TPACK 态度、TPACK 知识和 TPACK 能力三个维度的变量样本数据的正态性进行检验。如表 1-15 所示。

表 1-15 研究样本正态性检验的偏度－峰度系数

研究变量	测量题项	Kolmogorov-Smirnov Test			偏度系数	峰度系数
		统计值	标准偏差	渐进显著性（双尾）		
TPACK 态度	A1	261!	0.592	0.000	-0.675	-0.499
	A2	261	0.604	0.000	-0.916	-.0.159
	A5	261	0.583	0.000	-1.173	1.626
	A6	261	0.586	0.000	-.0.762	-0.396
	K31	261	0.525	0.000	-0.640	-0.901
	A11	261	0.527	0.000	-.0.556	-.1.012
	A3	261	0.582	0.000	-1.072	0.796
	A4	261	0.681	0.000	-0.977	0.347
	K17	261	0.543	0.000	-0.611	-0.782
	A8	261	0.653	0.000	-1.088	1.122
	A9	261	0.557	0.000	-0.729	-0.522
	A10	261	0.598	0.000	-0.965	-0.505
	A12	261	0.558	0.000	-0.680	-0.592
	A13	261	0.742	0.000	1.073	1.111
	A14	261	0.542	0.000	-0.823	0.469
TPACK 知识	K1	261	0.545	0.000	-0.867	-0.327
	K2	261	0.559	0.000	-1.076	0.926
	K3	261	0.535	0.000	-0.885	-0.337
	K4	261	0.535	0.000	-0.885	-0.337
	K5	261	0.515	0.000	.-0.872	-0.505
	K6	261	0.532	0.000	-0.960	-0.185

续表

研究变量	测量题项	Kolmogorov–Smirnov Test			偏度系数	峰度系数
		统计值	标准偏差	渐进显著性（双尾）		
TPACK 知识	K7	261	0.512	0.000	-0.709	-0.908
	K8	261	0.526	0.000	-0.863	-0.442
	K9	261	0.510	0.000	-0.745	-0.849
	K10	261	0.519	0.000	-0.798	-0.646
	K11	261	0.518	0.000	-0.816	-0.612
	K12	261	0.529	0.000	-0.791	-0.576
	K13	261	0.532	0.000	.-0.721	-0.694
	K14	261	0.534	0.000	-0.653	-0.796
	K15	261	0.523	0.000	.-0.691	-0.825
	K16	261	0.533	0.000	-0.686	-0.747
	K18	261	0.579	0.000	-0.726	-0.456
	K19	261	0.537	0.000	-0.831	-0.440
	K20	261	0.536	0.000	-0.867	-0.327
	K21	261	0.519	0.000	-0.780	-0.678
	K22	261	0.516	0.000	-0.853	-0.542
	K23	261	0.506	0.000	-0.818	-0.717
	K24	261	0.516	0.000	-0.853	-0.542
	K25	261	0.527	0.000	-0.845	-0.477
	K26	261	0.545	0.000	-0.876	-0.327
	C1	261	0.525	0.000	-0.640	-0.901
	C2	261	0.539	0.000	-0.761	-0.561
	C7	261	0.535	0.000	-0.619	-0.842
	C4	261	0.531	0.000	-0.738	-0.666
	C5	261	0.541	0.000	-0.710	-0.643
	C6	261	0.524	0.000	-0.657	-0.877
	K28	261	0.526	0.000	-0.606	-0.948
	K29	261	0.527	0.000	-0.556	-1.012
	K30	261	0.543	0.000	-0.644	-0.739
	K31	261	0.540	0.000	-0.727	-0.617
TPACK 能力	C3	261	0.520	0.000	-0.762	-0.710
	C8	261	0.540	0.000	.-0.744	-0.590
	C9	261	0.736	0.000	-1.449	3.123

续表

研究变量	测量题项	Kolmogorov–Smirnov Test			偏度系数	峰度系数
		统计值	标准偏差	渐进显著性（双尾）		
TPACK 能力	C10	261	0.535	0.000	-0.603	-0.864
	C16	261	0.535	0.000	.-0.586	-0.885
	C17	261	0.508	0.000	-0.781	-0.785
	K27	261	0.524	0.000	-0.657	-0.877
	C18	261	0.524	0.000	-0.674	-0.851
	C19	261	0.514	0.000	-0.656	-0.989
	C13	261	0.535	0.000	-0.586	-0.885
	C12	261	0.523	0.000	-0.691	-0.825
	C14	261	0.532	0.000	-0.703	-0.721
	C15	261	0.604	0.000	-0.622	-0.546
	C11	261	0.529	0.000	-0.491	-1.085

一般认为，当偏度系数的绝对值大于 3.0 时，被认为是极端的偏态；而峰度系数的绝对值大于 10.0 时，表示峰度有问题；若是大于 20.0，就可以认为是极端的峰度。[1] 因此，当偏度系数的绝对值小于 3.0，且峰度系数的绝对值小于 10.0 时，研究样本可判定为基本服从正态分布。[2]

本研究采用 SPSS24.0 统计软件分析研究样本测试项的偏度系数和峰度系数值。结果显示，所有预测项的 K-S 值检验的显著性都等于 0.000，说明研究变量的样本数据不符合正态分布，但是鉴于 K-S 检验对研究样本量或者异常值都比较敏感，研究变量的样本数据通常都难以通过正态分布假设检验，因此需要辅以偏度系数和峰度系数进行校验。TPACK 态度、TPACK 知识和 TPACK 能力的三个研究变量预测问卷样本测量项的偏度系数的绝对值介于 0.491 ~ 1.449 之间，峰度系数的绝对值介于 0.327 ~ 3.123 之间，远远低于偏度系数和峰度系数的估值上限，这说明本研究变量的问卷样本数据近似服从正态分布，可以进行下一步的数理统计分析。

③ 调查问卷的信度分析

一般认为，信度系数应该在 0 ~ 0.1 之间，如果量表的信度系数在 0.90 以上，表示量表的信度很好；如果量表的信度系数在 0.80 ~ 0.90 之间，表示量表的信度可以接受，如果量表的信度系数在 0.70 ~ 0.80 之间，表示量表的部分测量项

① 侯杰泰等.结构方程及其应用 [M].北京：教育科学出版社，2004：148-150.

② 朱钰等.统计学 [M].西安：西北工业大学出版社，2009：97-101.

需要修订；如果量表的信度系数在 0.70 以下，说明量表有些题项需要抛弃。[①] 本研究使用 Cronach 系数作为研究变量量表内部一致性信度评估标准。

表 1-16 总量表、分量表及题项的信度系数

研究变量	测量题项	项目删除后的 Cronbach a 系数	分量表 Cronbach a 系数	总量表 Cronbach a 系数
TPACK 态度	A1	0.993	0.928	0.994
	A2	0.993		
	A5	0.993		
	A6	0.993		
	A7	0.993		
	A11	0.993		
	A3	0.993		
	A4	0.993		
	A17	0.993		
	A8	0.993		
	A9	0.993		
	A10	0.993		
	A12	0.993		
	A13	0.993		
	A14	0.993		
TPACK 知识	K1	0.993	0.964	
	K2	0.993		
	K3	0.993		
	K4	0.993		
	K5	0.993		
	K6	0.993		
	K7	0.993		
	K8	0.993		
	K9	0.993		
	K10	0.993		
	K11	0.993		
	K12	0.993		
	K13	0.993		

① 罗清萍等.实用社会调查方法与技能训练：从选题到实施工作过程 [M].北京：经济管理出版社，2013：59.

续表

研究变量	测量题项	项目删除后的 Cronbach a 系数	分量表 Cronbach a 系数	总量表 Cronbach a 系数
TPACK 知识	K14	0.993	0.964	
	K15	0.993		
	K16	0.993		
	K18	0.993		
	K19	0.993		
	K20	0.993		
	K21	0.993		
	K22	0.993		
	K23	0.993		
	K24	0.993		
	K25	0.993		
	K26	0.993		
	C1	0.993		
	C2	0.993		
	C7	0.993		
	C4	0.993		
	C5	0.993		
	C6	0.993		
	K28	0.993		
	K29	0.993		
	K30	0.993		
	K31	0.993		
TPACK 能力	C3	0.993	0.938	
	C8	0.993		
	C9	0.993		
	C10	0.993		
	C16	0.993		
	C17	0.993		
	K27	0.993		
	C18	0.993		
	C19	0.993		
	C13	0.993		
	C12	0.993		
	C14	0.993		
	C15	0.993		
	C11	0.993		

从表 1-17 可见，所有题目的信度系数都是 0.993，大于 0.9，信度系数非常好；总量表的信度系数为 0.994，信度系数同样非常好；而其他各二级维度分量表的信度系数在 0.877—0.979 之间，信度系数都达到了理想的标准。

④ 调查问卷的效度分析

目前，测量结构效度的常用方法是因子分析，它是一种降维、简化数据的技术，主要是利用少数几个潜在变量或者公共因子去解释多个显性变量或者可观测变量中存在着复杂关系的分析方法①。本研究采用探索性因子分析，测量量表的结构效度，结果如表 1-17 所示。

表 1-17 幼儿教师 TPACK 素养 KMO 与 BARTLETT 球形检验结果

KMO 检验	0.942	
BARTLETT 球形检验	近似卡方值	34191.571
	自由度	2016
	显著性	0.000

从上表可见，BARTLETT 球形检验的卡方近似值为 34191.571，自由度为 2016，显著性概率 p=0.000，表示相关矩阵不是一个单位矩阵，研究变量之间存在相关关系，KMO 值为 0.942，属于优秀等级。以上结果表明 TPACK 素养测量项之间存在共同因子，很适合进行探索性因子分析。

本研究采用主成分分析方法提取因子，以特征根大于 1 作为判断提取公因子的依据，并利用 Kaiser 标准化最大方差法进行结构分析，旋转 10 次迭代后已收敛。虽然在对幼儿教师的 TPACK 素养进行定义时已经对结构维度有了基本构想，并按照此操作化定义来设计量表的测量项，但在探索性因子分析的过程中，没有对其进行预设，因此并不限制幼儿教师 TPACK 素养的因子提取数目。通过探索性因子分析，得到了在理论和数据上都相对清晰的因子结构，具体结构如表 1-18 所示：

表 1-18 幼儿教师 TPACK 素养旋转后因子负荷矩阵

研究变量	测量题项	因子 1	因子 2	因子 3
TPACK 态度	A10	.764		
	A9	.750		
	A4	.735		
	A12	.708		
	A6	.704		
	A14	.696		

---

① 管于华 . 统计学 [M]. 北京：高等教育出版社，2005：254.

续表

研究变量	测量题项	因子 1	因子 2	因子 3
TPACK 态度	A11	.693		
	A5	.675		
	A13	.670		
	A8	.666		
	A7	.653		
	A2	.648		
	A1	.637		
TPACK 知识	A3	.550		
	K23		.786	
	K6		.782	
	K8		.779	
	K24		.775	
	K5		.774	
	K26		.767	
	K25		.765	
	K10		.762	
	K9		.762	
	K11		.752	
	K22		.752	
	K21		.750	
	K7		.742	
	K3		.729	
	K4		.720	
	K2		.704	
	K6		.782	
	K1		.697	
	K19		.677	
	K20		.675	
	K27		.661	
	K28		.656	
	K29		.632	
	K12		.631	
	K15		.614	
	K31		.605	
	K13		.604	
	K14		.601	
	K30		.589	
	K16		.584	

续表

研究变量	测量题项	因子 1	因子 2	因子 3
TPACK 能力	C11			.764
	C4			.750
	C2			.739
	C10			.733
	C3			.727
	C12			.715
	C6			.703
	C1			.692
	C18			.691
	C7			.679
	C5			.679
	C19			.661
	C13			.657
	C14			.653
	C15			.651
	C8			.648
	C17			.624
	C9			.607
	K18			.606
	K17			.588

　　通过探索性因子分析，得到幼儿教师 TPACK 素养量表中特征根大于 1 的公因子共有 3 个，并且 64 个题项较好地分布在 3 个公因子上。如下表 1-19 所示。第一个公因子包括 14 个测量项，方差贡献率为 32.493%；第二个公因子包括 30 个题项，方差贡献率为 27.690%；第三个因子包括 20 个测量项，方差贡献率为 21.427%，并且这三个公因子累计方差贡献率达到 81.610%。由此可见，提取前 3 个公因子已经足够替代原有量表。最后，3 个因子的测量项在各自的因子负荷上均大于 0.5，这说明幼儿教师 TPACK 素养的收敛效度和区别效度均能满足要求，各个公因子也具有比较明确、清晰的含义。据此，本研究将它们分别命名为 TPACK 态度、TPACK 知识和 TPACK 能力。

表 1-19 幼儿教师 TPACK 素养旋转后 3 因子方差解释率

	方差解释率								
因子编号	初始特征值			提取载荷平方和			旋转载荷平方和		
	总计	方差百分比	累积%	总计	方差百分比	累积%	总计	方差百分比	累积%
1	48.282	75.440	75.440	48.282	75.440	75.440	20.796	32.493	32.493
2	2.071	3.236	78.677	2.071	3.236	78.677	17.721	27.690	60.183
3	1.877	2.933	81.610	1.877	2.933	81.610	13.713	21.427	81.610

第三节 幼儿教师 TPACK 素养理论模型的初构和验证

本节将使用结构方程模型法对第一节和第二节设计的模型进行数据拟合验证，验证的具体步骤包括模型识别、模型估计、模型评价及模型修正。在此基础上进行模型假设检验，最终确立幼儿教师 TPACK 素养模型，并进行模型解析。

一、幼儿教师 TPACK 素养理论模型的初构

根据文献综述和对正式问卷样本的描述性统计分析、数据正态性检验、探索性因子分析，本研究初构了"TPACK 素养的三因子（TPACK 态度、TPACK 知识和 TPACK 能力）理论模型"，TPACK 素养三个核心要素之间存在相互影响关系。其中，幼儿教师的 TPACK 态度显著影响 TPACK 知识习得，幼儿教师的 TPACK 知识的发展显著影响 TPACK 能力形成，而幼儿教师的 TPACK 能力形成会进一步显增强幼儿教师 TPACK 态度（如图 1-5 所示）。

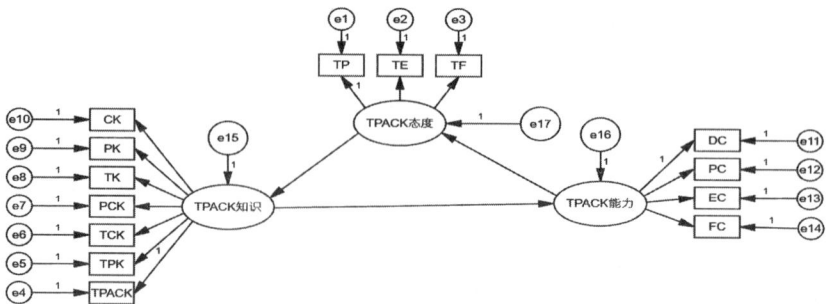

图 1-5 幼儿教师 TPACK 素养三维结构理论假设模型

为验证这些研究变量结构维度的适切性和合理性，本研究借助结构方差模型，运用结构方程模型分析（Analysis of Moment Structures，以下简称 AMOS）

24.0 统计软件通过极大似然法进行数据拟合分析，以此评估三维结构的合理性。

结构方程模型可分为结构方程和测量方程两部分，结构方程主要描述潜变量之间的关系，测量方程则主要描述潜变量与测量项之间的关系。结构方程模型的本质是验证性因子分析。验证性因子分析通过对调查数据和测量模型的拟合度进行评估，检验研究变量的测量项之间的结构关系是否符合研究者预期的理论构想，以确认各个研究变量是否具有足够的聚合效度和判别效度，从而验证结构效度的正确性与真实性。[①]

二、幼儿教师 TPACK 素养理论模型的验证

（一）幼儿教师 TPACK 素养理论模型识别

使用 AMOS 软件对理论模型进行检验，首先要进行模型识别，只有在模型能够识别的基础上，才能进一步对模型中各个参数进行估计，完成模型的拟合度检测。模型识别以识别程度不同可以分为三种类型：正好识别、过度识别和低度识别。模型的识别度取决于数据点数目和参数数目之差所得出的自由度。这种利用自由度判别模型识别度的方法，称为自由参数的数量（Number of free Parameter，以下简称 t 法则）。在通常情况下，模型识别类型为过度识别，就可以继续进行模型拟合度检测，以进一步判断模型是否合适，进而进行模型修正；如果模型识别类型为低度识别，则无法进行模型拟合度检测。

（二）幼儿教师 TPACK 素养理论模型估计

1. 模型拟合度检测矩阵基准

结构方程模型的拟合度检测通常通过各类拟合度指标来判定模型的拟合度。拟合度指标只能评价假设模型与数据样本是否拟合，而不能说明一个假设模型的好坏。在假设模型的估计过程中，假设模型的协方差矩阵与样本数据的协方差矩阵越接近，就说明假设模型的拟合度越好。模型的拟合度越好，就越能说明假设模型和实际数据的情况越相符。

由于通过观察拟合残差矩阵中的残差值来判定假设模型的拟合度的方法太复杂且不直观，观察模型注解表中显著性概率值的方法又只能作为对假设模型拟合度的初级判定，因此，要想正确判定假设模型的拟合度，需要通过综合考虑卡方值、卡方自由度比、残差均方和平方根、拟合优度指数、非集中性参数、渐进残差均方和平方根、基准线比较、赤池弘次信息准则等指标的数值进行综合判定。本研究通过将幼儿教师 TPACK 素养指标体系预测获得的 261 份样本数

---

① 吴明隆 . 结构方程模型——AMOS 的操作与应用 [M]. 重庆：重庆大学出版社，2010：212.

据导入 AMOS 软件，对假设模型进行拟合度检测。

1. 卡方值

卡方值（Chi-Square Value，以下简称 x^2）是辨别观察值与理论值之间偏离程度的统计量。样本量的大小影响卡方值（x^2）的大小，样本数据越大，则卡方值越容易达到显著，理论模型被拒绝的概率越大。一般来讲，卡方值检验的样本数量需在 100 ～ 200 之间，如果是问卷调查法，样本数量需在 200 ～ 300 之间。卡方值越小，假设模型与样本数据不一致的可能性就越小，拟合度就越高。当卡方值为 0 时，假设模型与样本数据拟合度就达到极高的水平。相反，卡方值越显著，假设模型与样本数据不一致的可能性就越高，假设模型与样本数据的拟合度就越低。

2. 卡方自由度比

卡方自由度比（Chi-Square Goodness of Fit，以下简称 x^2/df）是卡方值和自由度二者的比值。通常情况下，假设模型待估计的参数越多，自由度的值就会越小，而样本数据越多，卡方值越大。如果同时考虑自由度和卡方值的大小，则二者之间的比值就可以作为判断假设模型与样本数据拟合度高低的标准。根据国际研究标准，当卡方自由度比值小于 1.00 时，表示假设模型过度拟合；当卡方自由度比值大于 3.00，则表示假设模型与样本数据的拟合度不好，假设模型不能反映真实观察数据，假设模型需要进一步改进。在 AMOS 软件分析报表中，卡方自由度比（Chi-Square Minimization over Degrees of Freedom，以下简称 CMIN/DF）介于 1.00 和 3.00 之间时，表示假设模型和样本数据的拟合度可以接受。

3. 残差均方和平方根

残差均方和平方根（Root Mean Square Residual，以下简称 RMR）的概念从拟合残差的概念演化而来，其值就等于拟合残差矩阵中所有参数的平均值的平方根。通常情况下，假设模型的方差协方差矩阵和样本数据的方差协方差矩阵差异值越小即 RMR 越小，表明假设模型和样本数据的拟合度越好。在 AMOS 软件分析报表中，若 RMR 值 ≤ 0.05，则表示假设模型和样本数据的拟合度可以接受。

4. 拟合优度指数

拟合优度指数（Goodness of Fit Index，以下简称 GFI）用来表示假设模型可以解释观察数据的方差与协方差的比例。GFI 的值是指样本数据的方差协方差矩阵与假设模型的方差协方差矩阵之差的平方根，其值介于 0—1 之间。一般来讲，GFI 的其值越接近于 1，表示假设模型的方差协方差矩阵能够解释样本数据的方差协方差矩阵的变异量越大，也就表明假设模型和样本数据的拟合度好；反之，GFI 值越小，则表明假设模型和样本数据的拟合度不好。在 AMOS 软件分析报表中，GFI 值的参考判别值为 0.90，表示假设模型和样本数据的拟合度可以接受。

5. 非集中性参数

非集中性参数（Noncentrality Parameter，以下简称 NCP）其值等于卡方值和自由度之差。当 NCP 为 0 时，表示假设模型和样本数据完全拟合。在 AMOS 软件分析报表中，关于 NCP 的分析报表包含 NCP 和 NCP90% 的置信区间，若此置信区间包含 0 值，则表示假设模型和样本数据的拟合度可以接受。

6. 渐进残差均方和平方根

渐进残差均方和平方根（Root Mean Square Error of Approximation，以下简称 RMSEM），表示基于每个自由度的平均协方差矩阵和基于总体的假设模型隐含的协方差矩阵的差异值，还将模型的复杂度考虑其中。一般来讲，当 RMSEM > 0.10 时，表示假设模型和样本数据的拟合度欠佳；当 RMSEM < 0.05 时，则表示假设模型和样本数据的拟合度可以接受。

7. 基准线比较

基准线比较又称为增值拟合度统计量，它是将假设模型与基准线模型的拟合度进行比较，以判定假设模型和样本数据的拟合度。在 AMOS 软件分析报表中，与基准线比较相关的检验统计量包括规范拟合指数（Normed Fit Index，以下简称 NFI）值、相对拟合指数（Relative Fit Index，以下简称 RFI）值、增量拟合指数（Incremental Fit Index，以下简称 IFI）值、塔克 - 刘易斯指数（Tucker-Lewis Index，以下简称 TLI）值和比较拟合指数（Comparative Fit Index，以下简称 CFI）值。NFI 值、RFI 值、IFI 值、TLI 值和 CFI 的值一般介于 0 和 1 之间，他们的值越接近 1，表示假设模型和样本数据的拟合度越好，国际上公认的以上五个值的参考判定值为 0.90。

8. 赤池弘次信息准则

赤池弘次信息准则（Akaike Information Criterion，以下简称 AIC）是简约拟合度统计量的一种，它将假设模型中待估计的参数个数引入到模型拟合度检测之中，AIC 的值等于卡方值与假设模型中自由参数个数二倍的和。AIC 值越小，拟合度就越高越好。当 AIC 接近 0 时，假设模型的拟合度就达到非常好的水平。

9. 其他拟合优度指标

调整后的拟合优度指数（Adjusted Goodness of Fit Index，以下简称 AGFI）是一种用于评估和比较模型拟合度的统计指标，其值范围为 0 到 1，值越接近 1，说明模型的拟合度越好。该指数通过对比样本协方差矩阵与模型协方差矩阵来确定。在结构方程建模（Structural Equation Modeling，简称 SEM）中，通常要求 AGFI 值达到 0.9 以上，以才表明模型的拟合度良好。配适指标（Parsimony Goodness-of-Fit Index，以下简称 PGFI）是一种用于检验共同方法偏差效应的简约拟合指标，同样通过对比样本协方差矩阵与模型协方差矩阵来确定。其值范围也为 0 到 1，越接近 1 表示模型的拟合度越好。在结构方程建模中，PGFI 值通常要求达到 0.9 以上，以才表明该模型的拟合度良好。简约规范拟合指数（Parsimonious Normed Fit Index，以下简称 PNFI）是一种用于评估模型整体拟合度的简约拟合指标。其取值范围在 0 到 1 之间，当值大于 0.5 时，表明模型的简约度和拟合度都较好，可以接受。

（二）初构模型拟合度分析

以上关于假设模型和样本数据拟合度的检测指标，共同反映了假设模型和样本数据的拟合程度，任一单一指标都不能完全判定假设模型的质量。本研究综合考虑了 CNIN/DF、RMR、GFI、RMSEA、NFI 和 CFI 六个统计指标，对假设模型进行了检验，具体情况如图 1-6 和表 1-20 所示。

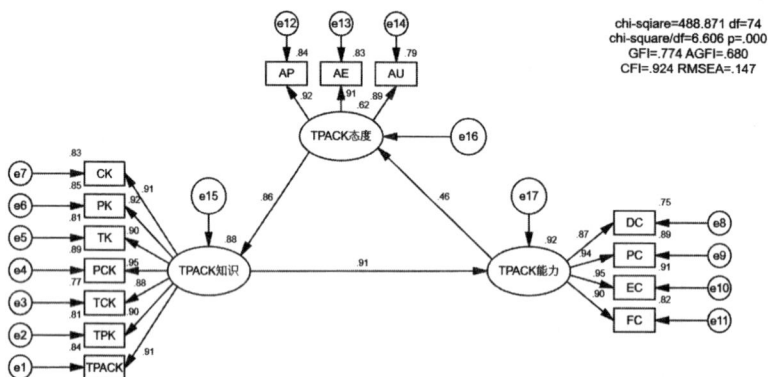

chi-sqiare=488.871 df=74
chi-square/df=6.606 p=.000
GFI=.774 AGFI=.680
CFI=.924 RMSEA=.147

图 1-6 幼儿教师 TPACK 素养三维结构初拟模型

从三维结构的路径影响系数来看，幼儿教师的 TPACK 态度对于其知识的习得的影响系数为 86%；幼儿教师 TPACK 知识的习得对于能力养成的影响系数为 91%；而幼儿教师 TPACK 能力的逐步增强则会进一步影响他们使用信息技术的态度，其影响系数为 46%。但模型的各项拟合指标并没有全部达到要求，只有 RMR、NFI 和 CFI 指标达到要求，需要对初始模型进行修正。

表 1-20 模型拟合度综合情况分析

指标名称	CMIN/DF	RMR	GFI	RMSEA	NFI	CFI
参考值	1<3	<0.05	>0.90	<0.05，<0.05	>0.90	>0.90
实际值	6.606	0.008	0.774	0.147	0.912	0.924

（三）幼儿教师 TPACK 素养理论模型修正

模型修正是模型建构过程中不可或缺的一步。根据文献研究和问卷预测初构的理论模型，经拟合度检测发现拟合度不佳的时候，就表示必须对初构模型进行修正。而初构模型的修正亦必须建立在相应的理论和数据校验的基础之上。一般情况下，修正模型都是基于 AMOS 软件分析报表提示修正指标。提示指标包含三个子选项，分别是协方差、方差和回归系数。根据协方差子项的修正指标提示，可采取的修正措施为删除或增列新的变量。而无论是增列误差变量之间的共变关系，还是删除或增列新的变量，都要根据 AMOS 报表提供的修正指标值（Modification Index，以下简称 MI）[①] 来展开。根据统计要求，当修正指标值大于 5 的时候，才有采纳该修正建议的必要。但对于预测模型的修正并不能仅仅依据数据统计软件分析的结果来进行，也可理论联系实际，修正相关假设模型，以提高模型的实用型、可操作性。由于样本测量项太多，所以本研究根据统计报表和专家访谈意见，分别对三个维度的测量题项进行修正，删除部分无关题项。

（一）TPACK 态度模型的修正

从非标准化回归系数值来看，P<0.001，所有的值达到了要求，所有题项都可以予以保留。从因素负荷数值来看，都大于 0.50，信度系数都可以接受。

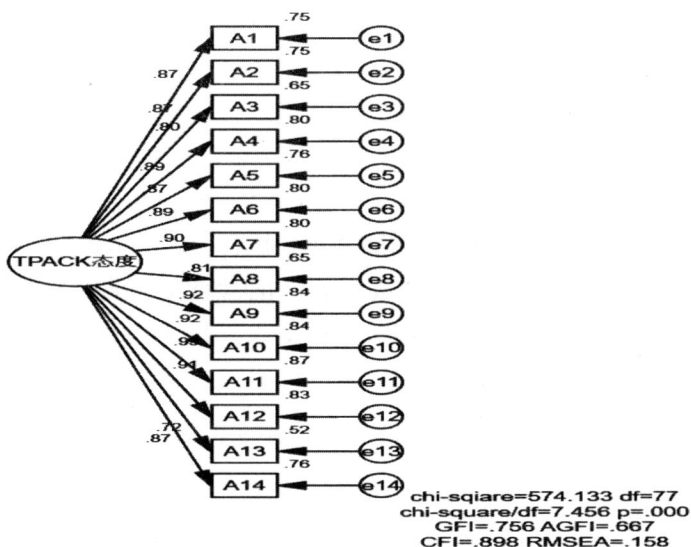

图 1-7　幼儿教师 TPACK 态度维度识别模型

但是从初始模型适配指标来看，并不是所有的题项都达到要求（表 1-21）所示。

[①]　修正指标值（Mutual Information，MI）是一种用于衡量模型中各参数之间相互依赖程度的指标。MI 值越大，表示参数之间的相互依赖性越强；MI 值越小，表示参数之间的相互依赖性越弱。以下皆同。

表 1-21 幼儿教师 TPACK 态度初始模型适配指标对比值

统计检验量	指标名称	参考值	实际值
NC 值①	CMIN/DF	1-3	7.456
绝对适配度指数	RMR	<0.05	0.013
	GFI	>0.90	0.756
	AGFI	>0.90	0.667
	RMSEA	<0.05，<0.08	0.158
增值适配度指数	NFI	>0.90	0.885
	RFI	>0.90	0.864
	IFI	>0.90	0.898
	TLI	>0.90	0.880
	CFI	>0.90	0.898
简约拟合指数	PGFI	>0.50	0.554
	PNFI	>0.50	0.748

AMOS 软件分析得到拟合指标统计结果显示，初构模型 NC 值为 7.456，需要修正；初构模型绝对适配度指数 RMR、GFI、AGFI、RMSEM 指标值分别为 0.013，0.756，0.667，0.158，只有 RMR 符合要求；初构模型增值适配度指数 NFI、RFI、IFI、TLI、CFI 指标值分别为 0.885，0.864，0.880，0.880，0.898，基本符合模型适配要求，但仍需调整；简约拟合指数 PGFI、PNFI 的指标值为 0.554、0.748，符合模型拟合的要求。根据上述数据分析结果，幼儿教师 TPACK 态度模型需要修正，删除相关性较高的题项，提高模型的适配度。

根据拟合模型的协方差矩阵系数，删除相关性较高的题项，提高模型的适配度，根据表 1-22，删除相关性过高的 e3，e10，e2，e5，e4，e13，可以提高模型的适配度值。

表 1-22 模型识别建议修正指标

e12	<-->	e14	11.917	.014
e12	<-->	e13	5.820	.018
e11	<-->	e13	5.197	.015
e11	<-->	e12	5.608	.007
e9	<-->	e14	5.748	.009
e9	<-->	e13	4.853	.016
e9	<-->	e12	4.594	.007
e9	<-->	e10	41.803	.023

---

① 卡方值与自由度的比值，以下简称 NC 值。

续表

			卡方值	参数值
e8	<-->	e12	10.806	-.019
e8	<-->	e10	6.812	.016
e7	<-->	e14	8.098	.012
e7	<-->	e13	12.929	-.028
e7	<-->	e10	17.303	-.016
e7	<-->	e8	7.494	.016
e6	<-->	e11	5.534	-.008
e6	<-->	e9	19.099	-.017
e6	<-->	e8	6.488	.017
e6	<-->	e7	9.131	.012
e5	<-->	e14	13.112	-.018
e5	<-->	e13	4.623	-.020
e5	<-->	e12	45.087	-.029
e5	<-->	e7	18.755	.019
e5	<-->	e6	41.574	.032
e4	<-->	e14	14.615	-.020
e4	<-->	e9	12.334	-.016
e4	<-->	e6	12.076	.019
e3	<-->	e13	5.770	-.027
e3	<-->	e11	5.497	-.010
e3	<-->	e10	15.629	-.022
e3	<-->	e9	6.291	-.013
e2	<-->	e14	7.613	-.014
e2	<-->	e11	13.760	-.014
e2	<-->	e8	11.956	-.026
e2	<-->	e3	74.572	.058
e1	<-->	e10	19.740	-.021
e1	<-->	e8	4.569	-.016
e1	<-->	e7	4.513	-.010
e1	<-->	e4	16.394	.024
e1	<-->	e3	26.012	.034
e1	<-->	e2	48.378	.040

删除 6 个题项后，模型适配度指标如下：初构模型 NC 值为 2.540，符合要求；初构模型绝对适配度指数 RMR、GFI、AGFI、RMSEM 指标值分别为 0.004，0.962，0.925，0.007，都符合要求；初构模型增值适配度指数 NFI、RFI、IFI、

TLI、CFI 指标值分别为 0.944，0.984，0.990，0.985，0.990，模型适配非常好；简约拟合指数 PGFI、PNFI 的指标值为 0.660、0.656，基本符合模型拟合的要求。

表 1-23 删除部分题项后模型适配指标对比值

统计检验量	指标名称	参考值	实际值
NC 值	CMIN/DF	1-3	2.540
绝对适配度指数	RMR	<0.05	0.004
	GFI	>0.90	0.962
	AGFI	>0.90	0.925
	RMSEA	<0.05，<0.08	0.077
增值适配度指数	NFI	>0.90	0.944
	RFI	>0.90	0.984
	IFI	>0.90	0.990
	TLI	>0.90	0.985
	CFI	>0.90	0.990
简约拟合指数	PCFI	>0.50	0.660
	PNFI	>0.50	0.656

删除相关性过高的题项后，保留态度维度中的 A1、A6、A7、A9、A11、A12、A14 题项，得到了各拟合指标都相对较好的幼儿教师 TPACK 态度结构模型，如图 1-8 所示。

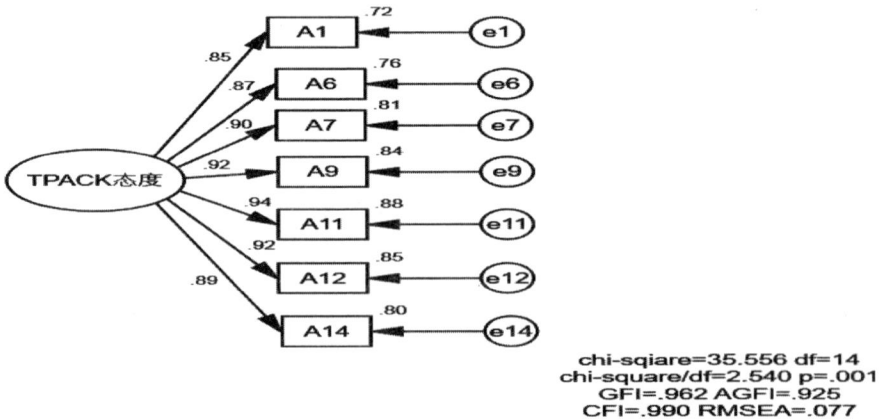

chi-sqiare=35.556 df=14
chi-square/df=2.540 p=.001
GFI=.962 AGFI=.925
CFI=.990 RMSEA=.077

图 1-8 幼儿教师 TPACK 态度维度修正模型

（二）TPACK 知识模型修正

使用 AMOS 对 TPACK 知识的 33 个题项做模型分析，结果如图 1-9 所示。从非标准化回归系数值来看，$P<0.001$，所有的值达到了要求，所有题项都可以予以保留。从因素负荷数值来看，都大于 0.70，信度系数都可以接受。

从标准化回归系数的值来看，P<0.001，所有题项都达到了理想的程度。然而 AMOS 软件分析得出的拟合指标统计结果显示，初构模型 NC 值为 10.598，需要修正；初构模型绝对适配度指数 RMR、GFI、AGFI、RMSEM 指标值分别为 0.012，0.385，0.308，0.192，只有 RMR 符合要求；初构模型增值适配度指数 NFI、RFI、IFI、TLI、CFI 指标值分别为 0.700，0.681，0.721，0.703，不符合模型适配要求，需调整；简约拟合指数 PGFI、PNFI 的指标值为 0.659、0.678，符合模型拟合的要求。根据上述数据分析结果，幼儿教师 TPACK 知识模型需要修正，删除相关性较高的题项，提高模型的适配度。

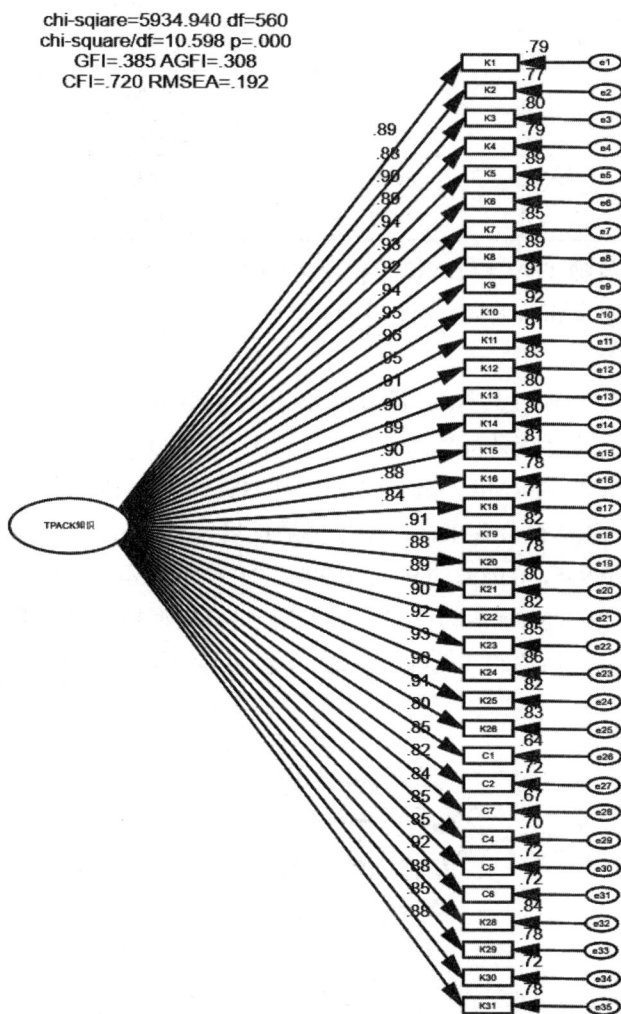

图 1-9 幼儿教师 TPACK 知识维度识别初构模型①

---

① 表格中的 KI—K31，指的是 TPACK 知识维度的题项，下同；同时，根据第二节探索性因子分析的结果，部分初拟指标中的原 TPACK 能力维度的题项 C1、C2、C7、C4、C5 也被归入到知识维度中。

表 1-24 幼儿教师 TPACK 知识初始模型适配指标对比值

统计检验量	指标名称	参考值	实际值
NC 值	CMIN/DF	1-3	10.598
绝对适配度指数	RMR	<0.05	0.012
	GFI	>0.90	0.385
	AGFI	>0.90	0.308
	RMSEA	<0.05，<0.08	0.192
增值适配度指数	NFI	>0.90	0.700
	RFI	>0.90	0.681
	IFI	>0.90	0.721
	TLI	>0.90	0.703
	CFI	>0.90	0.720
简约拟合指数	PCFI	>0.50	0.659
	PNFI	>0.50	0.678

由于幼儿教师 TPACK 知识维度的题项较多，共涉及 7 个二级维度，整体剔除题项和理论假设相差太大，所以采取了分二级小维度剔除相关题项的办法。

①学科内容知识模型适配

学科内容知识模型共有 5 道题目，但初构模型拟合不理想，删除第 4 道题项后，所有拟合指标统计都达到了理想的程度（图 1-10）；模型 NC 值为 2.753，模型绝对适配度指数 RMR、GFI、AGFI、RMSEM 指标值分别为 0.002，0.990，0.950，0.082，基本符合要求；模型增值适配度指数 NFI、RFI、IFI、TLI、CFI 指标值分别为 0.996，0.988，0.997，0.997，0.997 符合模型适配要求；简约拟合指数 PCFI、PNFI 的指标值为 0.332、0.332，符合模型拟合的要求。根据上述数据分析结果，修改后的幼儿教师 TPACK 学科内容知识模型较为合理，保留 4 个题项。

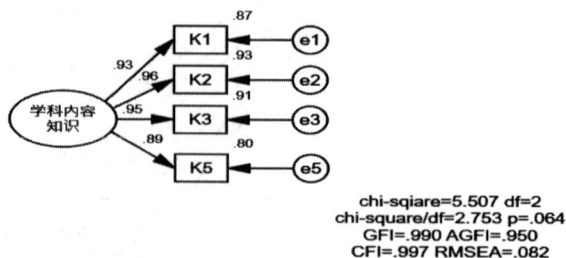

chi-sqiare=5.507 df=2
chi-square/df=2.753 p=.064
GFI=.990 AGFI=.950
CFI=.997 RMSEA=.082

图 1-10 幼儿教师学科内容知识维度模型

②教学法知识模型适配

教学法知识模型共有 6 道题目，但初构模型拟合不理想，删除第 K6、K7 两题项后，所有拟合指标统计都达到了理想的程度：模型 NC 值为 5.250，模型绝对适配度指数 RMR、GFI、AGFI、RMSEM 指标值分别为 0.001，0.982，0.909，0.196，基本符合要求；模型增值适配度指数 NFI、RFI、IFI、TLI、CFI 指标值分别为 0995、0.985、0.996、0.988、0.998 符合模型适配要求；简约拟合指数 PCFI、PNFI 的指标值为 0.333、0.335，符合模型拟合的要求。根据上述数据分析结果，修改后的幼儿教师教学法知识模型较为合理，保留 4 个题项。

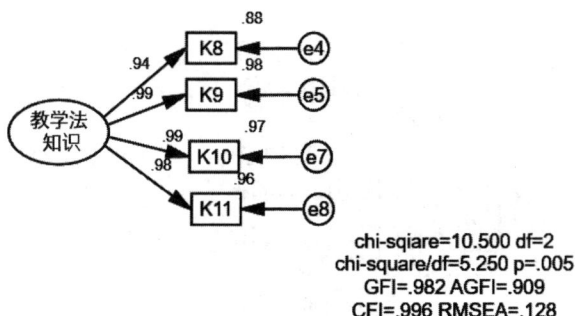

图 1-11 幼儿教师学科教学知识维度模型

③信息技术知识模型适配

信息技术知识初构模型共有 5 道题目，但拟合不理想，删除 A10 题项后，所有拟合指标统计都达到了理想的程度：模型 NC 值为 3.997，模型绝对适配度指数 RMR、GFI、AGFI、RMSEM 指标值分别为 0.002，0.985，0.923，0.197，基本符合要求；模型增值适配度指数 NFI、RFI、IFI、TLI、CFI 指标值分别为 0994、0.983、9.996、0.987、0.996，符合模型适配要求；简约拟合指数 PCFI、PNFI 的指标值为 0.331、0.332，符合模型拟合的要求。根据上述数据分析结果，修改后的幼儿教师 TPACK 学科内容知识模型较为合理，保留 4 个题项。

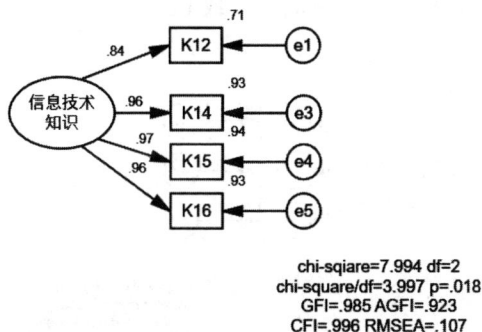

图 1-12 幼儿教师信息技术知识维度模型

④学科教学知识模型适配

学科教学知识模型共有 8 道题目，但初构模型拟合不理想，删除 K20、K24、K26 等 3 个题项后，所有拟合指标统计都达到了理想的程度：模型 NC 值为 3.187，模型绝对适配度指数 RMR、GFI、AGFI、RMSEM 指标值分别为 0.002，0.976，0.928，0.325，基本符合要求；模型增值适配度指数 NFI、RFI、IFI、TLI、CFI 指标值分别为 0991，0.983，0.994，0.988，0.994，符合模型适配要求；简约拟合指数 PCFI、PNFI 的指标值为 0.496、0.497，符合模型拟合的要求。根据上述数据分析结果，修改后的幼儿教师 TPACK 学科教学知识模型较为合理，保留 5 个题项。

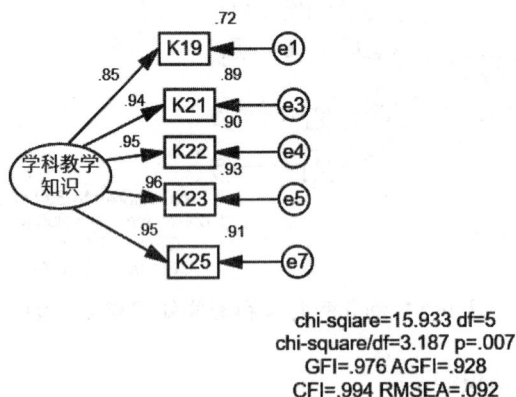

chi-sqiare=15.933 df=5
chi-square/df=3.187 p=.007
GFI=.976 AGFI=.928
CFI=.994 RMSEA=.092

图 1-13 幼儿教师学科教学知识维度模型

⑤整合技术的学科内容知识模型适配

整合技术的学科内容知识模型共有 3 道题目，初构模型属于饱和模型，因题项只有 3 个，所有拟合指标检验都达到了理想的程度：模型 NC 值为 0，模型绝对适配度指数 RMR、GFI、AGFI、RMSEM 指标值分别为 0.000，1.000，0，0.880，基本符合要求；模型增值适配度指数 NFI、RFI、IFI、TLI、CFI 指标值都为 1，符合模型适配要求；简约拟合指数 PCFI、PNFI 的指标值都为 0，不符合模型拟合的要求。

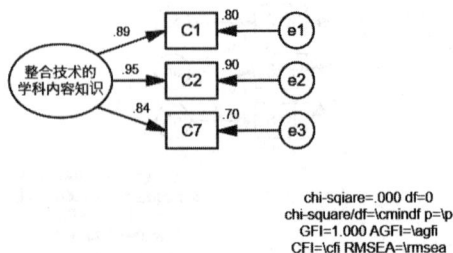

chi-sqiare=.000 df=0
chi-square/df=\cmindf p=\p
GFI=1.000 AGFI=\agfi
CFI=\cfi RMSEA=\rmsea

图 1-14 整合技术的教学法知识模型适配

⑥整合技术的教学法知识模型适配

整合技术的学科教学法知识模型共有 3 道题目，初构模型是饱和模型，因题项只有 3 个，所有拟合指标统计都达到了理想的程度：模型 NC 值为 0，模型绝对适配度指数 RMR、GFI、AGFI、RMSEM 指标值分别为 0.000，1.000，0，1.028，部分指标符合要求；模型增值适配度指数 NFI、RFI、IFI、TLI、CFI 指标值都为 1，符合模型适配要求；简约拟合指数 PCFI、PNFI 的指标值为 0，不符合模型拟合的要求。

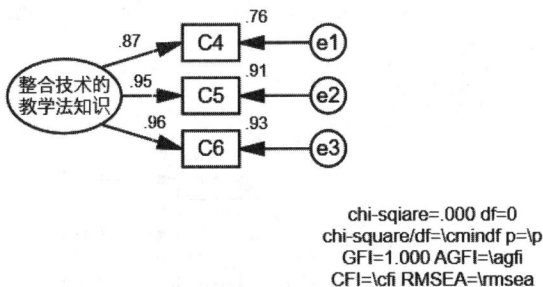

chi-sqiare=.000 df=0
chi-square/df=\cmindf p=\p
GFI=1.000 AGFI=\agfi
CFI=\cfi RMSEA=\rmsea

图 1-15 整合技术的教学法知识模型适配

⑦整合技术的学科教学知识模型适配

鉴于整合技术的学科内容知识（TCK）和整合技术的教学法知识（TPK）题项拟合不理想，将其统一归入整合技术的学科教学知识类别中进行模型适配。整合技术的学科教学知识共有 10 道题目，但初构模型拟合不理想，删除第 C5、C6、K28、K29、K30、K31 等 7 个题项后，所有拟合指标统计都达到了理想的程度：模型 NC 值为 2.759；模型绝对适配度指数 RMR、GFI、AGFI、RMSEM 指标值分别为 0.002，0.989，0.945，0.198，基本符合要求；模型增值适配度指数 NFI、RFI、IFI、TLI、CFI 指标值分别为 0.995，0.984，0.997，0.990，0.997，符合模型适配要求；简约拟合指数 PCFI、PNFI 的指标值为 0.332，0.332，符合模型拟合的要求。根据上述数据分析结果，修改后的幼儿教师 TPACK 整合技术的学科教学知识模型较为合理，保持 4 个题项。

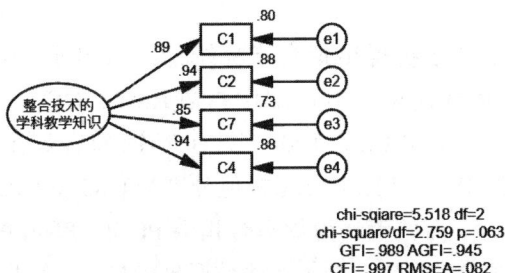

chi-sqiare=5.518 df=2
chi-square/df=2.759 p=.063
GFI=.989 AGFI=.945
CFI=.997 RMSEA=.082

图 1-16 幼儿教师整合技术的学科教学知识模型适配

在上述二级维度修正的基础上，对幼儿教师 TPACK 知识维度的整合模型进行数据修正，修正后的幼儿教师 TPACK 知识模型共有 7 道题目，所有拟合指标统计都达到了理想的程度；模型 NC 值为 2.333，模型绝对适配度指数 RMR、GFI、AGFI、RMSEM 指标值分别为 0.004，0.964，0.928，0.072，基本符合要求；模型增值适配度指数 NFI、RFI、IFI、TLI、CFI 指标值分别为 0.986，0.979，0.992，0.988，0.992，符合模型适配要求；简约拟合指数 PCFI、PNFI 的指标值为 0.657，0.661，符合模型拟合的要求。根据上述数据分析结果，幼儿教师 TPACK 整合技术的学科教学知识模型较为合理，保持 7 个题项。

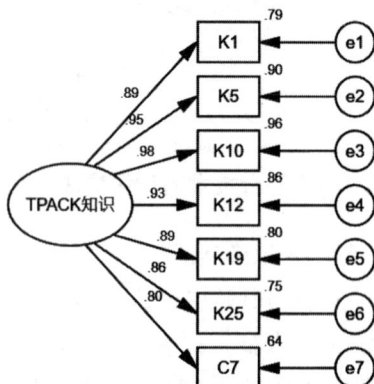

图 1-17 幼儿教师 TPACK 知识修正模型

（三）TPACK 能力维度模型修正

使用 AMOS 对 TPACK 态度的 14 个题项做模型分析，结果如图 1-18 所示，从非标准化回归系数值来看，$P<0.001$，所有的值都达到了要求，所有题项都可以予以保留。从因素负荷数值来看，都大于 0.50，信度系数都可以接受。从幼儿教师 TPACK 能力维度非标准化回归系数标准化值来看，都大于 0.7，没有需要删除的题项。

然而，AMOS 软件分析得出拟合指标统计结果显示，初构模型 NC 值为 7.912，需要修正；初构模型绝对适配度指数 RMR、GFI、AGFI、RMSEM 指标值分别为 0.010，0.652，0.163，0.208，只有 RMR 符合要求；初构模型增值适配度指数 NFI、RFI、IFI、TLI、CFI 指标值分别为 0.851，0.833，0.868，0.851，不符合模型适配要求，需调整；简约拟合指数 PGFI、PNFI 的指标值为 0.757、0.771，不符合模型拟合的要求。根据上述数据分析结果，幼儿教师 TPACK 能力模型需要修正，删除相关性较高的题项，提高模型的适配度。

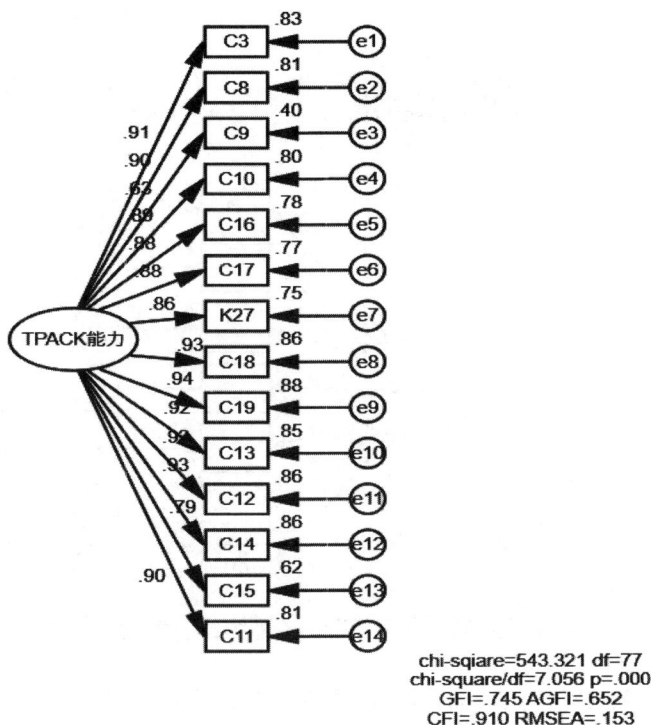

图 1-18 幼儿教师 TPACK 能力维度识别初构模型

表 1-25 幼儿教师 TPACK 能力初始模型适配指标对比值

统计检验量	指标名称	参考值	实际值
NC 值	CMIN/DF	1-3	7.912
绝对适配度指数	RMR	<0.05	0.010
	GFI	>0.90	0.652
	AGFI	>0.90	0.163
	RMSEA	<0.05，<0.08	0.521
增值适配度指数	NFI	>0.90	0.851
	RFI	>0.90	0.833
	IFI	>0.90	0.868
	TLI	>0.90	0.851
	CFI	>0.90	0.867
简约拟合指数	PNFI	>0.50	0.757
	PCFI	>0.50	0.771

根据模型修正指数,对幼儿教师 TPACK 能力维度的整合模型进行数据修正,修正后的幼儿教师 TPACK 能力模型共有 7 道题目,所有拟合指标统计都达到了

理想的程度。

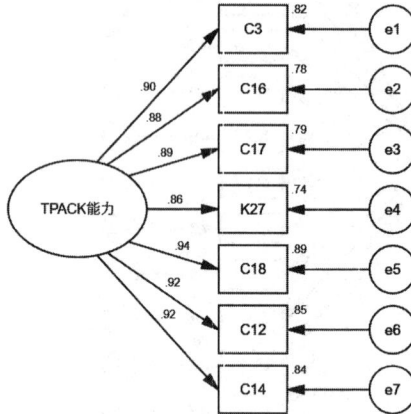

图 1-19 幼儿教师 TPACK 能力维度模型修正

修正模型 NC 值为 2.760；修正模型绝对适配度指数 RMR、GFI、AGFI、RMSEM 指标值分别为 0.004，0.958，0.917，0.082，基本符合要求；修正模型增值适配度指数 NFI、RFI、IFI、TLI、CFI 指标值分别为 0.983，0.974，0.989，0.983，0.989，符合模型适配要求；简约拟合指数 PCFI、PNFI 的指标值为 0.655，0.659，符合模型拟合的要求。

表 1-26 幼儿教师 TPACK 能力初始模型适配指标对比值

统计检验量	指标名称	参考值	实际值
NC 值	CMIN/DF	1-3	2.760
绝对适配度指数	RMR	<0.05	0.004
	GFI	>0.90	0.958
	AGFI	>0.90	0.917
	RMSEA	<0.05，<0.08	0.082
增值适配度指数	NFI	>0.90	0.983
	RFI	>0.90	0.974
	IFI	>0.90	0.989
	TLI	>0.90	0.983
	CFI	>0.90	0.989
简约拟合指数	PNFI	>0.50	0.655
	PCFI	>0.50	0.659

三、幼儿教师 TPACK 素养理论模型的确立

（一）三维结构拟合模型

AMOS 软件分析得出拟合指标统计结果显示，初构模型 NC 值为 2.542，需要修正；初构模型绝对适配度指数 RMR、GFI、AGFI、RMSEM 指标值分别为 0.006，0.941，0.905，0.077，符合模型拟合要求；初构模型增值适配度指数 NFI、RFI、IFI、TLI、CFI 指标值分别为 0.986，0.958，0.981，0.974，0.981，基本符合模型适配要求；简约拟合指数 PGFI、PNFI 的指标值为 0.722、0.731，符合模型拟合的要求。根据上述数据分析结果，幼儿教师 TPACK 态度、知识和能力三维结构模型拟合度非常好。

表 1-27　幼儿教师 TPACK 素养适配指标对比值

统计检验量	指标名称	参考值	实际值
NC 值	CMIN/DF	1-3	2.542
绝对适配度指数	RMR	<0.05	0.006
	GFI	>0.90	0.941
	AGFI	>0.90	0.905
	RMSEA	<0.05，<0.08	0.077
增值适配度指数	NFI	>0.90	0.986
	RFI	>0.90	0.958
	IFI	>0.90	0.981
	TLI	>0.90	0.974
	CFI	>0.90	0.981
简约拟合指数	PNFI	>0.50	0.722
	PCFI	>0.50	0.731

从测量模型的路径系数来看，TPACK 态度对于 TPACK 知识的影响系数为 0.82，TPACK 知识对于 TPACK 能力的影响系数为 0.86，TPACK 能力对于态度的影响系数为 0.52。

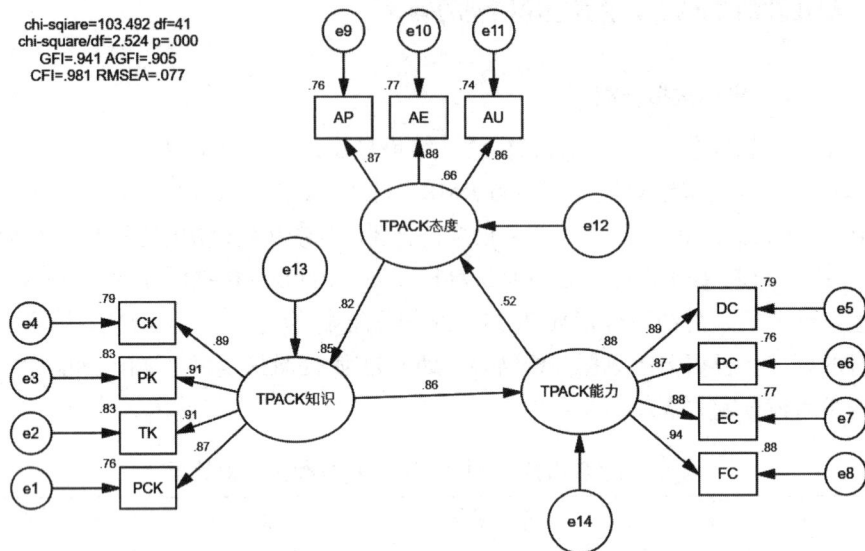

图 1-20 幼儿教师 TPACK 三维素养结构模型

（二）三维结构模型解释

根据理论建构和数据拟合结果，本研究最终构建了包含幼儿教师 TPACK 态度（信息化教学意识、信息化教学感知和信息教学效能感）、TPACK 知识（学科内容知识、教学法知识、信息技术知识和学科教学知识）、TPACK 能力（设计水平、应用水平、伦理水平和精通水平）三维结构的幼儿教师 TPACK 素养理论模型（图 1-20）。

第四节　本章小结

本章主要包括四理论个小节：幼儿教师 TPACK 素养理论模型维度指标遴选、幼儿教师 TPACK 素养模型问卷设计与分析、幼儿教师 TPACK 素养理论模型的初构和验证、本章小结。主要解决了如下问题：

1. 遴选幼儿教师 TPACK 素养理论模型结构指标

本章首先研究了幼儿教师 TPACK 素养理论模型结构维度指标相关文献，主要包括教师人工智能素养结构模型、幼儿教师 TPACK 结构模型、幼儿教师专业发展标准、中小学（幼儿园）教师信息技术能力标准、幼儿园教育指导纲要（试行）等文献，初构了幼儿教师 TPACK 素养理论模型（图 1-20）。如上图所示，幼儿教师的 TPACK 素养结构包括 TPACK 态度、TPACK 知识和 TPACK 能力三个潜变量，其中 TPACK 态度包括信息化教学意识、信息化教学专业发展观、信息化教学效能感和网络信息安全意识 4 个维度；TPACK 知识包括学科内容知识、学科教学法知识、信息技术知识、学科教学知识、整合技术的学科内容知识、整合技术的学科教学法知识和整合技术的学科教学知识 7 个维度；TPACK 能力包括设计、应用、伦理和精通 4 个维度。

2. 设计幼儿教师 TPACK 素养模型调查问卷

结合相关文献，形成《幼儿教师 TPACK 素养理论模型》初拟问卷，开展预测，在对预测收集到的 238 份有效问卷进行信度、效度检验后，结合对一线专家幼儿教师的访谈结果，对预测问卷进行修订和完善，形成《幼儿教师 TPACK 素养理论模型》正式问卷。正式问卷采取网络问卷调查法对 J 省 13 个地级市的幼儿教师进行抽样调查，共回收 261 份有效调查问卷。通过对有效问卷进行特征分析、描述性统计分析、正态性检验以及信度和效度检验，表明问卷具有良好的代表性、较高的信度和效度。

3. 初构幼儿教师 TPACK 素养理论模型结构指标

因假设模型实际信度和效度比较合理，所以初构模型仍设 3 个一级维度、14 个二级维度和 64 个观测点。但是在后续使用 AMOS 进行模型拟合的过程中，发现整合技术的内容知识、整合技术的教学法知识和整合技术的学科教学知识和 TPACK 能力维度中的设计水平、应用水平和精通水平部分题项无法识别，经调整后，最终成功拟合的模型包括 TPACK 态度、TPACK 知识和 TPACK 部分题项能力 3 个一级维度、11 个二级维度。

4. 确定幼儿教师 TPACK 素养结构理论模型

使用 AMOS 结构方程模型进行验证性因子分析，结果表明，幼儿教师 TPACK 三维素养结构（TPACK 态度、TPACK 知识和 TPACK 能力）模型合理，同时，三个维度之间存在显著的影响关系，TPACK 态度能显著影响 TPACK 知识的习得，TPACK 知识习得显著影响 TPACK 能力，TPACK 能力则进一步强化的 TPACK 态度。

第二章 幼儿教师 TPACK 素养评估指标体系建构

理论模型是介于理论和实践层面的中间层，既是理论的高度概括，也是实践的高度抽象，对实践活动有理论指导作用。[1]幼儿教师 TPACK 素养是整合幼儿保教的学科内容知识（健康、语言、社会、科学和艺术）、教学法知识和信息技术知识，进行有效保教设计、保教实施和保教评价的综合能力。幼儿教师 TPACK 素养模型是评估幼儿教师 TPACK 素养的理论模型，可为幼儿教师TPACK 素养评估提供理论参考，但不可以直接用于评估，需要将其转化为可操作的实质性评估工具。本章将依据幼儿教师 TPACK 素养理论模型，开发幼儿教师 TPACK 素养发展评估工具，为提升幼儿教师信息化素养提供参考路径。

第一节 构建"幼儿教师 TPACK 素养评估指标体系"的原则

"幼儿教师 TPACK 素养评估指标体系"是幼儿教师发展 TPACK 素养的依据。构建符合幼儿教师自身专业属性的 TPACK 素养评估指标体系，是人工智能时代促进幼儿教师专业化，提升幼儿教师信息化、智能化水平的前置性工作。为保证"幼儿教师 TPACK 素养评估指标体系"科学性，建构需要遵循一定的原则。

一、导向性原则

"幼儿教师 TPACK 素养评估指标体系"不仅是评估幼儿教师 TPACK 素养的指挥棒，也是幼儿教师 TPACK 素养发展的指南针，可指明幼儿教师发展TPACK 素养的方向和路径，提高幼儿教师专业培养和培训的质量。本研究即以此为导向，以评促教，以评促学，进而提升幼儿教师专业发展水平。

---

[1] 王海 . 基础教育信息化绩效发展评估模型构建与应用研究 [D]. 长春：东北师范大学，2016，6：168.

二、诊断性原则

构建"幼儿教师 TPACK 素养评估指标体系",研发幼儿教师 TPACK 素养评估指标体系测评工具,在实际使用过程中,幼儿教师可对照该体系和工具,发现自身或者他人 TPACK 态度、TPACK 知识和 TPACK 能力方面的优点和不足,扬长避短,最终达到提升专业素养的目的。

三、发展性原则

构建"幼儿教师 TPACK 素养评估指标体系"和《幼儿教师 TPACK 素养评估指标体系测评量表》,主要着眼于发展幼儿教师 TPACK 素养。幼儿教师可根据 TPACK 素养评估结果,制定个人专业发展规划,明确 TPACK 素养发展目标和路径,从而促进自身的专业发展。

四、科学性原则

"幼儿教师 TPACK 素养评估指标体系"和《幼儿教师 TPACK 素养评估指标体系测评量表》的科学性原则主要体现在如下两个方面:

第一,幼儿教师 TPACK 素养评估指标体系的全面性。本指标体系吸收了国内外相关研究成果,覆盖了幼儿教师专业标准的核心要素,指标体系十分全面。

第二,测评量表的可测性。研究者在设计《幼儿教师 TPACK 素养评估指标体系测评量表》时,力争做到能够量化的指标尽量量化,对于不能量化的指标,尽可能用具体化、行为化、可操作性的语言加以描述。

第二节　构建"幼儿教师 TPACK 素养评估指标体系"的过程

一、"幼儿教师 TPACK 素养评估指标体系"构建的研究思路

如图 2-1 所示,本章按照如下思路构建幼儿教师 TPACK 素养评估指标体系。首先,根据构建的幼儿教师 TPACK 素养理论模型和相关实证研究结果,初步设计幼儿教师 TPACK 素养评估指标体系;其次,根据初拟指标体系设计《幼儿教师 TPACK 素养评估指标体系问卷》和《访谈提纲》,实施问卷调查和深度访谈,统计、分析问卷和访谈数据;再次,根据数据统计分析结果,修正评估指标;第四,运用德尔菲法,征求专家意见,继续修正和完善指标;第五,根据专家排

序法确定各个指标的权重；第五，汇总反馈意见，结合数理统计结果，构建最终的幼儿教师 TPACK 素养评估指标体系。

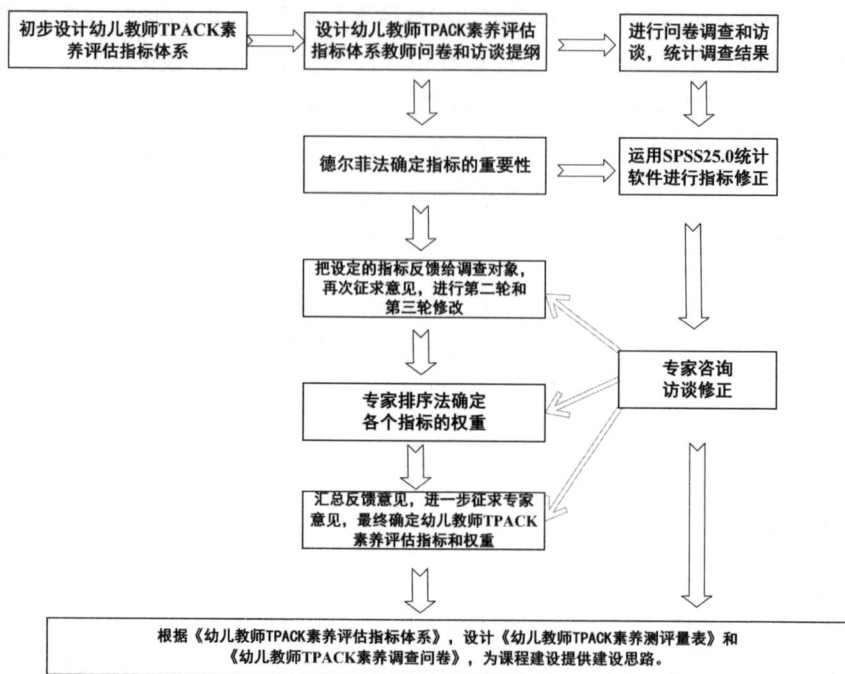

图 2-1 研究思路

二、"幼儿教师 TPACK 素养评估指标体系"的构建方法

（一）内容分析法

根据第一章构建的"幼儿教师 TPACK 素养理论模型"，继续搜集有关教师 TPACK 知识量表、TPACK 能力量表、TPACK 效能感量表、信息技术能力量表等相关中英文文献，完善补充"TPACK 态度、TPACK 知识、TPACK 能力"三个维度的细化指标，完善语句表达，初构"幼儿教师 TPACK 素养评估指标体系"。

（二）教师访谈法

根据初构的"幼儿教师 TPACK 素养指标体系"对一线教师（高校学前教育专业负责人、高校学前教育专业学科带头人、高校学前教育专业骨干教师、幼儿园园长、幼儿园骨干教师）等 8 人进行半结构式访谈（附录 6），然后对访谈结果进行整理，遴选指标，将遴选出的指标与通过内容分析法得出的指标进行整合，形成新的"幼儿教师 TPACK 素养评估指标体系"。

（三）问卷调查法

根据研究需要，本研究先后发放 2 次问卷，问卷采用李克特五点量表计分。

1.《幼儿教师 TPACK 素养指标体系专家咨询表》（附录 3）用于专家对三维结构各指标体系重要性的认证；

2.《幼儿教师 TPACK 素养指标权重专家咨询表》（附录 4）用于专家对一级维度、二级维度和三级维度权重系数的认证；

3.《幼儿教师 TPACK 素养评估指标体系教师问卷》（附录 5）。此问卷源于第一章的建构的理论模型，访谈后形成的"幼儿教师 TPACK 素养评估指标体系"，用于各观测指标信度、效度分析，三维结构体系项目分析，因子分析，并结合教师个别访谈，完善"幼儿教师 TPACK 素养指标体系框架"。

三、"幼儿教师 TPACK 素养评估指标体系框架"的初步构建

由于幼儿教师的整合技术的学科教学知识、整合技术的教学法知识和整合技术的学科内容知识和幼儿教师整合技术的学科教学能力的题项存在相互交叉现象，在实施问卷时，幼儿教师无法有效识别，所以将初拟评估指标体系做了一些调整。调整后的幼儿教师 TPACK 素养评估指标体系共包括 TPACK 态度、TPACK 知识和 TPACK 能力 3 个一级维度、11 个二级维度、64 个三级观测点。（如表 2-1 所示）

表 2-1 幼儿教师 TPACK 素养初拟指标体系

项目	一级指标	二级指标	三级指标
幼儿教师 TPACK 素养指标体系	TPACK 态度	信息化教学观意识	信息化课堂教学意识
			信息化学习方式转变意识
			信息化专业发展意识
		信息化教学感知	教学促进性感知
			主观规范感知
			社会形象感知
			外部条件感知
		信息化教学效能感	信息化教学促进性感知
			信息化教学自信心感知
			信息化教学焦虑感知

续表

项目	一级指标	二级指标	三级指标
幼儿教师 TPACK 素养指标体系	TPACK 知识	学科内容知识	幼儿健康教育领域知识
			幼儿语言教育领域知识
			幼儿社会教育领域知识
			幼儿科学教育领域知识
			幼儿艺术教育领域知识
		学科教学法知识	幼儿保教活动教案设计
			幼儿保教活动教学实施
			幼儿保教活动组织管理
			幼儿保教活动教学评价
		信息技术知识	多媒体课件设计与制作
			计算机 / 网络 / 人工智能技术运用
			多媒体教学设备使用
			信息化教学设计理论
		学科教学知识	幼儿领域教学内容知识
			幼儿身心发展规律知识
			幼儿教学方法整合知识
	TPACK 能力	设计水平	搜索幼儿保育保教内容的技术
			呈现幼儿保育保教内容的技术
			理解幼儿保育保教内容的技术
			拓展幼儿保育保教内容的技术
		应用水平	信息化教学设计与计划
			信息化教学组织与实施
			信息化教学诊断与评估
		伦理水平	尊重信息技术知识产权
			尊重信息技术伦理规范
			指导幼儿遵守信息技术伦理
		精通水平	创新课堂教学设计的技术
			形成信息化教学风格的技术
			形成信息化教学领导力的技术

四、"幼儿教师 TPACK 评估素养指标体系" 评估指标论证与遴选

（一）研究目的

认证幼儿教师 TPACK 素养评估指标体系由 TPACK 态度、TPACK 知识、TPACK 能力三要素构成的科学性，验证各维度指标能否较好地拟合观察数据，反映幼儿教师 TPACK 素养的核心内容。

（二）研究对象

本研究的研究对象包括《幼儿教师 TPACK 素养评估指标体系问卷》样本、《幼儿教师 TPACK 素养评估指标体系专家咨询表》样本，用于论证和筛选 TPACK 素养各评估指标，完善评估指标体系。

1.《幼儿教师 TPACK 素养评估指标体系专家咨询表》样本

根据初拟的幼儿教师 TPACK 素养指标体系，对大学学前教育专业负责人、学前教育专业带头人、学前教育系主任、幼儿园园长、特级教师、骨干教师等 74 人进行了指标体系专家咨询问卷，用于 TPACK 素养各指标遴选。样本具体如表 2-2 所示：

表 2-2　幼儿教师 TPACK 素养指标结构专家人口统计学特征

维度		人数	所占百分比（%）
性　别	男	4	5.41
	女	70	94.59
学　历	高职（大专）	13	17.57
	本科	54	72.97
	硕士	60	8.11
	博士	1	1.35
年　龄	22-30 岁	29	39.19
	30-45 岁	34	45.95
	45-50 岁	5	6.76
	50 岁以上	6	8.11
教　龄	1-3 年	11	14.86
	5-10 年	29	39.19
	11-20 年	13	17.57
	20 年以上	21	28.38

续表

维度		人数	所占百分比（%）
职 务	教科院院长	1	1.35
	学前教育系主任	1	1.35
	幼儿教师	72	97.3
荣誉称号	专业带头人	1	1.35
	学科带头人	3	4.05
	骨干教师	5	6.76
	教学能手	3	4.05
	普通教师	62	83.78

2.《幼儿教师 TPACK 素养评估指标体系问卷》样本

采用整群抽样和分层抽样法抽取 J 省公办幼儿园、民办幼儿园、公办民营园（覆盖省示范园、市示范园和合格园三种层次、城市、乡村和城乡结合部三类区域的幼儿园）261 位幼儿教师。这些教师中，246 人接受过信息技术培训，204 人认为信息技术培训效果较好。从性别维度来看，男教师 11 人，女教师 250 人；从学历层次来看，高中及以下学历 10 人，大专（高职）63 人，本科学历 188 人；从年龄层次来看，18-22 岁的有 7 人，23-36 岁的有 109 人，27-32 岁的有 33 人，32 岁以上的有 112 人；从教龄层次来看，1-3 年教龄的有 52 人，5-10 年教龄有 96 人，11-20 年以上有 59 人，20 年以上有 54 人。具体如表 2-3 所示：

表 2-3 研究对象的人口统计学特征

维度		人数	所占百分比（%）
性 别	男	11	4.21
	女	250	95.79
学 历	高中及以下	10	3.83
	大专（高职）	63	24.14
	本 科	188	72.03
年 龄	18-22 岁	7	2.68
	23-36 岁	109	41.76
	27-32 岁	33	12.64
	32 岁以上	112	42.91
教 龄	1-3 年	52	19.92
	5-10 年	96	36.78
	11-20 年	59	22.61
	20 年以上	54	20.69

续表

维度		人数	所占百分比（%）
任教学段	小班	96	36.78
	中班	78	29.89
	大班	87	33.33
幼儿园性质	公办幼儿园	235	90.04
	民办幼儿园	21	63.64
	公办民营园	5	36.36
幼儿园级别	省 示 范 园	204	78.16
	市 示 范 园	38	14.56
	合 格 园	19	7.28
幼儿园区位	城　　市	168	64.37
	乡　　村	55	21.07
	城乡结合部	38	14.56

2.《幼儿教师 TPACK 素养评估指标权重专家问卷》样本

根据专家咨询和问卷数据统计结果，再次对修正后的幼儿教师 TPACK 素养评估指标权重进行专家咨询。咨询专家的基本信息如表 2-4 所示：

表 2-4　咨询专家人口统计学特征

维度		人数	所占百分比（%）
学　历	高中及以下	0	0
	高职（大专）	0	0
	本科	9	27.27
	硕　士	21	63.64
	博　士	3	9.09
职称	教　授	0	0
	副教授	6	18.18
	讲　师	10	30.3
	助　教	9	27.27
	正高级教师	0	0
	高级教师	3	9.09
	一级教师	4	12.12
	二级教师	1	3.03
职　务	院长（书记）	0	0
	学前教育系主任	3	9.09
	园长	7	21.21

续表

维度		人数	所占百分比（%）
荣誉称号	专业负责人	0	0
	学科带头人	0	0
	特级教师	1	3.03
	普通教师	22	66.67

（三）研究工具

1. 自编的《幼儿教师 TPACK 素养评估指标体系问卷》《幼儿教师 TPACK 素养评估指标体系专家咨询表》；

2.SPSS25.0 和 AMOS21.0 统计分析软件。

（四）研究结果

1.《幼儿教师 TPACK 素养评估指标体系》专家咨询结果

《幼儿教师 TPACK 素养评估指标体系专家咨询表》是根据修正后的三维结构理论模型设计的，每个指标对应一个问题，每项的重要性程度分为"非常不重要、不重要、不确定、重要和非常重要"五个等级，要求被调查者做出选择。为了避免问卷的不完全性，在问卷中还设计了关于维度准确性的修改或补充建议，让被调查者根据自己的教学经验，完善可能遗漏的指标。

收回咨询表后，统计"重要、非常重要"两类人数比例（百分比之和），删除认可度低于 85% 的指标，就得到筛选的指标。具体见表 2-5。

表 2-5 幼儿教师 TPACK 素养结构体系专家咨询结果统计

一级维度	二级维度	三级观测点	统计结果（%）		
			非常重要	重要	合计
TPACK 态度	信息化教学意识	信息化课堂教学意识	37.84	55.41	93.25
		信息化学习方式转变意识	32.43	58.11	90.54
		信息化专业发展意识	32.43	59.46	91.89
	信息化教学感知	信息化教学主观规范感知	32.43	54.05	86.48
		信息化教学社会形象感知	29.73	52.7	82.43
		信息化教学外部条件感知	33.78	52.7	86.48
	信息化教学效能感	信息化教学促进性	35.14	54.05	89.19
		信息化教学自我效能	31.08	58.11	89.19
		信息化教学焦虑	31.08	52.7	83.78

续表

一级维度	二级维度	三级观测点	统计结果（%）		
			非常重要	重要	合计
TPACK 知识	学科内容知识	幼儿健康领域经验知识	25.68	68.92	94.6
		幼儿语言领域经验知识	22.97	71.62	94.59
		幼儿社会领域经验知识	22.97	71.62	94.59
		幼儿科学领域经验知识	22.97	71.62	94.59
		幼儿艺术领域经验知识	24.32	70.27	94.59
	学科教学法知识	幼儿学科活动教学知识	31.08	62.16	93.24
		幼儿单元主题活动教学知识	28.38	64.86	93.24
		幼儿区域活动教学知识	25.68	68.92	94.6
		幼儿生活活动教学知识	25.68	68.92	94.6
		幼儿教学活动知识	29.73	63.51	93.24
		幼儿游戏活动教学知识	27.03	67.57	94.6
	信息技术知识	多媒体课件设计与制作	37.84	55.41	93.25
		计算机 / 网络技术运用	36.49	56.76	93.25
		多媒体教学设备使用	37.84	56.76	94.6
		信息化教学设计理论	36.49	52.7	89.19
	学科教学知识	幼儿教学内容表征知识	32.43	63.51	95.94
		幼儿身心发展规律知识	28.38	67.57	95.95
		幼儿教学方法整合知识	32.43	63.51	95.94
TPACK 能力	设计水平	幼儿教育内容专业软件	35.14	54.05	89.19
		幼儿教育内容呈现技术	37.84	55.41	93.25
		幼儿教育内容理解技术	35.14	55.41	90.55
		幼儿教育内容拓展技术	33.78	56.76	90.54
	应用水平	信息化教学计划与准备	35.14	56.76	91.9
		信息化教学组织与实施	35.14	56.76	91.9
		信息化教学评估与诊断	32.43	56.76	89.19
	伦理水平	尊重信息技术伦理规范	32.43	60.81	93.24
		培养幼儿正确的技术使用观	35.14	56.76	91.9
		尊重信息技术知识产权	35.14	58.11	93.25
	精通水平	形成独特的信息化教学风格	32.43	56.76	89.19
		具有信息化教学同行领导力	31.08	56.76	87.84
		具有技术赋能合作学习能力	31.08	58.11	89.19

从上表可见，专家对于上述一级维度和二级维度的认同度较高，基本达到

85% 以上。说明幼儿教师 TPACK 素养指标覆盖面广，内容全面。

2.《幼儿教师 TPACK 素养指标体系问卷》指标体系的统计学修订

（1）项目分析

项目分析是为了检验幼儿教师 TPACK 素养指标体系各指标的显著性水平，删除不具统计学意义的题项。检验采用高低分组方法对测量数据按大小排列，取高低分两端各 27% 的数据做统计学检验。通过参数检验中的独立样本 T 检验对每个题目的显著性水平进行分析，将 T 值不显著的题项删除。从表 2-6 可见，所有题项都达到了显著水平，予以保留。

表 2-6 幼儿教师 TPACK 素养指标体系各条目项目分析

题项	T 值	自由度	显著性	平均差异	标准误差
T1	26.411	69.000	.000	1.157	.044
T2	23.558	69.000	.000	1.171	.050
T3	21.081	69.000	.000	1.129	.054
T4	22.108	69.000	.000	1.300	.059
T5	22.792	69.000	.000	1.129	.050
T6	27.129	69.000	.000	1.143	.042
T7	32.838	69.000	.000	1.043	.032
T8	21.577	69.000	.000	1.186	.055
T9	32.216	69.000	.000	1.086	.034
T10	23.954	69.000	.000	1.157	.048
T11	37.832	69.000	.000	1.057	.028
T12	26.535	69.000	.000	1.100	.041
T13	-15.920	161.143	.000	-1.137	.071
T14	22.622	84.596	.000	1.022	.045
T15	34.558	69.000	.000	1.071	.031
T16	27.579	69.000	.000	1.086	.039
T17	34.558	69.000	.000	1.071	.031
T18	32.838	69.000	.000	1.043	.032
T19	37.832	69.000	.000	1.057	.028
T20	32.216	69.000	.000	1.086	.034
T21	42.771	69.000	.000	1.043	.024
T22	34.558	69.000	.000	1.071	.031
T23	42.771	69.000	.000	1.043	.024
T24	37.832	69.000	.000	1.057	.028
T25	37.832	69.000	.000	1.057	.028

续表

题项	T 值	自由度	显著性	平均差异	标准误差
T26	37.832	69.000	.000	1.057	.028
T27	34.558	69.000	.000	1.071	.031
T28	34.558	69.000	.000	1.071	.031
T29	37.832	69.000	.000	1.057	.028
T30	37.832	69.000	.000	1.057	.028
T31	34.558	69.000	.000	1.071	.031
T32	29.092	69.000	.000	1.114	.038
T33	34.558	69.000	.000	1.071	.031
T34	34.558	69.000	.000	1.071	.031
T35	26.670	69.000	.000	1.014	.038
T36	29.323	69.000	.000	1.029	.035
T37	36.000	69.000	.000	1.029	.029
T38	32.838	69.000	.000	1.043	.032
T39	32.838	69.000	.000	1.043	.032
T40	34.558	69.000	.000	1.071	.031
T41	32.838	69.000	.000	1.043	.032
T42	42.771	69.000	.000	1.043	.024
T43	36.000	69.000	.000	1.029	.029
T44	32.838	69.000	.000	1.043	.032
T45	28.891	69.000	.000	1.071	.037
T46	36.000	69.000	.000	1.029	.029
T47	32.216	69.000	.000	1.086	.034
T48	32.838	69.000	.000	1.043	.032
T49	30.582	69.000	.000	1.057	.035
T50	32.216	69.000	.000	1.086	.034
T51	32.838	69.000	.000	1.043	.032
T52	37.832	69.000	.000	1.057	.028
T53	32.216	69.000	.000	1.086	.034
T54	21.577	69.000	.000	1.186	.055
T55	34.558	69.000	.000	1.071	.031
T56	32.838	69.000	.000	1.043	.032
T57	29.323	69.000	.000	1.029	.035
T58	34.558	69.000	.000	1.071	.031
T59	34.558	69.000	.000	1.071	.031

续表

题项	T 值	自由度	显著性	平均差异	标准误差
T60	30.458	69.000	.000	1.100	.036
T61	36.000	69.000	.000	1.029	.029
T62	28.373	69.000	.000	1.000	.035
T63	32.838	69.000	.000	1.043	.032
T64	36.000	69.000	.000	1.029	.029

（注：T1-T64 分别代表所测量的 64 个题项）

（2）层次结构分析

为了判断幼儿教师 TPACK 素养三维结构之间的相关关系，研究者计算了它们之间的相关系数。经过统计分析所得的相关系数矩阵见下表。

表 2-7 幼儿教师 TPACK 素养指标三维结构的相关分析

	TPACK 态度	TPACK 知识	TPACK 能力
TPACK 态度	1		
TPACK 知识	.837**	1	
TPACK 能力	.801**	.861**	1

注：**.表示相关性在 0.01 层次上显著）（双尾）

由上表可见，各分量表的相关系数介于 0.801~0.861 之间，呈现显著相关。说明分量表具有良好的一致性。

3.《幼儿教师 TPACK 素养评估指标体系教师问卷》指标体系的检验

（1）信度分析

采用 Cronbach（1951）所创造的信度系数分析方法，来检验 64 个题项的内部一致性。如下表 2-8 所示：

表 2-8 信度分析结果

Cronbach' Alpha	项目个数
.994	64

从表 2-8 可见，幼儿教师 TPACK 素养指标体系总量表的信度系数为 0.994，表明此量表可靠性较高。对问卷中三个分量表分别进行信度检验结果显示（见表 2-9），幼儿教师 TPACK 态度分量表的信度系数为 0.976，幼儿教师 TPACK 知识分量表的信度系数为 0.993，幼儿教师 TPACK 能力分量表的信度系数为 0.984，各分量表的信度系数也较高。

表 2-9 分量表信度分析结果

维度	Cronbach' Alpha	项目个数
TPACK 态度	.976	14
TPACK 知识	.993	31
TPACK 能力	.984	19

总而言之，本研究所设计的指标体系各量表的科隆巴赫系数在 0.976~0.994 之间（详见表 2-10），信度系数非常好，幼儿教师 TPACK 素养指标体系总量表和分量表的信度都达到统计学要求。

表 2-10《幼儿教师 TPACK 素养指标体系遴选问卷》信度检验

	TPACK 态度	TPACK 知识	TPACK 能力	总量表
Cronbach' Alpha	.976	.993	.984	.994

（2）效度分析

①内容效度

专家判断法是最常见的确定内容效度的方法。本研究中的指标体系是在文献研究的基础上拟制的，又通过教师访谈对各指标进行了两轮修订。在此基础上，又进行专家咨询，对指标体系进行了反复论证，因此可以认为该指标体系具有较好的内容效度。

②结构效度

一般来说，实证性因素分析是对结构效度最为有力的检验方法。本研究通过探索性因子分析检验了初始量表的结构效度。

表 2-11 变量相关矩阵结果

KMO		.943
Bartlett 球形检验统计量	卡方	34191.571
	自由度	2016
	显著性	.000

变量相关矩阵结果（表 2-11）表明，KMO 为 0.943，Bartlett 球形检验统计量为 34191.571（$P < 0.001$），表明数据非常适合因子分析。由于本研究的主要目的是验证幼儿教师 TPACK 素养 64 个指标题项的内在结构，所以采取了最大方差旋转法进行了主轴因子分析，要求至少有 3 个因子（TPACK 态度、TPACK 知识和 TPACK 能力）。在旋转后，第一个因子占总方差的 32.493%，第二个因子占总方差的 27.690%，第三个因子占总方差的 21.427%，三个因子对总方差的解释量为 81.610%。TPACK 态度维度的因子负荷范围为 0.550~0.764，TPACK 知识维度的因子负荷范围为 0.584~0.786，TPACK 能力维度的因子负荷范围为 0.588~0.764。

除了原量表中 TPACK 知识维度的 T31、T32 被划归到 TPACK 能力维度之外，其他的题项数据和理论构想完全相符，这充分说明幼儿教师 TPACK 素养指标体系三维度结构模型的各项指标都达到比较理想的程度。

表 2-12 各观测变量在相应潜变量上的因素负荷

题号	TPACK 态度	TPACK 知识	TPACK 能力
T10	0.764		
T9	0.750		
T4	0.735		
T12	0.708		
T6	0.704		
T14	0.696		
T11	0.693		
T5	0.675		
T13	0.670		
T8	0.666		
T7	0.653		
T2	0.648		
T1	0.637		
T3	0.550		
T37		0.786	
T20		0.782	
T22		0.779	
T38		0.775	
T19		0.774	
T40		0.767	
T39		0.765	
T24		0.762	
T23		0.762	
T25		0.752	
T36		0.752	
T35		0.750	
T21		0.742	
T17		0.729	
T18		0.720	
T16		0.704	
T15		0.697	
T33		0.677	

续表

题号	TPACK 态度	TPACK 知识	TPACK 能力
T34		0.675	
T41		0.661	
T42		0.656	
T43		0.632	
T26		0.631	
T29		0.614	
T45		0.605	
T27		0.604	
T28		0.601	
T44		0.589	
T30		0.584	
T56			0.764
T49			0.750
T47			0.739
T55			0.733
T48			0.727
T57			0.715
T61			0.709
T51			0.703
T46			0.692
T63			0.691
T52			0.679
T50			0.679
T64			0.661
T58			0.657
T59			0.653
T60			0.651
T53			0.648
T62			0.624
T54			0.607
T32			0.606
T31			0.588
特征根	1.877	48.282	2.071
贡献率	21.427	32.493	27.690

（注：T1-T64 分别代表所测量的 64 个题项。）

综合上述分析可见,幼儿教师 TPACK 素养指标体系各观测变量的因子负荷、三个潜变量的相关值都达到了比较理想的程度。由此可以确认幼儿教师 TPACK 素养指标体系的 TPACK 态度、TPACK 知识和 TPACK 能力三维结构合理。

3.《幼儿教师 TPACK 素养评估指标体系》专家咨询结果分析

专家咨询的内容包括两个部分:一是对指标体系三维结构模型的适切性的研讨;二是听取专家对指标体系中具体维度和指标权重的意见或建议,补充和修订指标体系。访谈结果显示,专家对三维结构模型的适切性问题意见一致,认为该模型结构合理,内容完整。但对于指标体系的各维度的构成要素,专家提出了有价值的修改意见。经过两轮修改后,在第三轮咨询中,基本达成一致。具体修正内容见表 2-13:

表 2-13 专家咨询过程及结果

	第一轮	第二轮	第三轮
专家意见	1."幼儿教育五大领域内容"教育知识和教学知识可适当细化; 2. 题项设计不符合幼儿特征,需和幼儿园实际需求相符合; 3. 具体指标可细化,使其具有可操作性; 4. 部分题项和二级维度不大符合,属于重要性程度的认识,可以予以删除。	1. 幼儿教育教学法知识部分没有必要,可以从保教学过程的角度去设计题项; 2. 幼儿教师基本信息部分尽量用选择题,方便幼儿教师作答; 3. 具体题项要和幼儿园实际使用的信息技术设备和幼儿园的教育教学活动相契合。	1. 幼儿教师 TPACK 知识维度和能力维度的题项互相包含,建议将整合技术的学科知识、整合技术的学科教学法知识和整合技术的学科教学知识和能力维度整合; 2. 部分态度维度的题项属于专业发展观,建议态度维度增加第二级维度"信息化教学专业发展观"。
是否采纳	采纳并修正	采纳并修正	采纳

第三节 "幼儿教师 TPACK 素养评估指标体系"的确定与分析

一、幼儿教师 TPACK 素养评估指标权重的确定

(一)幼儿教师 TPACK 素养评估指标权重的确定

权重系数反映了该指标在整个评估指标体系中的客观地位,同时权重又是评价主体对该指标价值认识程度的反映[①]。鉴于其导向价值明显,因此在确定权重系

---

① 朱洪翠. 高中英语教师有效课堂话语评估指标体系研究 [D]. 南京:南京师范大学,2012,40.

数时，要慎重分析各指标的重要性，合理分配权重，确保综合结果客观科学[①]。

1. 权重分配的方法 [②]

各指标在评价体系中的地位及指标之间的关系，是通过权集合来描述的。权集合即权重数集合，简称权集，是描述各指标重要程度的关系集。所谓权重系数，是指一个整体被分解成若干指标时，用来表示每个指标在整体中所占比重大小的数字，权重系数简称为权重。

本研究采用专家排序法来确定各个指标的权重。此种方法是聘请 n 位专家，将事先设计好的指标重要性程度咨询问卷发给每一位专家，请每位专家对 m 个同层指标按重要性进行排序，最重要的为 1，依次排列顺序；然后将每位专家对 m 个同层指标的排序汇集在一个表中。各专家对第 i 个指标的排序等级之和记为 Ri，最后按照公式求出每个指标的权重。

本研究采用的是专家单纯排序法，所以采用以下公式求出权重。

$$W_i = \frac{2[n(1+m)] - R_i}{mn(1+m)}$$

在此公式中：m= 同层指标数，n= 专家数；R_i 为各专家对第 i 指标排序等级之和；W_i 为第 i 项指标的权重，$\Sigma W_i = 1$。

在排序的基础上，如果统计每项指标被专家排为各等级的人数，运用以下公式求权重。

$$W_i = \frac{\Sigma a_j n_j}{N \Sigma a_j}$$

在此公式中，a_j 为排序为 j 等级的分值；N 为专家数；n_j 为第 i 项指标评为第 j 等级的人数；W_i 为第 i 项指标的权重，$\Sigma W_i = 1$。

（二）幼儿教师 TPACK 素养评估指标权重确定结果

本研究采用专家排序法确定"幼儿教师 TPACK 素养评估指标体系"各指标的权重。通过设计《幼儿教师 TPACK 素养评估指标体系专家权重调查表》（附录 4）对高校学前教育专业负责人、专业带头人、学前教育系主任、幼儿园园长、特级教师、一级教师等 34 人进行了指标权重层次排序。研究者使用上述公式进行了统计分析，得出排序结果。

---

① 王景英.教育评价的理论与实践 [M].长春：东北师范大学出版社，2002：95.

② 王景英.教育评价的理论与实践 [M].长春：东北师范大学出版社，2002：95.

表 2-14 幼儿教师 TPACK 素养评估指标体系量表

一级指标	权重 重要性程度	二级指标	权重 重要性程度	三级指标	权重 重要性程度
TPACK 态度 A		信息化教学意识 A1		信息化课堂教学意识 A11	
				信息化学习方式转变意识 A12	
				信息化专业发展意识 A13	
		信息化教学感知 A2		主观规范感知 A21	
				社会形象感知 A22	
				外部条件感知 A23	
		信息化教学效能感 A3		信息化教学促进性 A31	
				信息化教学自信心 A32	
				信息化教学焦虑 A33	
TPACK 知识 B		学科内容知识 B1		幼儿健康教育领域知识 B11	
				幼儿语言教育领域知识 B12	
				幼儿社会教育领域知识 B13	
				幼儿科学教育领域知识 B14	
				幼儿艺术教育领域知识 B15	
		学科教学法知识 B2		幼儿保教活动教案设计 B21	
				幼儿保教活动教学实施 B22	
				幼儿保教活动组织管理 B23	
				幼儿保教活动教学评价 B24	
		信息技术知识 B3		多媒体课件设计与制作 B31	
				计算机/网络/人工智能技术运用 B32	
				多媒体教学设备使用 B33	
				信息化教学设计理论 B34	
		学科教学知识 B4		幼儿领域教学内容知识 B41	
				幼儿身心发展规律知识 B42	
				幼儿教学方法整合知识 B43	
TPACK 能力 C		设计水平 C1		搜索幼儿保育保教内容 C11	
				呈现幼儿保育保教内容 C12	
				理解幼儿保育保教内容 C13	
				拓展幼儿保育保教内容 C14	

续表

一级指标	权重 重要性程度	二级指标	权重 重要性程度	三级指标	权重 重要性程度
TPACK 能力 C		应用水平 C2		信息化教学设计与计划 C21	
				信息化教学组织与实施 C22	
				信息化教学诊断与评估 C23	
		伦理水平 C3		尊重信息技术知识产权 C31	
				尊重信息技术伦理规范 C32	
				指导幼儿遵守信息技术伦理 C33	
		精通水平 C4		创新课堂教学设计的技术 C41	
				形成信息化教学风格 C42	
				形成信息化教学领导力 C43	

1. 指标权重的计算

邀请34位专家采用排序法确定各指标的权集合，其结果如表 2-15 所示，根据这些数据，研究者计算出了各指标权重系数的平均估计值。

表 2-15 专家各指标权重排序结果

各项指标	专家 1	专家 2	专家 3	……	专家 33	Ri
A	1	3	3	……	1	49
A1	2	1	1	……	1	45
A11	1	2	1	……	3	62
A12	2	1	2	……	2	59
A13	3	3	3	……	1	76
A2	3	3	2	……	2	70
A21	2	1	1	……	2	45
A22	3	3	2	……	1	83
A23	1	2	3	……	3	70
A3	1	2	3	……	3	78
A31	1	1	1	……	2	58
A32	2	2	2	……	1	49
A33	3	3	3	……	3	91
B	3	1	2	……	2	71
B1	4	1	1	……	1	59
B11	1	1	5	……	1	71
B12	3	2	4	……	2	79

续表

各项指标	专家 1	专家 2	专家 3	......	专家 33	Ri
B13	2	3	3	......	3	95
B14	4	4	2	......	4	105
B15	5	5	1	......	5	145
B2	3	2	2	......	2	72
B21	2	1	1	......	1	57
B22	3	3	2	......	2	70
B23	1	2	3	......	3	92
B24	4	4	4	......	4	111
B3	2	3	3	......	4	94
B31	2	1	1	......	1	57
B32	4	3	2	......	2	90
B33	3	2	3	......	3	86
B34	1	4	4	......	4	97
B4	1	4	4	......	3	105
B41	2	2	1	......	2	63
B42	1	1	2	......	1	44
B43	3	3	3	......	3	91
C	1	2	3	......	3	78
C1	1	1	1	......	1	47
C11	4	1	1	......	3	81
C12	2	2	2	......	1	68
C13	1	3	3	......	2	72
C14	3	4	4	......	4	109
C2	2	2	2	......	2	64
C21	1	2	1	......	2	48
C22	2	1	2	......	1	56
C23	3	3	3	......	3	94
C3	4	4	4	......	3	103
C31	1	1	1	......	1	42
C32	2	2	2	......	2	65
C33	3	3	3	......	3	91
C4	3	3	3	......	4	115
C41	1	1	1	......	1	40
C42	2	2	2	......	2	64
C43	3	3	3	......	3	92

根据上述公式计算各指标的权重。公式中的 m 为同层指标数，n 为专家数，R_i 为各专家对第 i 个指标排序等级之和，W_i 为第 i 项指标的权重。

表 2-16　各项指标权重统计结果

一级指标	二级指标	三级指标
TPACK 态度 A（0.42）	信息化保教意识 A1（0.18）	信息化课堂教学意识 A11（0.063）
		信息化学习方式转变意识 A12（0.067）
		信息化专业发展意识 A13（0.054）
	信息化保教感知 A2（0.13）	主观规范感知 A21（0.057）
		社会形象感知 A22（0.032）
		外部条件感知 A23（0.040）
	信息化保教效能感 A3（0.11）	信息化教学促进性 A31（0.041）
		信息化教学自信心 A32（0.046）
		信息化教学焦虑 A33（0.023）
TPACK 知识 B（0.31）	学科内容知识 B1（0.10）	幼儿健康教育领域知识 B11（0.03）
		幼儿语言教育领域知识 B12（0.02）
		幼儿社会教育领域知识 B13（0.02）
		幼儿科学教育领域知识 B14（0.02）
		幼儿艺术教育领域知识 B15（0.01）
	学科教学法知识 B2（0.09）	幼儿保教活动教学设计 B21（0.030）
		幼儿保教活动教学实施 B22（0.026）
		幼儿保教活动组织管理 B23（0.020）
		幼儿保教活动教学评价 B24（0.014）
	信息技术知识 B3（0.07）	多媒体课件设计与制作 B31（0.023）
		计算机 / 网络 / 人工智能技术运用 B32（0.016）
		多媒体教学设备使用 B33（0.017）
		信息化教学设计理论 B34（0.015）
	学科教学知识 B4（0.06）	幼儿领域教学内容知识 B41（0.026）
		幼儿身心发展规律知识 B42（0.026）
		幼儿教学方法整合知识 B43（0.013）
TPACK 能力 C（0.27）	设计水平 C1（0.09）	搜索幼儿保育保教内容 C11（0.023）
		呈现幼儿保育保教内容 C12（0.026）
		理解幼儿保育保教内容 C13（0.025）
		拓展幼儿保育保教内容 C14（0.015）

一级指标	二级指标	三级指标
TPACK 能力 C（0.27）	应用水平 C2（0.08）	信息化教学设计与计划 C21（0.015）
		信息化教学组织与实施 C22（0.030）
		信息化教学诊断与评估 C23（0.015）
	伦理水平 C3（0.05）	尊重信息技术知识产权 C31（0.023）
		尊重信息技术伦理规范 C32（0.017）
		指导幼儿遵守信息技术伦理 C33（0.011）
	精通水平 C4（0.04）	创新课堂教学设计 C41（0.018）
		形成信息化教学风格 C42（0.014）
		形成信息化教学领导力 C43（0.008）

二、幼儿教师 TPACK 素养评估指标体系量表的分析

在确定了幼儿教师 TPACK 素养评估指标体系权重系数后，根据数理统计结果和相关专家的咨询意见，对原来指标体系中的指标及问卷中的题项进行了修订完善，最终构建的幼儿教师 TPACK 素养评估指标体系共包括 TPACK 态度、TPACK 知识和 TPACK 能力 3 个一级维度，其中 TPACK 态度维度包括信息化教学意识、信息化教学感知、信息化教学效能感和信息化教学专业发展观 4 个二级维度；TPACK 知识维度包括幼儿保教内容知识、幼儿保教教学知识、信息技术知识、幼儿保教学科教学知识 4 个二级维度；TPACK 能力包括设计水平、应用水平、伦理水平和精通水平 4 个二级维度。

表 2-17　幼儿教师 TPACK 素养评估指标体系测评量表

一级维度	二级维度	三级观测点	测量维度				
			不符合	不太符合	不确定	符合	非常符合
TPACK 态度	信息化教学意识	信息化课堂教学意识					
		信息化学习方式转变意识					
		信息化专业发展意识					
	信息化教学感知	信息化教学主观规范感知					
		信息化教学社会形象感知					
		信息化教学外部条件感知					
	信息化教学效能感	信息化教学促进性					
		信息化教学自我效能					
		信息化教学焦虑					

续表

一级维度	二级维度	三级观测点	测量维度				
			不符合	不太符合	不确定	符合	非常符合
TPACK 态度	信息化教学专业发展观	利用平台撰写专业反思					
		利用信息技术交流分享					
		利用信息技术自主学习					
TPACK 知识	学科内容知识	幼儿健康领域经验知识					
		幼儿语言领域经验知识					
		幼儿社会领域经验知识					
		幼儿科学领域经验知识					
		幼儿艺术领域经验知识					
	学科教学法知识	幼儿学科活动教学知识					
		幼儿单元主题活动教学知识					
		幼儿区域活动教学知识					
		幼儿生活活动教学知识					
		幼儿教学活动知识					
		幼儿游戏活动教学知识					
	信息技术知识	多媒体课件设计与制作					
		计算机 / 网络技术运用					
		多媒体教学设备使用					
		信息化教学设计理论					
	学科教学知识	幼儿教学内容表征知识					
		幼儿身心发展规律知识					
		幼儿教学方法整合知识					
TPACK 能力	设计水平	幼儿教育内容专业软件					
		幼儿教育内容呈现技术					
		幼儿教育内容理解技术					
		幼儿教育内容拓展技术					
	应用水平	信息化教学计划与准备					
		信息化教学组织与实施					
		信息化教学评估与诊断					
	伦理水平	尊重信息技术伦理规范					
		培养幼儿正确的技术使用观					
		尊重信息技术知识产权					

续表

一级维度	二级维度	三级观测点	测量维度				
			不符合	不太符合	不确定	符合	非常符合
TPACK 能力	精通水平	形成独特的信息化教学风格					
		具有信息化教学同行领导力					
		具有技术赋能合作学习能力					

第四节　本章小结

本章共包括四个小节，包括构建"幼儿教师 TPACK 素养评估指标体系"的原则、构建"幼儿教师 TPACK 素养评估指标体系"的过程、"幼儿教师 TPACK 素养评估指标体系"的确定与分析和小结。主要根据幼儿教师 TPACK 素养理论模型，使用德菲尔法，设计《幼儿教师 TPACK 素养评估指标体系专家咨询问卷》《幼儿教师 TPACK 素养评估指标体系问卷》，结合访谈结果，构建了幼儿教师 TPACK 素养评估指标体系测评量表。主要解决了如下问题：

1. 分析了幼儿教师 TPACK 素养评估指标体系构建原则

"幼儿教师 TPACK 素养评估指标体系"是幼儿教师发展 TPACK 素养的依据。构建符合幼儿教师自身专业属性的 TPACK 素养评估指标体系，是人工智能时代促进幼儿教师专业化，提升幼儿教师 TPACK 素养专业水平的基础。为保证"幼儿教师 TPACK 素养评估指标体系"建构的科学性，需要遵循导向性、诊断性、发展性和科学性原则。导向性是指幼儿教师 TPACK 素养评估指标体系的构建要以评促教，以评促学，进而提升学前教师教育质量；诊断性是指《幼儿教师 TPACK 素养评估指标体系测评量表》要能诊断不足，找准问题；发展性是指评估指标体系要着眼于幼儿教师 TPACK 素养可持续发展；科学性是指幼儿教师 TPACK 素养评估指标体系要严格遵循科学的程序。

2. 提出了幼儿教师 TPACK 素养评估指标体系构建方法

幼儿教师 TPACK 素养评估指标体系的构建综合运用了定量研究和定性研究的方法，构建的基本步骤为：第一，根据理论模型初步构建评估指标体系；第二，根据专家咨询和访谈结果修正初拟指标体系；第三，验证指标体系的信度和效度；第四，再次通过访谈修正部分不符合幼儿保教实践的指标；第五，发放指标权重专家调查问卷统计拟定各指标的权重；第六，确定最终的评估指标体系。上述有关幼儿教师 TPACK 素养评估指标体系的构建方法可以为后续相关研究提供方法论的借鉴。

3. 构建了幼儿教师 TPACK 素养评估测评量表

根据构建的幼儿教师 TPACK 素养评估指标体系，构建了《幼儿教师 TPACK 素养评估测评量表》。幼儿教师 TPACK 素养评估测评量表包括 3 个一级维度、12 个二级维度、43 个测点。"TPACK 态度"包括信息化保教意识、信息化保教感知有用性、信息化保教感知易用性等 3 个二级维度；"TPACK 知识"包括幼儿保教内容知识、幼儿保教教学法知识、信息技术知识、幼儿学科保教知识 4 个二级维度；"TPACK 能力"包括设计水平、应用水平、伦理水平和精通水平等 4 个二级维度。

第三章　幼儿教师 TPACK 素养发展现状调查

　　构建"幼儿教师 TPACK 素养评估指标体系"旨在为评估我国幼儿教师 TPACK 素养发展水平提供测评框架，在该框架指引下，测评幼儿教师 TPACK 素养发展水平，根据其发展的水平，设计模块化课程，开展精准培训。基于此，本章主要根据第二章所构建的"幼儿教师 TPACK 素养评估指标体系"，编制《幼儿教师 TPACK 素养现状调查问卷》并开展问卷。通过分析 903 名幼儿教师 TPACK 素养调查问卷，评估人工智能时代幼儿教师 TPACK 素养发展现状，并着力探究人工智能时代幼儿教师 TPACK 素养发展的影响因素，提高幼儿教师 TPACK 素养整体水平。

第一节　研究设计

一、研究方法

　　1. 问卷法。根据构建的幼儿教师 TPACK 素养评估指标体系，设计了《幼儿教师 TPACK 素养发展现状调查问卷》，问卷共分 3 个一级维度、12 个二级维度和 43 个三级观测点。

　　2. 访谈法。设计《幼儿教师 TPACK 素养发展影响因素访谈提纲》，分别选择位于不同区域、不同层次的 6 位幼儿教师实施访谈，访谈采取线上（网络）或者线下（面对面）相结合的方式实施。

二、研究对象

（一）问卷对象

　　问卷对象为在幼儿园工作的一线教师。截至 2022 年 4 月，共回收有效问卷 903 份，有效问卷回收率 100%。问卷采用 SPSS25.0 进行统计分析。问卷对象的基本情况如表 3-1 所示：

表 3-1　问卷对象的基本情况统计

类　别	样本分布	样本数	百分比（%）
性　别	男	30	3.32
	女	873	96.68
学　历	高中及以下	2	0.22
	大专（高职）	331	36.66
	本　科	569	63.01
	硕士及以上	1	0.11
年　龄	18-22 岁	82	9.08
	23-35 岁	411	45.51
	35-40 岁	129	14.29
	40 岁以上	281	31.12
教　龄	1-3 年	245	27.13
	4-10 年	347	38.43
	11-20 年	200	22.15
	20 年以上	111	12.29
幼儿园性质	公办幼儿园	380	42.08
	民办幼儿园	505	55.92
	公办民营园	18	1.99
幼儿园级别	省示范园	571	63.23
	市示范园	141	15.61
	合格园	191	21.15
幼儿园所处地域	城　市	593	65.67
	乡　村	164	18.16
	城乡结合部	146	16.17
总计		903	100

研究被试从性别维度来看，男教师共 30 名，占总数的 3.32%，女教师共 873 人，占总数的 96.68%；从学历层次来看，高中及以下有 2 人，占总数的 0.22%，大专（高职）有 331 人，占总数的 36.66%，本科有 569 人，占总数的 63.01%，硕士及以上有 1 人，占总数的 0.11%；从年龄层次来看，18-22 岁的有 82 人，占总数的 9.08%，25-35 岁的有 411 人，占总数的 45.51%，36-40 岁的有 129 人，占总数的 14.29%，40 岁以上的有 281 人，占总数的 31.12%；从教龄层次来看，工作 1-3 年的有 245 人，占总数的 27.13%，4-10 年的有 347 人，占总数的 38.43%，11-20 年的有 200 人，占总数的 22.15%，20 年以上的有 111 人，占总数

的 12.29%；从研究被试供职的幼儿园性质来看，在公办幼儿园工作的有 380 人，占总数的 42.08%，在民办幼儿园工作的有 505 人，占总数的 55.92%，在公办民营园工作的有 18 人，占总数的 1.99%；从研究被试所工作的幼儿园的级别来看，省示范园有 571 所，占总数的 63.23%，市示范园有 141 所，占总数的 15.61%，合格园有 191 所，占总数的 21.15%；从研究被试所处幼儿园的地域来看，位于城市的有 539 所，占总数的 65.67%，位于乡村的有 164 所，占总数的 18.16%，位于城乡接合部的有 146 所，占总数的 16.17%。

（二）访谈对象

表 3-2　访谈对象的基本情况统计

访谈对象	年龄	访谈时间	访谈方式
教师 1	24	2021 年 3 月 10 日	面对面访谈
教师 2	23	2021 年 3 月 10 日	面对面访谈
教师 3	31	2021 年 8 月 12 日	电话访谈
教师 4	36	2021 年 12 月 12 日	电话访谈
教师 5	42	2022 年 3 月 13 日	微信访谈
教师 6	47	2022 年 4 月 13 日	微信访谈

三、研究工具

SPSS25.0，excel 统计软件。

第二节　研究结果

一、问卷的信度和效度分析

（一）问卷的信度

1. 问卷的总体信度和分量表的信度

信度是估计测量误差大小的尺度，用来说明问卷测量结果中测量误差所占的比例，可以验证问卷测验结果的可靠性和稳定性。

为了分析本研究所设计《幼儿教师 TPACK 素养现状调查问卷》的信度，使用 SPSSS25.0 对问卷进行了信度分析。从表 3-3 可见，问卷的总体的 Cronbach's

信度系数达到 0.993，信度非常好，可以用于分析幼儿教师 TPACK 素养现状。

表 3-3 问卷总体信度

可靠性统计		
克隆巴赫 Alpha	基于标准化项的克隆巴赫 Alpha	项数
0.992	0.994	64

从调查问卷 TPACK 态度分量表的信度系数来看，Cronbach's 信度系数为 0.953，显著大于 0.9，信度系数非常好。

表 3-4 TPACK 态度维度信度

可靠性统计		
克隆巴赫 Alpha	基于标准化项的克隆巴赫 Alpha	项数
.937	.953	15

从调查问卷 TPACK 知识分量表的信度系数来看，Cronbach's 信度系数为 0.994，显著大于 0.9，信度系数也非常好。

表 3-5 TPACK 知识维度信度

可靠性统计		
克隆巴赫 Alpha	基于标准化项的克隆巴赫 Alpha	项数
.994	.994	37

从调查问卷 TPACK 能力分量表的信度系数来看，Cronbach's 信度系数为 0.979，显著大于 0.9，信度系数也非常好。

表 3-6 TPACK 能力维度信度

可靠性统计		
克隆巴赫 Alpha	基于标准化项的克隆巴赫 Alpha	项数
.979	.981	12

从上述分析可见，《幼儿教师 TPACK 素养现状调查问卷》的总体信度和各分维度的信度系数都达到 0.9 以上，信度系数非常好。

2. 问卷各题项的信度

从《幼儿教师 TPACK 素养现状调查问卷》各题项的信度系数来看，各题项的信度系数都达到 0.9 以上，说明问卷各题项具有较高的鉴别度，可以用来调查在职幼儿教师 TPACK 素养发展的基本情况。

表 3-7 幼儿教师 TPACK 素养各题项信度

题项	删除项后的标度平均值	删除项后的标度方差	修正后的项与总计相关性	删除项后的克隆巴赫 Alpha
A1	384.74	3117.588	.745	.992
A2	384.82	3110.099	.787	.992
A3	384.70	3115.090	.781	.992
A4	384.73	3116.691	.776	.992
A5	385.24	3104.306	.743	.992
A6	384.80	3114.437	.784	.992
A7	384.79	3113.469	.791	.992
A8	384.96	3108.335	.751	.992
A9	384.87	3110.699	.751	.992
A10	384.79	3114.551	.784	.992
A11	384.86	3109.053	.825	.992
A12	384.76	3113.310	.832	.992
A13	388.25	3272.922	-.337	.994
A14	384.80	3127.513	.644	.992
A15	384.91	3118.051	.674	.992
K1	384.71	3112.974	.873	.992
K2	384.67	3114.938	.887	.992
K3	384.69	3113.161	.891	.992
K4	384.66	3113.352	.900	.992
K5	384.69	3113.284	.894	.992
K6	384.68	3112.958	.906	.992
K7	384.70	3112.321	.906	.992
K8	384.70	3112.136	.907	.992
K9	384.69	3111.717	.909	.992
K10	384.70	3111.600	.910	.992
K11	384.88	3105.421	.866	.992
K12	384.86	3102.610	.886	.992
K13	384.94	3103.222	.861	.992
K14	384.99	3098.960	.866	.992
K15	384.95	3101.916	.847	.992
K16	384.89	3100.816	.874	.992
K17	384.77	3105.048	.918	.992
K18	384.87	3102.491	.879	.992

题项	删除项后的标度平均值	删除项后的标度方差	修正后的项与总计相关性	删除项后的克隆巴赫 Alpha
K19	384.83	3107.279	.885	.992
K20	384.69	3111.347	.903	.992
K21	384.70	3110.649	.913	.992
K22	384.71	3110.290	.908	.992
K23	384.71	3108.891	.903	.992
K24	384.72	3108.435	.881	.992
K25	384.81	3101.856	.916	.992
K26	384.70	3110.116	.902	.992
K27	384.74	3105.920	.918	.992
K28	384.71	3106.067	.921	.992
K29	384.67	3111.761	.900	.992
K30	384.75	3107.629	.914	.992
K31	384.77	3106.624	.917	.992
K32	384.98	3100.964	.819	.992
K33	384.80	3106.631	.871	.992
K34	384.74	3106.401	.910	.992
K35	384.79	3102.195	.926	.992
K36	384.79	3102.409	.933	.992
K37	384.64	3113.810	.871	.992
C1	384.83	3101.910	.911	.992
C2	384.82	3102.772	.919	.992
C3	384.83	3100.629	.921	.992
C4	384.84	3101.505	.915	.992
C5	385.23	3103.373	.652	.993
C6	384.88	3100.383	.892	.992
C7	384.91	3099.685	.861	.992
C8	384.89	3102.768	.825	.992
C9	384.84	3105.048	.798	.992
C10	384.90	3097.648	.895	.992
C11	385.16	3099.235	.776	.992
C12	384.83	3102.369	.872	.992

（二）问卷的效度

从表 3-8 可见，凯氏 – 迈耶 – 奥尔金（Kaiser-Meyer-Olkin，以下简称 KMO）球性值为 0.988，显著性非常高，结构效度符合量表的效度系数要求。

表 3-8 幼儿教师 TPACK 素养问卷效度

KMO 和 Bartlett Test		
KMO 取样适切性量数		.988
Bartlett Test	近似卡方	108298.231
	自由度	2016
	显著性	.000

二、幼儿教师 TPACK 素养的整体发展水平

从幼儿教师 TPACK 素养发展各分量表描述性统计分析数据可以看出，均值得分最高的是 TPACK 知识（M=6.23，SD=0.942），其次为 TPACK 能力（M=6.09，SD=1.045），得分最低的是 TPACK 态度（M=5.90，SD=0.850），总体相差不大，所有分量表的均值都超过了 5，可见幼儿教师的 TPACK 素养发展处于中等偏上水平（见表 3-9）。

表 3-9 幼儿教师 TPACK 素养各维度发展水平均值（n=903）

分量表	均值	标准差	标准误
TPACK 态度	5.90	0.850	0.028
TPACK 知识	6.23	0.942	0.031
TPACK 能力	6.09	1.045	0.035

鉴于幼儿教师 TPACK 素养中 TPACK 态度维度均值不高，研究者对 TPACK 态度维度具体的三级观测点进行了百分比统计分析，"在我能主动运用信息技术提升幼儿园保教活动效果方面"认知方面，达到比较符合以上的占比为 86.16%，说明绝大部分对于信息技术的使用持肯定态度；在"我能主动探索和运用信息技术变革幼儿学习方式"认知方面，符合以上占比 81.28%；但在"我认为我的信息技术能力已达到国家、地方和学校的要求"认知方面，符合以上的占比仅为 64.79%。上述情况说明，绝大部分幼儿教师对于信息技术辅助幼儿园的保教活动持肯定的态度，也能积极运用信息技术变革幼儿的学习方式，但是对自己的 TPACK 素养水平认可度不高，认为自己的水平并不足以应对当下信息化、智能化教育的挑战。

三、幼儿教师 TPACK 发展水平各分量表差异性统计分析

（一）性别差异

以性别为自变量，以 TPACK 素养发展的 3 个一级维度为因变量，使用独立样本 T 检验分析男性幼儿教师和女性幼儿教师在三个一级维度发展上的差异（具体见表 3-10）。总体来看，男性幼儿教师和女性幼儿教师在 TPACK 一级维度的发展水平方面都不存在统计学上的显著差异（Sig>0.05）。说明性别不是影响幼儿教师 TPACK 发展水平的变量。从得分均值来看，男性幼儿教师在 3 个一级维度得分均值都高于女性幼儿教师，可能的原因是男教师在信息技术学习方面具有先天的优势。

表 3-10 不同性别幼儿教师 TPACK 发展水平差异比较（n=903）

变量	性别	均值	标准差	t 值	显著性
TPACK 态度	男	6.09	0.760	1.222	0.222
	女	5.90	0.853		
TPACK 知识	男	6.53	0.629	1.806	0.071
	女	6.22	0.950		
TPACK 能力	男	6.40	0.770	1.644	0.101
	女	6.08	1.052		

（二）学历差异

以学历为自变量，以 TPACK 素养发展的 3 个一级维度为因变量，使用单因素方差分析学历在 3 个维度发展上的差异（具体见表 3-11）。总体来看，教师学历在 TPACK 态度维度、TPACK 知识维度的发展水平都不存在统计学上的显著差异（Sig>0.05），但是在 TPACK 能力维度存在显著差异（Sig<0.05），可能的原因同样是男性信息技术操作能力较强。

表 3-11 不同学历幼儿教师 TPACK 素养发展水平差异方差分析（n=903）

类别		平方和	自由度	均方	F 值	显著性
TPACK 态度	组间	0.187	3	0.340	0.469	0.704
	组内	652.241	899	0.725		
	总数	652.429	902			
TPACK 知识	组间	4.535	3	1.512	1.706	0.164
	组内	769.471	899	0.886		
	总数	801.006	902			

类别		平方和	自由度	均方	F 值	显著性
TPACK 能力	组间	3.361	3	1.120		
	组内	391.711	1143	0.343	3.269	0.021
	总数	395.072	1146			

具体而言，从表 3-12 可知，在 TPACK 态度维度，硕士及以上学历幼儿教师得分均值最高，其次分别为大专（高职）、高中及以下，本科学历层次的幼儿教师得分最低；在 TPACK 知识维度，同样硕士及以上学历幼儿教师得分均值最高，其次分别为大专（高职）、本科，高中及以下学历层次的幼儿教师得分最低，可能的原因是高中及以下的幼儿教师学习的机会不多；在 TPACK 能力维度，同样是硕士及以上学历幼儿教师得分均值最高，其次分别为大专（高职）、本科，高中及以下学历层次的幼儿教师得分最低。

表 3-12　不同学历幼儿教师 TPACK 素养发展水平差异均值比较（n=903）

类别		平均值	标准偏差	标准 错误
TPACK 态度	高中及以下	5.90	.990	.700
	大专（高职）	5.93	.771	.042
	本科	5.88	.894	.037
	硕士及以上	6.60		
	总计	5.90	.850	.028
TPACK 知识	高中及以下	5.00	1.414	1.000
	大专（高职）	6.27	.834	.046
	本科	6.21	.997	.042
	硕士及以上	7.00		
	总计	6.23	.942	.031
TPACK 能力	高中及以下	5.50	2.121	1.500
	大专（高职）	6.19	.912	.050
	本科	6.04	1.110	.047
	硕士及以上	7.00		
	总计	6.09	1.045	.035

（三）年龄差异

以年龄为自变量，以 TPACK 素养发展的 3 个一级维度为因变量，使用单因素方差分析不同年龄教师在 3 个维度发展上的差异（具体见表 3-13）。总体来看，不同年龄教师在 TPACK 态度维度、TPACK 知识维度和 TPACK 能力维度的发展

水平都不存在统计学意义上的显著差异（Sig>0.05），可见年龄并不是影响幼儿
教师 TPACK 素养发展的主要因素。

表 3-13 不同年龄幼儿教师 TPACK 素养发展水平差异方差分析（n=903）

类别		平方和	自由度	均方	F 值	显著性
TPACK 态度	组间	1.021	3	0.062	0.086	0.968
	组内	651.408	899	0.726		
	总数	652.429	902			
TPACK 知识	组间	0.108	3	0.036	0.041	0.989
	组内	800.897	899	0.891		
	总数	801.006	902			
TPACK 能力	组间	1.853	3	0.618	0.565	0.638
	组内	983.518	899	1.094		
	总数	985.371	902			

从表 3-14 可知，不同年龄的教师在 TPACK 态度维度、TPACK 知识维度、
TPACK 能力维度层面发展水平差异较小，其中 TPACK 知识维度的得分均值显
著高于 TPACK 能力维度，TPACK 态度维度均值得分最低。具体而言，TPACK
态度维度，32 岁以上的幼儿教师得分均值最高，23-36 岁的幼儿教师得分最低；
TPACK 知识维度，32 岁以上的幼儿教师得分均值最高，23-36 岁的幼儿教师得
分最低；TPACK 能力维度，18-22 岁的幼儿教师得分最高，32 岁以上的幼儿教
师得分最低。

表 3-14 不同年龄幼儿教师 TPACK 素养发展水平差异均值比较（n=903）

类 别		平均值	标准偏差	标准错误	最小值	最大值
TPACK 态度	18-22 岁	5.91	.792	.087	4	7
	23-35 岁	5.90	.910	.045	1	7
	36-40 岁	5.93	.797	.070	1	7
	40 岁以上	5.89	.803	.048	1	7
	总计	5.90	.850	.028	1	7
TPACK 知识	18-22 岁	6.23	.893	.099	4	7
	23-36 岁	6.22	.980	.048	1	7
	27-32 岁	6.21	.966	.085	1	7
	32 岁以上	6.24	.894	.053	1	7
	总计	6.23	.942	.031	1	7

续表

类　别		平均值	标准偏差	标准错误	最小值	最大值
TPACK 能力	18-22 岁	6.17	.953	.105	4	7
	23-36 岁	6.10	1.045	.052	1	7
	27-32 岁	6.14	1.044	.092	1	7
	32 岁以上	6.03	1.074	.064	1	7
	总计	6.09	1.045	.035	1	7

（四）教龄差异

以教龄为自变量，以 TPACK 素养发展的 3 个一级维度为因变量，使用单因素方差分析不同教龄教师在 3 个维度发展上的差异（具体见表 3-15）。总体来看，不同教龄的教师在 TPACK 态度维度、TPACK 知识维度和 TPACK 能力维度的发展水平都不存在统计学上的显著差异（Sig>0.05），可见教龄并不是影响幼儿教师 TPACK 素养发展的主要因素。

表 3-15 不同教龄幼儿教师 TPACK 素养发展水平差异方差分析（n=903）

类别		平方和	自由度	均方	F 值	显著性
TPACK 态度	组间	1.101	3	0.367	0.506	0.678
	组内	651.328	899	0.725		
	总数	652.429	902			
TPACK 知识	组间	4.581	3	1.527	1.724	0.161
	组内	796.425	899	0.886		
	总数	801.006	902			
TPACK 能力	组间	7.946	3	2.649	2.436	0.063
	组内	977.425	899	1.087		
	总数	985.371	902			

从表 3-16 可知，在 TPACK 态度、TPACK 知识、TPACK 能力 3 个一级维度，不同教龄的幼儿教师的发展水平差异较小，其中 TPACK 知识维度的得分均值显著高于 TPACK 能力维度，TPACK 态度维度均值得分最低。具体而言，TPACK 态度维度，教龄为 5-10 年的幼儿教师得分均值最高，1-3 年的幼儿教师得分最低；TPACK 知识维度，教龄 11-20 年以上的幼儿教师得分均值最高，1-3 年的幼儿教师得分最低；TPACK 能力维度，5-10 年的幼儿教师得分最高，20 岁以上的幼儿教师得分最低。

表 3-16　不同教龄幼儿教师 TPACK 素养发展水平差异均值比较（n=903）

类　别		平均值	标准偏差	标准错误	最小值	最大值
TPACK 态度	1-3 年	5.86	.804	.051	3	7
	4-10 年	5.94	.876	.047	1	7
	11-20 年	5.92	.940	.066	1	7
	20 年以上	5.85	.689	.065	4	7
	总计	5.90	.850	.028	1	7
TPACK 知识	1-3 年	6.13	.890	.057	4	7
	5-10 年	6.30	.948	.051	1	7
	11-20 年	6.24	1.085	.077	1	7
	20 年以上	6.20	.724	.069	4	7
	总计	6.23	.942	.031	1	7
TPACK 能力	1-3 年	6.03	.945	.060	4	7
	5-10 年	6.18	1.037	.056	1	7
	11-20 年	6.11	1.173	.083	1	7
	20 年以上	5.90	1.018	.097	1	7
	总计	6.09	1.045	.035	1	7

（五）幼儿园性质差异

以幼儿园的性质（公办幼儿园、民办幼儿园、公办民营园）为自变量，以 TPACK 素养发展的 3 个一级维度为因变量，使用单因素方差分析不同性质的幼儿园教师在 3 个一级维度发展上的差异（具体见表 3-17）。总体来看，保留不同性质幼儿园供职的幼儿教师在 TPACK 态度、TPACK 知识和 TPACK 能力维度的发展水平都不存在统计学上的显著差异（Sig>0.05），可见幼儿园的性质并不是影响幼儿教师 TPACK 素养发展的主要因素。

表 3-17　不同性质幼儿园幼儿教师 TPACK 素养发展水平差异方差分析（n=903）

类别		平方和	自由度	均方	F 值	显著性
TPACK 态度	组间	0.612	2	0.306	0.423	0.655
	组内	651.816	900	0.724		
	总数	652.429	902			
TPACK 知识	组间	0.352	2	0.176	0.198	0.820
	组内	800.653	900	0.890		
	总数	801.006	902			

续表

类别		平方和	自由度	均方	F 值	显著性
TPACK 能力	组间	3.314	2	1.657		
	组内	982.057	900	1.091	1.519	0.220
	总数	985.371	902			

从表 3-18 可知，在 TPACK 态度、TPACK 知识、TPACK 能力维度层面，在不同性质幼儿园供职的幼儿教师发展水平差异较小，其中 TPACK 知识维度的得分均值显著高于 TPACK 能力维度，TPACK 态度维度均值得分最低。具体而言，TPACK 态度维度，公办民营园的幼儿教师得分均值最高，民办幼儿园的幼儿教师得分最低；TPACK 知识维度，民办幼儿园的幼儿教师得分均值最高，公办幼儿园幼儿教师得分最低；TPACK 能力维度，民办幼儿园幼儿教师得分最高，公办幼儿园的幼儿教师得分最低。

表 3-18 不同性质幼儿园幼儿教师 TPACK 素养发展水平差异均值比较（n=903）

类别		平均值	标准偏差	标准错误	最小值	最大值
TPACK 态度	公办幼儿园	5.87	.867	.045	1	7
	民办幼儿园	5.92	.838	.037	1	7
	公办民营园	5.94	.872	.206	4	7
	总计	5.90	.850	.028	1	7
TPACK 知识	公办幼儿园	6.21	.950	.049	1	7
	民办幼儿园	6.25	.936	.042	1	7
	公办民营园	6.22	1.003	.236	4	7
	总计	6.23	.942	.031	1	7
TPACK 能力	公办幼儿园	6.02	1.082	.056	1	7
	民办幼儿园	6.14	1.012	.045	1	7
	公办民营园	6.11	1.132	.267	4	7
	总计	6.09	1.045	.035	1	7

（六）幼儿园的级别差异

以幼儿园的级别（省示范园、市示范园、合格园）为自变量，以 TPACK 素养发展的 3 个一级维度为因变量，使用单因素方差分析在不同级别幼儿园供职的幼儿教师在 3 个一级维度发展上的差异（具体见表 3-19）。总体来看，在不同级别幼儿园供职的幼儿教师在 TPACK 态度、TPACK 知识和 TPACK 能力维度的发展水平都不存在统计学上的显著差异（Sig>0.05），可见幼儿园的级别并不是影响幼儿教师 TPACK 素养发展的主要因素。

表 3-19 不同级别幼儿园幼儿教师 TPACK 素养发展水平差异方差分析（n=903）

类别		平方和	自由度	均方	F 值	显著性
TPACK 态度	组间	2.556	2	1.278	1.770	0.171
	组内	649.873	900	0.722		
	总数	652.429	902			
TPACK 知识	组间	2.969	2	1.485	1.674	0.188
	组内	798.036	900	0.887		
	总数	801.006	902			
TPACK 能力	组间	2.814	2	1.407	1.289	0.276
	组内	982.557	900	1.092		
	总数	985.371	902			

从表 3-19 可知，在 TPACK 态度、TPACK 知识、TPACK 能力等 3 个一级维度，在不同级别幼儿园供职的幼儿教师的发展水平差异较小，其中 TPACK 知识维度的得分均值显著高于 TPACK 能力维度，TPACK 态度维度均值得分最低。具体而言，TPACK 态度维度，市示范园幼儿教师得分均值最高，合格园的幼儿教师得分最低；TPACK 知识维度，省示范园的幼儿教师得分均值最高，合格园幼儿教师得分最低；TPACK 能力维度，市示范园的幼儿教师得分最高，合格园的幼儿教师得分最低。

表 3-20 不同级别幼儿园幼儿教师 TPACK 素养发展水平差异均值比较（n=903）

类别		平均值	标准偏差	标准错误	最小值	最大值
TPACK 态度	省示范园	5.93	.826	.035	1	7
	市示范园	5.94	.841	.071	2	7
	合格园	5.80	.924	.067	1	7
	总计	5.90	.850	.028	1	7
TPACK 知识	省示范园	6.26	.874	.037	1	7
	市示范园	6.23	.988	.083	1	7
	合格园	6.12	1.091	.079	1	7
	总计	6.23	.942	.031	1	7
TPACK 能力	省示范园	6.12	1.002	.042	1	7
	市示范园	6.13	1.041	.088	1	7
	合格园	5.98	1.167	.084	1	7
	总计	6.09	1.045	.035	1	7

（七）幼儿园所处地域

以幼儿园所处地域（城市、乡村和城乡结合部）为自变量，以 TPACK 素养发展的 3 个一级维度为因变量，使用单因素方差分析不同区域幼儿园幼儿教师在 3 个一级维度发展上的差异（具体见表 3-21）。总体来看，不同区域幼儿园幼儿教师在 TPACK 态度、TPACK 知识发展水平都不存在统计学上的显著差异（Sig>0.05），但在 TPACK 能力维度的发展水平都存在统计学上的显著差异（Sig<0.05），可见幼儿园的级别对幼儿教师 TPACK 素养发展有一定的影响。

表 3-21　区域不同幼儿园幼儿教师 TPACK 素养发展水平差异方差分析（n=903）

类别		平方和	自由度	均方	F 值	显著性
TPACK 态度	组间	3.144	2	1.572	2.179	0.114
	组内	649.285	900	0.721		
	总数	652.429	902			
TPACK 知识	组间	4.473	2	2.236	2.527	0.080
	组内	796.533	900	0.885		
	总数	801.006	902			
TPACK 能力	组间	7.710	2	3.855	3.549	0.029
	组内	977.661	900	1.086		
	总计	985.371	902			

从表 3-22 可知，在 TPACK 态度、TPACK 知识、TPACK 能力 3 个一级维度层面，不同区域幼儿园幼儿教师的发展水平差异较小，其中 TPACK 知识维度的得分均值显著高于 TPACK 能力维度，TPACK 态度维度均值得分最低。具体而言，3 个一级维度，都是城乡结合部幼儿园幼儿教师得分均值最高，乡村幼儿园的幼儿教师得分最低。

表 3-22　不同区域幼儿园幼儿教师 TPACK 素养发展水平差异均值比较（n=903）

类别		平均值	标准偏差	标准错误	最小值	最大值
TPACK 态度	城市	5.92	.825	.034	1	7
	乡村	5.78	.937	.073	1	7
	城乡结合部	5.97	.842	.070	1	7
	总计	5.90	.850	.028	1	7
TPACK 知识	城市	6.23	.901	.037	1	7
	乡村	6.10	1.106	.086	1	7
	城乡结合部	6.34	.898	.074	1	7
	总计	6.23	.942	.031	1	7

续表

类别		平均值	标准偏差	标准错误	最小值	最大值
TPACK 能力	城市	6.10	.979	.040	1	7
	乡村	5.93	1.201	.094	1	7
	城乡结合部	6.24	1.097	.091	1	7
	总计	6.09	1.045	.035	1	7

第三节 讨论与分析

综合统计数据和讨论结果可见，当前，我国幼儿教师的 TPACK 素养发展尚处于自发习得阶段，总体处于中等偏上水平，TPACK 知识发展水平高于 TPACK 态度和 TPACK 能力发展水平；男性幼儿教师的 TPACK 素养发展水平普遍高于女性幼儿教师；幼儿园所处地域和幼儿教师的学历在 TPACK 能力发展维度存在统计学意义上的差异；幼儿教师的性别、教龄、年龄、供职的幼儿园的性质、级别对于幼儿教师 TPACK 素养的发展都不存在统计学意义上的显著差异，但在得分均值方面存在细微差异。结合数据分析和访谈的结果，可以发现幼儿教师 TPACK 素养发展内部要素之间的互动机制和影响因素如下：

一、TPACK 发展内部要素互动机制

（一）信息化教学意识、教学效能感、TPACK 知识和 TPACK 能力的关系

信息化教学意识、信息化教学效能感、TPACK 知识和 TPACK 能力的相关如表 3-23 所示：信息化教学意识、教学效能感、TPACK 知识和 TPACK 能力的相关性都非常显著，且都成显著正相关。

表 3-23 信息化教学意识、教学效能感、TPACK 知识和 TPACK 能力的相关分析

变量	均值	标准差	TPACK 知识	TPACK 能力	信息化教学意识
TPACK 知识	6.23	0.942			
TPACK 能力	6.09	1.045	.874**		
信息化教学意识	6.21	1.03	.772**	.723**	
信息化教学效能感	5.72	0.776	.714**	.684**	.781**

（二）信息化教学意识在 TPACK 知识和 TPACK 能力之间的调节和中介效应

1. 调节效应

鉴于信息化教学意识在其他变量与 TPACK 能力之间的作用研究较少，且研

究结果不大一致，因此有必要对信息化教学意识的中介作用和调节作用都进行检验。使用 Hayes 开发的 PROCESSOR 插件，参照 Hayes 提出的 Bootstrap[1] 方法进行调节效应检验（Hayes，2013）[2]。选择模型 1，样本量 5000，在 95% 的置信区间下，以 TPACK 知识为自变量 X（赋值），TPACK 能力为因变量 Y，信息化教学意识（VAMS[3] 得分）为调节变量 M。Bootstrap 分析结果显示，在 TPACK 知识对 TPACK 能力的影响中，信息化教学意识具有显著的调节作用（p<0.001）。

表 3-24 TPACK 知识对 TPACK 能力的影响中信息化教学意识的调节作用分析

指标	coeff	SE	t	p	95%CI
常数	6.0812	0.0179	340.1988	0	[6.0461，6.1163]
TPACK 知识	0.8826	0.0298	29.6497	0	[0.8242，0.941]
信息化教学效能感	0.1307	0.026	5.0322	0	[0.0798，0.1817]
交互作用	0.0143	0.0085	1.6926	0.0909	[-0.0023，0.0309]

信息化教学意识较高的（M+SD=100.00）幼儿教师比信息化教学意识较低的幼儿教师具有更强的 TPACK 能力 [Effect=0.8939, SE=0.0327, t=27.3664, CI=（0.8297,0.985）]，而当信息化教学效能感较低时，[Effect=0.8297, SE=0.028, t=31.0214, CI=（0.813,0.9228）]，信息化教学意识较低的幼儿教师的 TPACK 能力也较弱。

表 3-25 信息化教学意识对 TPACK 能力的调节效应分析

中介变量	信息化教学意识		Effect	SE	95%CI	
TPACK 能力	M-1 SD	-1.0297	0.8679	0.028	0.813	0.9228
TPACK 能力	M	0	0.8826	0.0298	0.8242	0.941
TPACK 能力	M+1 SD	0.7852	0.8939	0.0327	0.8297	0.958

2. 中介效应

采用 Hayes 开发的 PROCESSOR 插件，参照 Hayes 提出的 Bootstrap 方法进行调节效应检验（Hayes，2013）[4]。选择模型 1，样本量 5000，在 95% 的置信区间下，以 TPACK 知识为自变量 X（赋值），TPACK 能力为因变量 Y，信息化教学意识（VAMS 得分）为中介变量 M。Bootstrap 分析结果显示，中介效应的间接效应没有包含 0（[LICI=0.069，ULCI=0.1768]），表明信息化教学意识的

---

[1] Bootstrap 是一种估计调节中介效应显著性的统计方法。
[2] Hayes, A. F. An introduction to mediation, moderation, and conditional process analysis: A regression-based approach[M].New York: Guilford Press,2013.
[3] VAMS（Variance Accounted for by the Mediator）指在调节效应中，中介变量对自变量和因变量之间关系的解释程度。
[4] Hayes, A. F. An introduction to mediation, moderation, and conditional process analysis: A regression-based approach[M].New York: Guilford Press,2013.

中介效应显著，且中介效应大小为 0.1051。此外，控制了中介变量信息化教学意识之后，自变量 TPACK 知识对因变量 TPACK 能力的直接效应显著，区间 [(LICI=0.8097，ULCI=0.919)] 不包含 0。

表 3-26　信息化教学意识的中介作用分析

变量	信息化教学意识		TPACK 能力		TPACK 能力	
性别	-0.1279	0.2608	0.2608	0.7943	0.285	0.7757
学历	-0.4989	-1.7754	-1.7754	0.0762	-1.7162	0.0865
年龄	0.316	-0.5451	-0.5451	0.5858	-0.6036	0.5462
教龄	0.5297	-1.3822	-1.3822	0.1672	-1.4862	0.1376
TPACK 知识	36.2577	53.9915	53.9915	0	31.0478	0
R 方	0.7724		0.8754		0.8789	
F 值	265.3138		588.4349		506.9117	

表 3-27　信息化教学意识的中介效应分析

类型	效应值	BOOT 标准误	BOOTCI 下限	BOOTCI 上限	相对效应值
总效应	0.9694	0.018	0.9342	1.0046	
直接效应	0.8643	0.0278	0.8097	0.919	89%
信息化教学意识的间接效应	0.1051	0.0325	0.0496	0.1768	11%

（三）信息化教学效能感在 TPACK 知识和 TPACK 能力之间关系中的调节和中介效应

1. 调节效应

鉴于信息化教学效能感在其他变量与 TPACK 能力之间的作用研究较少，且研究结果不大一致，因此有必要对信息化教学效能感的中介作用和调节作用都进行检验。采用 Hayes 开发的 PROCESSOR 插件，参照 Hayes 提出的 Bootstrap 方法进行调节效应检验（Hayes，2013）[①]。选择模型 1，样本量 5000，在 95% 的置信区间下，以 TPACK 知识为自变量 X（赋值），TPACK 能力为因变量 Y，信息化教学效能感（VAMS 得分）为调节变量 M。Bootstrap 分析结果显示，在 TPACK 知识对 TPACK 能力的影响中，信息化教学效能感具有显著的调节作用（p<0.001）。

---

① Hayes, A. F. An introduction to mediation, moderation, and conditional process analysis: A regression-based approach[M].New York: Guilford Press,2013.

表 3-28 TPACK 知识对 TPACK 能力的影响中信息化教学效能感的调节作用分析

指标	coeff	SE	t	p	95%CI
常数	6.0812	0.0178	342.1073	0	[6.0464, 6.1161]
TPACK 知识	0.8927	0.0278	32.0958	0	[0.8381, 0.973]
信息化教学效能感	0.1729	0.0312	5.5419	0	[0.1116, 0.2341]
交互作用	0.0204	0.0118	1.7292	0.0841	[-0.0029, 0.0436]

在信息化教学效能感得分较高（M+SD=100.00）时，信息化教学效能感较高的幼儿教师比信息化教学效能感较低的幼儿教师具有更强的 TPACK 能力 [Effect=0.8939, SE=0.0327, t=27.3664, CI=（0.8297,0.985）]，信息化教学效能感较低的幼儿教师的 TPACK 能力也较弱。(Effect=0.8297, SE=0.028, t=31.0214, CI=（0.813,0.9228）]。

表 3-29 TPACK 知识对 TPACK 能力的影响中信息化教学效能感的调节效应分析

中介变量	信息化教学意识		Effect	SE	95%CI	
TPACK 能力	M-1 SD	-0.776	0.8768	0.0254	0.8269	0.9267
TPACK 能力	M	0	0.8927	0.0278	0.8381	0.9473
TPACK 能力	M+1 SD	0.776	0.9085	0.0327	0.8443	0.9727

2. 中介效应

采用 Hayes 开发的 PROCESSOR 插件，参照 Hayes 提出的 Bootstrap 方法进行调节效应检验（Hayes，2013）。选择模型 1，样本量 5000，在 95% 的置信区间下，以 TPACK 知识为自变量 X（赋值），TPACK 能力为因变量 Y，信息化教学效能感（VAMS 得分）为中介变量 M。Bootstrap 分析结果显示，中介效应的间接效应没有包含 0（LICI=0.069，ULCI=0.1768），表明信息化教学效能感的中介效应显著，且中介效应大小为 0.1051。此外，控制了中介变量信息化教学效能感之后，自变量 TPACK 知识对因变量 TPACK 能力的直接效应显著，区间（LICI=0.8097，ULCI=0.919）不包含 0。

表 3-30 TPACK 知识对 TPACK 能力的影响中信息化教学效能感的中介作用分析

变量	信息化教学效能感		TPACK 能力		TPACK 能力	
性别	-0.1279	0.2608	0.2608	0.7943	0.285	0.7757
学历	-0.4989	-1.7754	-1.7754	0.0762	-1.7162	0.0865
年龄	0.316	-0.5451	-0.5451	0.5858	-0.6036	0.5462
教龄	0.5297	-1.3822	-1.3822	0.1672	-1.4862	0.1376
TPACK 知识	36.2577	53.9915	53.9915	0	31.0478	0
R 方	0.7724		0.8754		0.8789	
F 值	265.3138		588.4349		506.9117	

表 3-31 TPACK 知识对 TPACK 能力的影响中信息化教学效能感的中介效应分析

类型	效应值	BOOT 标准误	BOOTCI 下限	BOOTCI 上限	相对效应值
总效应	0.9689	0.018	0.9336	1.0042	
直接效应	0.8727	0.0253	0.823	0.9224	89%
信息化教学效能的间接效应	0.0962	0.0262	0.0455	0.1477	11%

（四）信息化教学意识、自我效能感与 TPACK 知识和 TPACK 能力之间关系中的有调节的中介效应

在对年龄、教龄、学历、任教班级、幼儿园性质等因素控制的条件下，采用 Hayes 开发的 PROCESSOR 插件，参照 Hayes 提出的 Bootstrap 方法进行有调节的中介效应检验（Hayes，2013）。[①] 选择模型 8，样本量 5000，在 95% 的置信区间下，以 TPACK 知识为自变量 X（赋值），TPACK 能力为因变量 Y，信息化教学意识（VAMS 得分）为中介变量 M，信息化教学效能感为调节变量，对 TPACK 知识对 TPACK 能力发展的直接影响作用以及信息化教学意识和信息化教学效能感在二者关系中的中介和调节效应进行检验。

有调节的中介效应分析（见表 3-32）表明，把信息化教学效能感放入模型后，幼儿教师的 TPACK 知识与信息化教学效能感的乘积项对 TPACK 能力及信息化教学意识的预测作用均显著。

表 3-32 信息化教学意识和教学效能感的有调节的中介效应分析

回归方程（N=903）		拟合指标			系数显著性	
结果变量	预测变量	R	R2	F(df)	B	t
	性别				0	-0.4214
	学历				-0.025	-1.0181
	年龄				-0.013	0.4602
	教龄				-0.024	0.7187
	任教学段				-0.025	0.0149
	幼儿园性质				0.019	-0.0326
	TPACK 知识					24.8571
	信息化教学效能感					14.3512**
	TPACK 知识 × 信息化教学效能感					17.4423**

① Hayes, A. F. An introduction to mediation, moderation, and conditional process analysis: A regression-based approach[M].New York: Guilford Press,2013.

续表

回归方程 (N=903)		拟合指标			系数显著性	
结果变量	预测变量	R	R2	F(df)	B	t
TPACK 能力		0.8815	0.7771	311.0156***		
	性别				0	0.0018
	学历				-0.024	-0.0076
	年龄				-0.014	-1.701
	教龄				-0.026	-0.4569
	任教学段				-0.024	-1.2163
	幼儿园性质				0.018	0.8143***
	TPACK 知识				0.779	28.0277***
	信息化教学意识				0.122	2.6301***
	信息化教学效能感					3.5507***
	TPACK 知识 × 信息化教学效能感					2.0956**

二、TPACK 素养发展外影响因素

人工智能时代幼儿教师 TPACK 素养形成是社会因素（国家号召、社会影响、活动引领）、学校因素（硬件设施、文化氛围、教师培训）和个体因素（自主学习、教学大赛、实践反思）等内外部因素综合作用的结果。

（一）社会因素

1. 国家号召

近年来，为应对教育信息化、智能化的挑战，中央和地方各级政府、教育主管部门颁布了一系列推动幼儿教师学习信息技术（包括人工智能技术）的文件，主要有《教育现代化 2035》《教育信息化 2.0 行动计划》《基础教育强师计划》等。据调查，《教育信息化 2.0 行动计划》颁布后，地方教育主管部门实施了中小学教师信息技术应用能力提升工程 2.0，有计划地组织中小学、幼儿教师在线学习信息技术。在中小学教师信息技术应用能力提升工程 2.0 实施过程中，幼儿教师通过学习，信息技术应用能力也得到了提升。

"进入新世纪后，国家一直在推动教育现代化。近年来，先后出台了一系列文件，并实施了一系列工程，其中影响比较大的有中小学教师信息技术应用能力提升工程 2.0，把幼儿园教师和中小学教师一起纳入培训计划，开展在线培训。我们幼儿园也乘这次培训的东风，对教师进行了一轮信息技术应用能力全员培

训，教师信息化素养得到了一定的提升。"（Z 教师 20220606—补充访谈^①）

2. 社会影响

国外的相关研究发现，2 岁以上的幼儿使用电子平板学习会有效增强他们的手指活动能力。但国内的访谈发现，虽然现在绝大部分幼儿园都配备了基本的多媒体设备，幼儿教师在保教活动中也能使用多媒体设备辅助教学，但社会大众对于幼儿教师的信息化素养，特别是整合技术的学科教学素养关注较少。对于社会大众来说，幼儿保教更强调真实环境中的学习，幼儿保教应该合理使用多媒体设备，以免对孩子的视力造成不良的影响。

"在电视上，我们可能看到一些国外的幼儿园的两个孩子坐在一个电脑前，每人戴一副耳机，对着电脑操作。在我们国家，迄今为止，尚未看到哪个幼儿园让幼儿通过电子产品学习。"（Z 教师 20220606—补充访谈）

3. 活动引领

国家颁布《人工智能助推教师队伍信息化建设》后，省（市）教育主管部门越来越重视教师的信息技术能力和水平的提升。为了推动教师主动学习，每年都举办教师信息化教学大赛。以 J 省 T 市某幼儿园为例，近年来每年该幼儿园都会推选一位信息技术能力较强的教师参与省市各级大赛，每年都有一位优秀教师获奖。为了提升整个幼儿园教师整合信息技术于课程教学的能力，该市组织该园在全市各个县区开展各种层次的培训。优秀幼儿教师的脱颖而出，引起其他幼儿教师争相效仿，2020 年以来，该市其他 4 所幼儿园在全省举办的幼儿园教师信息化教学技能大赛中都获得较好的成绩。

"我们幼儿园是全市第一所现代化示范幼儿园，每年我们都有教师参与省级的信息化技能大赛，每年都获得较好名次。大赛结束后，教育局会让我们在全市开展经验交流活动。其他幼儿园的老师在获奖老师的激励下，也纷纷学习最新的信息技术，优化幼儿保教活动，并且在各级各类竞赛中也取得了较好的成绩。"（K 园长 20211113—访谈）

（二）学校因素

1. 硬件设施

随着教育现代化工程的实施，现在基本上每个幼儿园都配备了多媒体教学设施，条件较好的幼儿园，特别是省示范园都配有多媒体教学一体机等现代化教学设备，在硬件设施配备较好的幼儿园，教师会主动探索新型的人工智能技术在日常保教活动的应用。

"目前很多幼儿园当中，我们幼儿园是唯一的一个每个班级都配备希沃一体

---

① Hayes, A. F. An introduction to mediation, moderation, and conditional process analysis: A regression-based approach[M]. New York: Guilford Press, 2013.

机的。希沃一体机有许多先进的功能,如触屏功能,这是一般的电视机、投影机没有的功能,用起来更方便。现在一些高级别的信息化教学大赛,希沃一体机已是标配的设备。如果幼儿园不配备相应的设施,或平时的保教活动不运用这类先进设备,当然就没办法参加高级别的比赛。(Z 教师 20220606—补充访谈)

2. 文化氛围

幼儿教师 TPACK 素养的高低,和幼儿园园长的信息化领导力密切相关。由于现在社会大环境对幼儿教师的 TPACK 素养还没有非常明确的要求,所以绝大部分教师,特别是年龄超过 40 岁以上的幼儿教师对于新兴的人工智能技术并没有浓厚的学习需要,此时,幼儿园园长是否有信息化领导力,是否将信息技术能力提升纳入幼儿校本专业培训至关重要。

"我们幼儿园地处城乡结合部,因为是新校园,每个班级都配备了希沃一体机。但是,这些信息化设备并没有得到充分利用,原因是我们园长不太重视。新设备到位后,园里没有组织系统的培训,教师不会用当然就不敢用。以我这次参加市里的信息化教学大赛为例,基本上所有运用到的信息技术都是我从网上学习的,园长也没有组织这方面的培训。"(Z 教师 20220309—补充访谈)

3. 专业培训

虽然国家(省市)层面已对于幼儿教师的信息化技术素养提出了明确的要求,但幼儿园大多为民办园。在这种体制下,幼儿教师接受的正规化、系统化的信息技术培训就非常有限。国家《教育信息化 2.0 行动计划》颁布以后,将幼儿教师也纳入了信息技术能力提升工程 2.0 培训,但目前这项培训以线上培训为主,无法保证学习质量。

"对于我们幼儿园来说,没有硬性的使用信息技术的要求,我们老师只是自主使用,所以对于信息技术的使用也仅限于简单地设计 PPT,播放一些音频或视频开展辅助保教,课堂上用得很少。一些最新的信息技术,我们还真的不会在幼儿园的保教活动中使用。"(K 园长 20211113—访谈)

(三)个体因素

1. 自主学习

幼儿教师 TPACK 素养的习得主要有两个阶段:职前培养和职后培训。职前培养阶段主要通过分科学习的方式掌握信息技术知识、教学法知识和学科内容知识;职后培训阶段主要通过保教实践掌握 TPACK 知识和技能。

综合运用图像、声音、动画、视频等多种媒体素材,营造生动、活泼的具体情景,充分调动幼儿各种感官参与活动,以激发幼儿浓厚的学习兴趣,具备对多种媒体素材的采集、加工、处理、整合的能力,能够熟练运用技术支持幼儿教学活动,这是信息技术时代对幼儿教师信息素养的基本要求。访谈发现幼儿老师对此都有清晰的认识，职前培养阶段的分科课程学习为他们后期 TPACK 素养的形成奠定了一定的知识基础。

"我在大一时就学习了信息技术课程，课程是由信息技术学院的老师开设的，当时只学习了简单的 word、excel 的文档处理技术；大二时我们集中学习教育学、心理学相关课程，当时老师也让我们制作 PPT，做课堂汇报，那阶段是我首次尝试将信息技术运用于课堂教学设计；大三时我们集中学习学科类课程，部分课程涉及微课设计，此阶段初步将信息技术和幼儿保教内容结合；大四时到幼儿园实习，观摩幼儿教师的保教活动，发现她们大多熟悉电脑的基本知识，能够使用数码相机或手机拍摄照片，记录幼儿在园的日常活动，能够运用班级 QQ 群、微信群、班级博客等手段与家长进行家园沟通。"（G 教师 20200312——访谈）

在职前培养阶段，幼儿教师的 TPACK 知识是分科学习的，其主要原因在于大学也缺少能完美地将信息技术知识、学科内容知识和教学知识完美融合整合在一起的教师教育者，师范生的学习完全是在慢慢的探索中完成的。

"将信息技术融合到教学中，是在实习过程中完成的。我们的 PPT 设计比较简单，没有复杂的动画设计，只是教学的辅助手段。"（G 教师 20200312——访谈）

2. 教学竞赛

幼儿教师在教育教学中使用信息技术的意识都较强，对省市信息技术培训都抱有积极的态度，愿意花大量的时间去学习，并将其运用于幼儿日常教育教学活动中。

"我们初步掌握了电脑、电子白板、智慧校园 App 等设备的基本操作，但多媒体素材处理的能力较弱，其中对图像、音频、视频和动画等媒体素材的采集、加工、处理能力，特别是运用多媒体技术加强师生及时互动能力都不能适应新形势。"（H 教师 20200312——访谈）

H 幼儿教师表示，自己 TPACK 能力的形成，来自日常的幼儿信息化保教活动设计实践，其中，大量的信息技术实践培训的作用大于大学里泛泛的分科知识学习。

"我们参加过市里组织的信息技术能力培训，当时培训的内容包括多媒体技术、图像素材的编辑处理技术、音频素材的编辑处理技术、复杂动画设计的技术等。因为这些技术在我们的日常教育教学活动中使用得较多，为此我们也投入了大量的时间，我们每周都会有集体教研，专门讨论如何将这些信息技术技能整合到幼儿日常保教活动中。"（H 教师 20200312——访谈）

3. 实践反思

TPACK 素养较好的幼儿教师都有对保教实践进行反思的习惯，他们善于将自己的学习心得体会发布到一些自媒体平台，和同行进行交流，这种交流互动会极大地推动他们自主学习新的信息技术，特别是人工智能技术。以 D 老师为例，她入职 H 幼儿园之后，负责幼儿园的各项电子设备的维护、教师的信息技术培训等工作，也代表幼儿园参加了多项省市级信息化教学技能大赛。在每天工作结束之后，她会主动反思，不断提升自己的 TPACK 素养水平。

"flash 动画对我来说其实是一个短板，因为制作动画特别费时间，日常保教活动中也不经常使用。后来通过相互学习，才知道动画的设计并不仅仅限于互动的功能，实际上动画的制作，更多的是激发幼儿的学习兴趣。"（D 教师 20200312——访谈）

第四节 结论与建议

在我国推进教育现代化的总体目标、时间表和路线图十分明确的新形势下，幼儿教师的 TPACK 素养的培养和培训已经跟不上教育现代化、信息化的步伐。提升幼儿教师 TPACK 素养急需在以下三个方面做出改革：

一、院校合作，充分发挥幼儿教师培训的助推作用

高等院校助力幼儿园教师信息化素养提升是发展幼儿教师 TPACK 素养的重要路径。2022 年 4 月，教育部等八部门联合颁布的《新时代基础教育强师计划》明确指出"在在职教师培养方面，实施教师精准培训改革"、"促均衡，强化欠发达地区乡村教师队伍建设"和"推进人工智能助推教师队伍建设试点行动，推进教师队伍数字化建设"。[①] 现在，很多高师院校包括地方院校都在幼儿园建设了自己的实践基地，高校主要助力幼儿园的教学科研工作，但对于幼儿教师 TPACK 素养关注较少。面对后疫情时代信息化教学改革浪潮，开展幼儿教师"TPACK 素养"精准培训，提升幼儿教师队伍的信息化水平势在必行。

二、统整课程，构建整合技术的学科教学知识课程体系

在信息技术 2.0 时代，传统的信息技术知识已不能有效整合学科内容知识和教学法知识，提高课堂教学的质量和效益。北京师范大学构建的"运用信息技术的知识与能力模块课程"整合了教育媒体理论与实践、现代教育技术应用、信息技术与教育革新、信息技术与课程整合、数字化教学系统及其使用、常用

---

① 教育部等八部门．新时代基础教育强师计划 [EB/OL].http://www.moe.gov.cn/srcsite/A10/s7034/202204/t20220413_616644.html.

教学软件及其使用、校园网络安全、教育技术新发展前沿讲座等多门课程[①]，具有很强的示范性，我们可以批判地学习借鉴。需要注意的是，TPACK 重在实践，教学不可仅仅"纸上谈兵"，必须"拳不离手，曲不离口"，通过开展形式多样的实践活动引导幼儿教师用理论指导实践，用实践丰富理论，形成扎实的整合技术的学科教学知识。

三、认清形势，自觉增强提高信息技术素养的紧迫感

当下的教育信息化已步入 2.0 时代，互联网＋、信息技术、大数据、电子书包、云课堂、区块链等技术的迅猛发展，将颠覆传统的教与学的方式，信息技术和智能技术将深度融入教育全过程，2022 年将实现"三全两高一大"[②]发展目标，[③]2035 年将总体实现教育现代化[④]。不需多少时日，AR 技术、人脸识别、谷歌地图、智慧课堂教学交互软件、学生行为智能分析系统、数字化多功能黑板等新技术新设备将逐步走进幼儿园课堂，这就要求新时代幼儿教师认清形势，自觉加强学习，与时俱进，形成新理念，掌握新技术，构建交互学习新模式，展现现代课堂新魅力。

第五节　本章小结

本章共包括五个小节，分别为研究设计、研究结果、讨论与分析、结论与建议和小结。本章的主要研究内容包括：

1. 分析了当前幼儿教师 TPACK 素养发展水平

当前，我国幼儿教师 TPACK 素养发展尚处于自发习得阶段，总体处于中等偏上水平，TPACK 知识水平的发展高于 TPACK 态度和 TPACK 能力水平；男性幼儿教师的 TPACK 素养普遍高于女性幼儿教师；幼儿园所处地域和幼儿教师学历在 TPACK 能力发展维度存在统计学意义上的差异；幼儿教师的性别、教龄、年龄、幼儿园的性质、级别对幼儿教师 TPACK 素养发展不存在统计学意义上的显著差异，但在得分均值方面存在细微差异。

---

① 马健生，张弛，孙富强.构建模块化课程体系 造就卓越教师——北京师范大学教育硕士研究生教育综合改革试点工作的经验 [J].学位与研究生教育，2013(10)：1-6.

② "三全两高一大"即"教学应用覆盖全体教师、学习应用覆盖全体适龄学生、数字校园建设覆盖全体学校，信息化应用水平和师生信息素养普遍提高，建成'互联网＋教育'大平台".

③ 教育部.教育信息化 2.0 行动计划 [EB/OL].http://www.moe.gov.cn/ srcsite/ A16/s3342/ 201804/ t20180425334188. html.

④ 中共中央国务院.中国教育现代化 2035 [EB/OL].http:// www.moe.gov.cn/ jyb_xwfb/ s6052/ moe_838/ 201902/ t20190223_370857.html.

2. 解读了幼儿教师 TPACK 素养发展影响因素

首先,幼儿教师 TPACK 素养各个分维度之间存在相互影响。(1)信息化教学意识、教学效能感、TPACK 知识和 TPACK 能力的相关都非常显著,且都成显著正相关;(2)在 TPACK 知识对 TPACK 能力的影响中,信息化教学意识具有显著的调节和中介作用;(3)在 TPACK 知识对 TPACK 能力的影响中,信息化效能感也具有显著的调节和中介作用。

其次,幼儿教师 TPACK 素养形成是社会因素(国家推动、社会影响、活动引领)、学校因素(硬件设施、文化氛围、专业培训)和个体因素(自主学习、教学竞赛和实践反思)等内外部因素综合作用的结果。

3. 提出了幼儿教师 TPACK 素养发展的建议

幼儿教师 TPACK 素养职前培养和在职培训已经跟不上教育现代化、信息化的步伐。提升幼儿教师 TPACK 素养急需在以下三个方面做出改革:院校合作,充分发挥幼儿教师培训的助推作用;统整课程,构建整合技术的学科教学知识课程体系;认清形势,自觉增强提高信息技术素养的紧迫感。

第四章　幼儿教师 TPACK 素养生成机制

本章以社会 – 文化活动理论为理论框架，以扎根理论为方法论基础，采用目的抽样方法，选择 J 省 T 市和 G 市 2 所省现代化示范园的幼儿教师为研究个案。这两所幼儿园的幼儿教师屡次在信息技术大赛中获奖，他们的 TPACK 素养在同行中具有较高水平。本章对他们进行了个案研究，回顾他们的 TPACK 素养的养成历程，探究其 TPACK 素养的生成机制，以期抛砖引玉，为幼儿教师提升 TPACK 素养提供鲜活个案和行动路径。

第一节　研究设计

采用个案研究方法，对 4 位幼儿教师 TPACK 态度、知识、能力等素养养成的过程进行深描并赋予相应的意义理解，在与幼儿教师的深度接触、对话反思中探究其 TPACK 素养养成的内生机制。

一、研究田野

本研究选择的个案来自两所幼儿园。其一为 J 省 G 市经济开发区中心幼儿园，其二为 J 省 T 市艺术幼儿园。

J 省 G 市经济开发区中心幼儿园是 J 省优质幼儿园，占地面积 5194.8 平方米，建筑面积 2860 平方米，绿化面积 620 平方米。全园配备了现代化教学设备，如电脑、数码相机、多媒体、音响设备、VCD，开通了校园网。全园现有 6 个班级，每个班都配备了多媒体教学一体机。

J 省 T 市艺术幼儿园成立于 2001 年，由 T 市妇联投资创办，是一所 J 省现代化示范性实验幼儿园。建园以来，先后获得"巾帼示范岗"、T 市首批先进幼儿园、T 市优秀家长学校，是 T 市 T 学院学前教育专业实践基地。幼儿园占地 10 亩，在园幼儿 770 人，现有教职工 78 人，学历达标率 100%。该园幼儿教师承担国家课题、省级规划课题若干项。

二、研究对象

（一）研究对象的选择

任何研究，都需要一定的研究对象。研究对象关系着研究信度和效度。本研究为个案研究，属于质的研究，所以研究对象需要更高的典型性与代表性。

本研究通过观察、反思优秀幼儿教师 TPACK 素养养成个案，探究幼儿教师 TPACK 的生成机制。幼儿教师 TPACK 养成的个案研究不仅需要观察了解其教育教学现状，还需了解其日常生活以及过往经历。基于此，本研究选取研究对象时遵循了以下三原则：第一，选取有代表性的幼儿教师，包括刚入职的青年教师，有经验的教师以及专业突出、成果颇丰的优秀教师；第二，选取的幼儿教师必须是研究者易于接触且熟悉的教师；第三，选取的幼儿教师必须积极配合研究者展开相应研究，乐于分享自己的专业成长故事。

根据以上原则，研究者选取了经常接触且熟悉的 4 名教师为研究对象，分别为 G 市某公办幼儿园 C 园的 Z 老师、W 老师和 T 市 H 幼儿园的 L 老师、D 老师。

研究者从 4 名幼儿教师的个人学习、工作的生活世界切入，在观察 4 位教师的保教活动、自主专业学习情况后，及时对 4 位老师进行深度访谈，从其成长经历探究其 TPACK 素养养成的历程，以期探究幼儿教师 TPACK 素养养成的一般规律。

（二）研究对象简介

四名教师基本情况如表 4-1：

表 4-1 研究对象基本信息

研究对象	性别	年龄	教龄	职称
Z 老师	女	24	3	助教
D 老师	女	33	10	中级
L 老师	女	24	2	高级
W 老师	女	48	23	高级

Z 老师个人简介。Z 老师，女，24 岁，大班老师。2018 年 6 月毕业于一所本科师范院校学前教育专业，在一所小区内私立幼儿园工作 1 年后，转入 C 园，至今从事幼教工作已满 3 年。

L 老师个人简介。L 老师，女，33 岁，中共党员，大班老师，任 H 园副园长，教研主任，大班组长。2008 年 6 月毕业于一所本科院校学前教育专业，随后参与幼儿园教师招聘考试，进入 H 园工作，从事幼教工作已满 10 年，已被聘为一级教师。工作期间，多次参与幼儿教师专业大赛，多次获奖，并积极参与各地幼儿教师专业成长研讨会，发表一系列文章，并受邀到多所幼儿园作讲座，多次受省、市表彰。

D 老师个人简介。D 老师，女，24 岁，小班老师。2018 年毕业于一所本科师范院校学前教育专业，在一所小区内私立幼儿园工作 1 年后，转入 H 园，至今从事幼教工作已满 2 年。入职后曾代表 H 园参加青年幼儿教师信息化教学比赛。

W 老师个人简介。W 老师，女，48 岁，大班老师，任 C 园主任。1993 年中师幼师毕业，随后进入 C 园工作，见证了 C 园的成长与发展。从事幼教工作二十余年，已被聘为幼儿园高级教师，负责 Y 园的网络管理、信息发布、幼儿教师的信息技术应用能力培训指导等相关工作。

三、研究方法

个案研究是一种在真实的背景下或情境中对教育个别案例的独特解释与剖析。本章以个案研究方法为指导，对 4 位 TPACK 素养较高的幼儿教师开展了全面的调查和研究。具体的研究方法有：

（一）访谈法

访谈法是个案研究的重要方法，是帮助研究者与研究对象共同建构生命故事的重要途径。在个案研究方法论的指导下，访谈是研究者根据自己的研究目的，秉持平等开放的原则，通过口头谈话的方式从研究对象那里收集资料的一种研究方法。

访谈法主要是了解教师眼中的自己。通过访谈，了解这 4 名老师 TPACK 素养养成的历程和故事，为研究收集更丰富的资料。为提高访谈质量，研究者提前与 4 名老师沟通，赢得了他们的支持。提前设计好访谈提纲，约定好时间、地点，做好访谈记录，最后请被访谈老师签字，并承诺对访谈内容保密。征得被访谈的 4 名老师的同意后，研究者还对这 4 名教师的同事、朋友进行了个别访谈，与 4 名被访谈老师的访谈内容进行比对，确保访谈内容真实可信。通过对 4 名教师以及其同事朋友的访谈，深度了解优秀幼儿教师 TPACK 素养的发展历程，进而探究幼儿教师 TPACK 素养的内生机制。

（二）参与式观察法

参与式观察是生活史研究中常用的具体研究方法。研究者进入研究对象的工作场所，与他们一起行动，观察他们的备课、授课过程，使用信息技术的频次等。具体而言，研究者参与观察的主要地点为教师的办公室和教室，而参与观察的内容主要包括 4 位教师的常规课、公开课、校本教研等。观察的频率为每周 1-2 次，时长常为 1 天。事后，将观察的撰写田野观察日志。

（三）内容分析法

内容分析法是通过教师提供的笔记、日记、教案等，进一步了解教师的教学方式。研究者取得这四名教师的同意后，对其写教案、听课笔记、课堂反思等进行收集整理分析，为后续分析其 TPACK 素养生成机制提供了翔实的分析材料。

四、研究过程

（一）文献收集

研究者长期从事教师教育研究，对国内外 TPACK 相关研究有较为深入的了解，发现当下教师教育研究对幼儿教师的 TPACK 素养关注较少，于是在 2017 年指导 5 位学前教育专业师范生撰写了《学前教育专业（本科）师范生 TPACK 养成的生活史研究》项目申报书，成功获批当年的江苏省大学生创新创业项目，2019 年该项目成功结项。

在此期间，研究者通过学校图书馆、知网等平台等阅读了大量相关书籍、报刊以及论文。对前人的研究进行整理分析后，确定了本研究的研究思路，为撰写本章奠定了基础。

（二）教师访谈

本研究围绕两个主题对幼儿教师进行访谈：一是幼儿教师对 TPACK 素养的理解；二是影响幼儿教师 TPACK 素养发展的因素。通过访谈，旨在了解人工智能时代，TPACK 素养是否是幼儿教师的必备素养？如果是，这样的素养是如何养成的？

从 2017 年指导学生撰写《学前教育专业（本科）师范生 TPACK 养成的生活史研究》毕业论文的过程中，研究者就开始对一线幼儿教师开展访谈。访谈主要内容主要包括：

第一，教师讲述自己对 TPACK 素养的理解；

第二，教师讲述自己 TPACK 素养的发展情况；

第三，教师讲述影响自己 TPACK 素养形成的因素；

第四，教师讲述自己所经历的事件对自身专业发展的意义；

第五，为帮助访谈对象了解访谈主题，研究者设计了一系列"事实性、问题和解释性"问题，如：

1. 在信息化时代，您觉得幼儿教师需要具备 TPACK 素养吗，为什么？

2. 您了解幼儿教师 TPACK 素养吗？请举例说明。

3. 在您的幼儿保教实践活动中，是否会使用多媒体设备辅助教学？通常在什么情况下使用？为何使用？

4. 在您 TPACK 素养形成的过程中，有哪些重要的人或者重要的事件影响您 TPACK 素养的发展？对您产生了什么影响，请举例说明。

（三）资料分析

1. 资料编码

每次访谈后，研究者及时将访谈的录音音频文件转录成文本，并对转录后的文本进行分类和提炼，对文本进行三级编码：一是根据内容对访谈文本进行一级编码；二是根据内容主题进行二级编码；三是根据理论进行三级编码。

2. 分析框架

本研究以"文化 – 活动"理论为分析框架，聚焦幼儿教师 TPACK 素养养成过程中发生的故事，经历的关键事件，自己对关键事件的反思，对 TPACK 养成过程和影响因素进行阐释，并尝试运用扎根理论探究幼儿教师 TPACK 素养的内生机制。

五、研究的信度和效度

幼儿教师 TPACK 素养的养成，离不开幼儿教师的工作和生活实践。一方面，研究者只有走进幼儿教师个体的生活世界，才能挖掘其个性特质；另一方面，走进幼儿教师个体的生活世界，旨在根据幼儿教师的回忆观察幼儿教师的 TPACK 养成的历程，并依据相关的资料展开诠释。显然，诠释是以受访者的回忆为基础，这就衍生了幼儿教师的回忆是否科学、可靠的问题。这两个问题实质上就是研究的信度和效度问题。

（一）研究的信度

1. 三角互证法。研究者征得研究对象的同意，对其进行访谈，了解他们平日生活习惯、兴趣爱好、对自己 TPACK 素养的养成影响较大的人或事等。为了防止研究对象提供的信息存在不实成分，研究者又对他们的同事、朋友进行访谈，通过多方了解，提高访谈信息的真实性、可靠性。

2. 现场录音法。为了准确收集访谈信息，研究者对访谈进行了全程录音。访谈结束后，研究者及时将访谈音频文件转录为文本。研究者还征得研究对象同意，对其保教预案、保教活动实录、保教反思日记等进行拍照留存，保证资料的真实可靠。研究者坚持每日记录对研究对象的观察、交流所得，以便后续分析。

3. 及时补充资料。首轮访谈结束后，研究者仍然与研究对象以及幼儿园的其他教师保持联系，并会经常交流。持续的交往交流，一方面可使研究者更加深入、全面地了解研究对象，防止以偏概全；另一方面，可及时更新、补充相关资料。

（二）研究的效度

访谈是社会科学研究方法的一种，是研究者通过口头谈话的方式从研究参与者处收集、建构第一手资料的研究方法[1]，多次访谈，且访谈的问题之间具有相互衔接的特征，可以增强访谈结果的有效性[2]，也有助于研究者和被研究者之间建立亲密的信任关系，正是在多次访谈的过程中，研究资料的收集达到饱和。

据此，为了保证研究的效度，在本研究中，研究者进行了三轮深度访谈（附录9），第一轮访谈，主要着眼于被访谈者的生活经历，目的在于再现他们的家庭、学校和工作生活中的经历是否对于他们 TPACK 发展有积极或者消极的影响；第二轮访谈重点在幼儿教师在发展他们 TAPCK 素养的过程中经历中的关键事件；第三轮访谈聚焦追问他们所经历的关键事件的意义。

第二节　研究结果

和研究对象深度访谈后，研究者发现4位个案老师的 TPACK 素养养成都绕不开两个阶段，即职前培养和在职培训（校本培训，自主学习）。

在职前培养阶段，他们通过分科学习，学习了信息技术课程、幼儿园五大领域课程、幼儿教学法等课程，但对于信息技术与课程、整合信息技术与教学设计整合所涉甚少；入职后，由于外部环境的要求，她们才真正深入考虑如何将所学信息技术知识与保教活动设计深度融合。因生活经历的不同，每一个个案 TPACK 素养养成的故事都独具特色。

一、Z 老师 TPACK 素养养成故事

Z 教师在大学读书时曾任 X 班班长，学习刻苦认真，跟随研究者参与了 J 省大学生创新创业项目研究，对 TPACK 领域的相关知识有一定的了解，毕业论文

① 陈向明.质的研究方法与社会科学研究[M].北京：教育科学出版社，2000:165.
② 埃文.塞德曼.质性研究中的访谈：教育与社会科学研究者指南[M].周海涛译.重庆：重庆大学出版社，2019,9：25.

为《学前教育专业师范生 TPACK 能力发展的性别差异研究》。

（一）无奈选择学前教育：既来之则安之

Z 教师 1997 年出生于 J 省 G 市某普通家庭，父母都是农民工，对女儿就读大学的专业没有什么具体要求，只要找一份比较稳定的工作即可。Z 老师当年高考成绩不甚理想，不得已选择了 T 市 T 学院就读，当时填报的第一志愿为英语师范专业，后来被调剂到学前教育专业。

"我当时并不想选择学前教育专业，我的理想是做一名英语教师，因为学前教育要学习的内容太多，我吹拉弹唱基本都不行，为此还抑郁了很长一段时间。"（Z20180311 访谈[①]）

入学一段时间后，Z 教师逐渐喜欢上了这一专业。因为那时候学前教育专业的各位老师经常给同学们播放各种教育短片，也会讲述许多教育的故事，其中有一位心理学老师对 Z 老师的影响颇深。

"那时候我们的课堂氛围是很轻松的，基本上老师布置一些书籍，让我们回去看，然后就让我们回来讨论。我对卢梭的《爱弥儿》印象很深，那本书我们讨论了大概有半学期。我看书有个习惯，就是会做笔记，到现在那些笔记还在我的书桌上。我很喜欢卢梭的自然教育，觉得现在的孩子的确需要自然教育，因为有不少孩子压力确实挺大的。因此，我总是想方设法让孩子们开心，他们是比较活跃的，一般你看我们班，是比较闹腾的，哈哈……"（Z20180311 访谈）。

大学老师的影响、轻松愉快的课堂氛围，以及对卢梭自然教育的认同，一直影响着 Z 老师的教育观念与行为方式，让 Z 老师尊崇自然教育，注重尊重孩子的天性。Z 老师在大学就加入了党组织，这更加坚定了她的信念，并积极投身于学前教育事业，悉心培育祖国的花朵，未来的希望。

（二）参加省创新创业项目：大胆的尝试

2017 年，Z 教师在研究者的指导下主持了 J 省大学生创新创业项目《学前教育专业（本科）师范生 TPACK 养成的生活史研究》，其最后的学位论文为《学前教育专业（本科）师范生 TPACK 能力发展的性别差异研究》。她带领同组的其他 4 位同学开展了为期 2 年的跟踪研究，该项目于 2019 年成功结项。

"对于该研究议题，我最初是很懵懂的，在查阅了大量的文献之后，特别是撰写论文之后，我才明白对于新时代的师范生来说，掌握一定的信息技术知识，并与自己保教实践相结合，是幼儿教师一项必备的职业技能，我决定好好做这个课题研究，并将其作为我的学位论文的研究主题。"（Z20180311 访谈）

在研究者的鼓励下，Z 教师对幼儿教师的 TPACK 能力展开了深入的研究。

---

① Z20180311 访谈是指 Z 老师 2018 年 3 月 11 日的访谈文本，以下皆同。

她发现，在此研究领域，国内相关研究涉及较少。经过研究小组的不懈努力、团结合作，该项目 2019 年顺利结项。

（三）学位论文答辩受挫：错失省三好学生评选

Z 老师的学位论文由研究者指导，因其前期做了大量的学前教育专业师范生的 TPACK 研究，研究者建议 Z 老师转变研究视角，将题目定为"学前教育师范生 TPACK 能力发展的性别差异研究"。Z 老师欣然同意，很快就顺利完成了学位论文，但答辩时却遭到了不公平的对待。

"M 老师根本就没有让我陈述完。因为我是最后一个答辩，他们根本就没让我讲完，就直接说这个选题我们没有听说过，联系你的指导老师，准备 2 次答辩。我很委屈，将此事告知学院院长，院长认为此选题没有问题，我才有了进一步深入探究的勇气。虽然二次答辩通过了，但是由于答辩老师的打分不高，我错过了当年的省'三好学生'评选。"（Z20180311 访谈）

学位论文答辩受挫的经历对于 Z 教师的打击很大，她曾经一度怀疑过自己的研究能力。

（四）顺利找到工作：重拾继续研究 TPACK 的信心

Z 老师 2018 年顺利在 T 学院毕业，因其较为出色的职业技能，Z 老师考编时以全市第 3 名的好成绩，顺利在 J 省 G 市入职一所市公办优质幼儿园。该幼儿园规模较大，有两个校区，新校区的每一个教室都配备了多媒体教学一体机。

"我们新校区每个教室都配备了一体机，按照传统的保教方式，通常会花费很长时间，但有了多媒体教学一体机就不一样了，我们上课就很方便，小朋友们也很感兴趣，我很感谢大学期间所参加的研究项目，很感激自己坚持完成了自己的学位论文，尽管有些小波折，但总归没对我产生较大的影响。（Z20180311 访谈）

Z 老师表示今后会继续从事 TPACK 的相关研究，因为她发现虽然幼儿园配备了大量的多媒体设备，但却没有专门的教师去管理，所以多媒体设备的利用率并不高，年纪较大的幼儿教师对于此领域就所知更少了。

"我是比较年轻的幼儿教师，获得过国家计算机二级证书，对基本的计算机基础知识比较了解，基本能满足日常工作的需要。市里面也会组织一些信息技术方面的培训，但仅仅是介绍一些 PPT 的做法，对于幼儿教师 TPACK 的素养提升效果不大，一些基本的视频剪辑工作，我都是从抖音上学的。"（Z20180311 访谈）

Z 老师认为自己的 TPACK 素养的养成得益于大学学习期间的那段科研经历，得益于自己在工作以后主动承担起该园的信息技术相关的工作，表示今后会继续从事相关项目的研究。

（五）成功尝试：喜获教学大赛一等奖

由于 Z 教师掌握了一定的信息技术，又有较强的信息技术与课程整合能力，2022 年，她代表其工作的经济开发区幼儿园参加 G 市的幼儿教师信息化教学能力大赛，获得 G 市幼儿教师信息化教学能力大赛一等奖。回顾自己的参赛经历，整个保教活动设计经历了"自主设计——教研评课——再次修改——班级磨课"几个环节，幼儿园教研团队给了她一定的帮助，但由于团队的整体信息化水平并不高，因此自主学习、修改设计在整个信息化教学大赛中占据主导地位。

"这次大赛中，个人觉得在大学期间学习的 PPT 动画制作、视频剪辑等信息技术知识在我的教学设计中发挥了较大的作用。在我教学导入环节，我使用了视频导入，有效激发了幼儿学习的兴趣；在中间活动环节，我播放了一段音乐，这段音乐主要有两个作用，创设温馨的学习环境，提醒学生活动结束时间。同时，利用信息技术手段设计'闯关''积分'等竞赛类的活动，幼儿的学习兴趣得到有效的激发。"（Z20220409 访谈）

Z 老师任职的幼儿园位于城乡结合部，平时电子教学媒体接触较少，对于教师利用多媒体教学特别感兴趣，这促使 Z 老师愿意花大量的时间上网搜索合适的教学素材，反复观摩网络优质课教学，并用于自己教学设计中。她认为自己的 TPACK 素养的养成主要是通过自己的自学。

"我在备课之前会在优酷、腾讯网站搜索幼儿教师的优质课视频，反复观摩，指导自己的教学设计。我现在的教学基本是现学现用，同行想帮我，但心有余而力不足，只好保持缄默。"（Z20220409 访谈）

二、L 老师 TPACK 素养养成的故事

（一）迫于无奈：课堂实践中使用 PPT

L 老师最初对将信息技术运用于保教活动并没有太大的兴趣，因为幼儿园经常有教学观摩活动，别的老师都使用信息技术（PPT）辅助教学，所以她也被迫使用。

"刚入职时，我对信息技术是比较排斥的，因为有公开观摩，园长就鼓励我尝试使用，我就慢慢接触信息技术，但是水平仅仅停留在制作简单的 PPT 阶段。"（D20211201 访谈）

（二）参与大赛：教学设计与信息技术的初相遇

L 老师是 H 幼儿园的青年教师，2020 年参加了省里的信息化教学大赛，获

得了较好的名次，在反复磨课的过程中，逐步学会了信息技术与保教活动的整合技术。

"2020 年我参加比赛前，保教活动中很少使用希沃一体机。我记得当时 H 园长给我一个硬任务，下班之后好好琢磨希沃一体机所有功能。下班后我只好拿着说明书，对着一体机琢磨它的用法，发现还蛮有意思。于是，我逐渐对它产生了兴趣。"（D20211201 访谈）

在活动设计的过程中，L 老师发现很多在保教过程中无法解决的难题，通过使用一体机都可以有效解决，这进一步催生了她对信息技术的兴趣。参加省赛之后，L 老师又给幼儿园的全体老师做了一个多媒体整合教学的培训，这进一步提升了她的 TPACK 能力。

"我们园长给我一个机会，给幼儿园老师做了一次希沃一体机运用培训。我只好再次学习，以便把一体机的各种功能讲清楚，适用场合说明白，让大家有所收获。在此过程中，我觉得我的 TPACK 能力又进步了一点。"（D20211201 访谈）

（三）寻找外援：活动设计与信息技术的逐步融合

L 老师觉得在大学所学的信息技术课程是基础课程，很难直接运用到活动设计中去。但其所在市小学基本推广了希沃教学一体机，她碰到软件使用方面的难题时，通常会到邻近的小学去请教。

"F 小学有专门的电教主任，他对希沃一体机非常熟悉。在比赛前，我专门去向他请教，学习如何使用其特殊的功能。"（D20211201 访谈）

L 教师 TPACK 素养的养成不仅来自小学同侪的帮助，还来自幼儿园园长等骨干教师帮助其一次又一次地磨课。

"我参加的省里的比赛是先从园里集中选拔，我很幸运，通过了园里的选拔。接着就参加区选拔，区里选拔通过后再报到了市里。前面的选拔大多都是自己慢慢摸索。到了市里后，就好多了，市里的领导会参与听课和评课，他们给我提了很多建议。根据他们的建议我反复修改。除此之外，园里还帮我请了以前参加比赛获奖的老师帮忙磨课。"（D20211201 访谈）

多次试讲、反复磨课、自觉反思是 L 老师 TPACK 素养发展的关键。在学科教学知识获得方面，L 老师所在园的园长给予了极大的帮助。

"我们园长是经验比较丰富的老师，对于活动过程的安排她给我提了多意见，园长在孩子动手操作活动的设计方面也提出了很多建议。"（D20211201 访谈）

（四）经验推广：教学设计与信息技术的深度融合

L 老师最后参赛时，参与活动的幼儿每人一个平板电脑，孩子们运用平板电脑积极与老师互动，比赛获得了较好的名次。回校后，T 市请她给全市幼儿教师做了"信息技术与幼儿保教活动的有机融合"专题讲座，这进一步强化了她发展自己 TPACK 素养的决心。

"比赛回来之后，教育局的 C 主任让我把经验分享给我的同行。接到任务之后我又重新反复研究我的比赛课件，K 园长又帮我再次磨课。其实我很紧张，比赛是一回事，将自己的经验分享给同行又是另外一回事，这个过程对于我来说也是一个重新学习的过程。做好充分准备之后，我的经验分享讲座非常成功。"（D20211201）

三、D 老师 TPACK 素养养成故事

（一）兴趣 VS 家庭：TPACK 素养发展之基

D 老师对于信息技术一直有浓厚的兴趣，她的信息技术素养发展都源于自己的业余学习，她甚至认为学校习得的信息技术知识只是皮毛。

"我和信息技术是亦师亦友的关系，主要是自己对信息技术比较感兴趣。上学期间我对电脑就比较感兴趣，所以如果碰到信息技术方面的难题，我会主动上网搜索相关资料，自己摸索，感觉乐在其中。"（D20211201 访谈）

D 老师先生从事 IT 工作，擅长多媒体硬件处理，如果碰到硬件方面的问题，她会主动向其先生求助。

"我先生在 IT 行业工作，对多媒体硬件比较熟悉，我有什么硬件方面的问题都会向他咨询。"（D20211201 访谈）

（二）屡次获奖：逐步增强专业自信

D 老师任职的 H 幼儿园是市现代化示范幼儿园，最近 3 年配备了希沃教学一体机，但是幼儿园并没有开展有效的信息技术应用能力培训，她们的 TPACK 素养都是自己个人在实践中逐步摸索养成的。

"对于幼儿教师信息化素养这一方面，其实学校并未开展针对性强的培训，主要靠我们自己在实践中摸索。每一个教室配备希沃教学一体机后，只有希沃教学一体机售后服务技术人员很简略地给我们讲了一体机的操作要领。"（D20211201 访谈）

D 老师，一位在教育领域中对计算机技术产生浓厚兴趣并积极投入学习的优秀教师，她在工作中克服了对计算机的恐惧，购买了大量计算机领域的教材，自主学习并刻苦钻研计算机知识。同时，她还积极前往地方师范院校旁听计算机相关课程，并成功考取了计算机等级证书。这些努力使她具有了扎实的基础知识和技能。在随后的职业生涯中，D 老师多次代表 H 园参加省市信息化教学比赛，并屡次获奖，这一系列成绩逐步树立了她的专业自信。如今，D 老师已

经成为 H 园的计算机领域的佼佼者，负责一个年级的课件制作任务。她总是利用课后时间学习信息技术，关注新的技术发展动态，而她的丈夫也给予她很大的支持，帮助她学习进步。丰富的交流和学习机会使 D 老师在近几年取得了显著的成长。持续的学习过程不仅更新了 D 老师的教育理念，也为她的教学注入了新鲜血液。在教学过程中，D 老师总会以一种不经意的方式为学生带来意想不到的惊喜。

（三）合作磨课：TPACK 素养持续发展

在日常保教过程中，幼儿教师有效使用信息化技术辅助教学的情况并不多，而参加省（市）信息化教学大赛时熟练使用多媒体辅助教学是必备技能。

"现在我们市中小学一般都配有教学一体机，上公开课时甚至学生人手一台 Ipad。我们去其他市区参加教学竞赛后，才知道现在的公开课教学已和现代信息技术有机融合。比赛回来之后，我们立刻请市里面的信息技术专家给我们讲授如何使用教学一体机。"（D20211201 访谈）

由于 D 老师在教育信息技术方面有一技之长，所以只要市里面有重要的幼儿教师大赛，就有一些参赛教师请 D 老师帮忙制作多媒体课件。在这样的实践过程中，D 老师的 TPACK 素养又得到进一步提升。

"省里每年都有领航杯信息技术大赛，为了迎接省里的大赛，我们会主动去挖掘希沃一体机的其他功能，但是我们并不知道如何将一体机的功能和教学联系在一起。我们设计好课件后，园长会给我们以指导，告诉我们哪些地方可以用信息化手段来更好地辅助教学，在反复磨课的过程中，我们逐步学会了如何最大限度发挥信息技术的价值。"（D20211201 访谈）

四、W 老师 TPACK 素养养成的故事

W 老师，是一位"70 后"，已有 20 多年教龄，是 G 市幼儿园园长，幼儿园特级教师，长期致力于幼儿园五大领域教育活动与信息技术整合的实践与创新，是一位 TPACK 素养较高的专家型幼儿教师。

（一）艰难探索：信息技术学习的先行者

W 老师很早就接触和学习了信息技术。在师范学校读书时，选修 BASIC 课程后，最初很排斥。那段经历，她现在依然记忆犹新：

"我刚学信息技术时，由于没有这方面的天赋，学得比较慢，花的时间自然就比其他人多，但我侥幸成功了。"（W20211201 访谈）

那段艰辛但成功的学习经历，使 W 老师和信息技术结下了不解之缘。"从 BASIC 到 FOXBASE 数据库，从 DOS 到 WINDOWS，从文字处理到

PHOTOSHOP 图像处理，从声音处理到视频剪辑，从 Flash 二维动画到三维动画制作，从单机课件开发到网站网络课程建设 ......"，W 老师不断涉猎新技术，他的信息技术应用能力逐渐走向精深。此间，他获得了很多荣誉，成为同事眼中的电脑高手。

（二）善于学习：信息技术与幼儿保教知识融合的探路者

对于信息技术在学前教育中的使用，很多老师持保守甚至反对态度。他们认为，幼儿教育应该亲近自然，多活动，少使用电子产品。但 W 老师却有不同的见解。

"在 AI 时代，信息技术已经完全融入我们的生活，幼儿教育同样不例外。信息技术是改变学生学习方式、支持探究性学习的重要手段。"（W20211002 访谈）

W 老师善于从浩如烟海的网络信息中筛选有效资源，对资源进行"二次开发"，辅助开展幼儿保教活动。

（三）领航同行：信息技术与幼儿保教科知识融合的专家

自从与信息技术结下不解之缘以后，W 老师对现代信息技术的学习从未停止，总是能将最新的信息技术运用于幼儿一日教育教学活动。

"国家 2018 年印发了《教育信息化 2.0 行动计划》，要求教师能适应信息化和信息技术等新技术变革，积极有效开展信息化教学。如果说教育信息化 1.0 为教育教学提供了基本的技术，2.0 时代则强调教师要充分利用现代信息技术，实现信息技术与学科教学的深度融合。"（W20211002 访谈）

W 老师认为，现在信息技术已经渗透到幼儿日常活动的各个方面。在 W 老师负责的幼儿园，除了个别老教师外，绝大部分幼儿教师都能使用信息技术辅助幼儿一日活动。

"在我们幼儿园，幼儿的管理、教师的日常保教活动，和家长的互动都使用了信息技术，信息技术大大方便了我们的教育教学工作。"（W20211002 访谈）

目前 W 老师是某师范学院的客座教授，因其能把信息技术与幼儿保教深度融合，经常被邀请到大学和各幼儿园做学术讲座。近几年，他还给学前教育师范生开设了"幼儿园信息化教学设计"课程。

"师范生对这门课程的反应较好。我很开心，我在理论和实践之间架起了一座桥梁。"（W20211002 访谈）

第三节　讨论与分析

"社会活动理论"和"学习空间理论"对幼儿教师的 TPACK 素养的养成有较强的解释力。(具体如图 4-1 所示)。

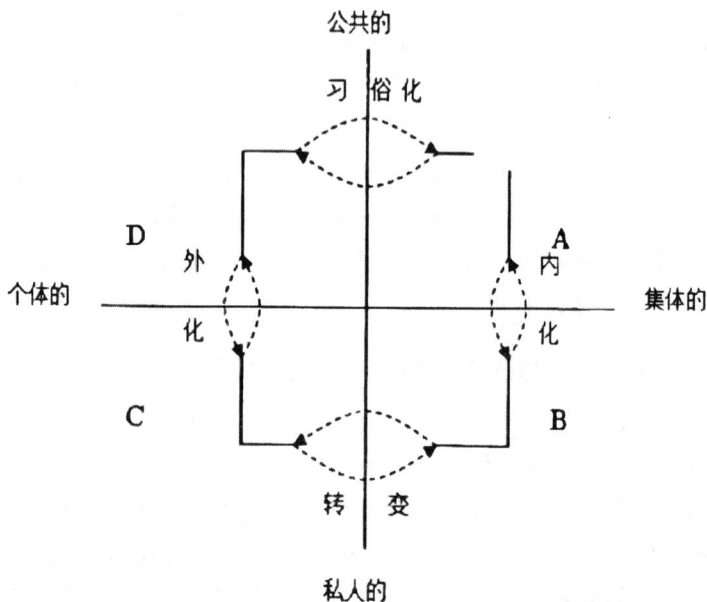

图 4-1 幼儿教师 TPACK 素养内生机制

一、内化过程：TPACK 态度的形成

基于"社会文化—活动"理论，在 TPACK 素养养成的内化阶段初期，幼儿教师（主体）首先要学习一些新的理论知识，即信息技术知识、学科教学（语言、健康、科学、社会、艺术）等领域知识、教学法知识（幼儿课堂提问和回应、幼儿课堂教学组织、幼儿课堂教学管理、幼儿学习兴趣激发、幼儿课堂气氛控制与调控、幼儿课堂教学评价和民主和谐师幼关系建立）等方面的知识。这些新的知识都是以分科课程的形式呈现的，这些知识主要通过大学阶段的课程学习、自主学习和合作研讨等方式习得。然而，虽然分科课程学习比较容易，但将信息技术知识、学科内容知识和学科教学知识整合，习得 TPACK 知识（客体）则成了幼儿教师在此阶段学习的难题。因为幼儿教师在职前培养阶段学习的 TPACK 知识多为纸上谈兵，他们只是按照学习计划完成课程学习，获得学分。直到实习阶段，因为实际保教的需要，他们才真正考虑如何将信息技术知识、

教学法知识和学科内容知识有效整合，努力设计出优质的保教活动方案。如何利用信息技术设计优质的保教活动方案，怎样把握活动的难度和适切度，如何利用信息技术调动幼儿参与的积极性，怎样利用信息技术促进幼儿操作探究，怎样利用信息技术进行课堂管理，怎样利用信息技术评价幼儿活动质量等是他们面临的难题。在保教活动设计中是否用信息技术、如何合理使用信息技术等新旧观念的冲突中，幼儿教师最终根据现实的幼儿保教需求，在长期的保教实践中逐步习得 TPACK 知识。

以 Z 老师为例，Z 老师在进入大学之前对 TPACK 知识知之甚少，直到她成功申请省创新创业项目，在学校和指导老师的要求下，她研读了一些学术前沿的文献，对学前教育师范生的 TPACK 素养相关研究产生了浓厚的兴趣，所以确定最后的学位论文选题为《学前教育师范生 TPACK 能力发展养成的性别差异研究》，但是在论文答辩的过程中却差点遭遇"滑铁卢"，她也因此错失了获评省"三好学生"的机会。对此，她也一度彷徨过，但进入 G 市经济开发区幼儿园之后，她发现每一个班级都配备了希沃教学一体机，自己的同事也经常开展多媒体辅助教学，而她在信息技术整合学科教学内容方面的丰厚的知识储备，使她很快就成为教学骨干，这进一步坚定了她继续研究 TPACK 的信心。在工作之余，她经常上网学习最新的信息技术，服务于自己的保教实践，取得了较好的保教成效。

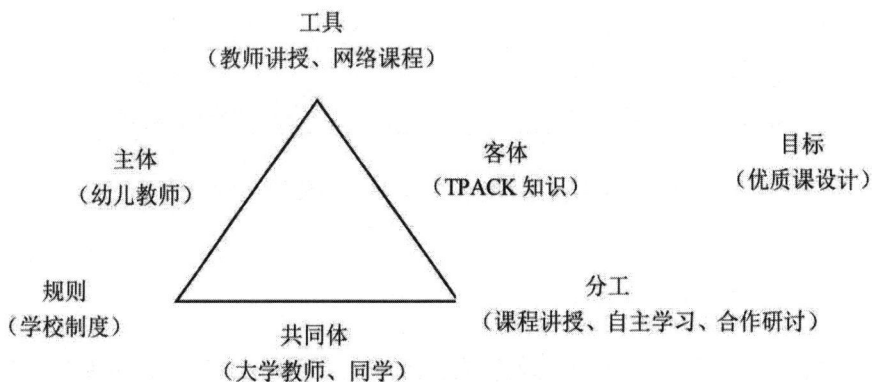

图 4-2 幼儿教师 TPACK 素养发展内化阶段学习活动

二、转化过程：TPACK 知识的习得

幼儿教师 TPACK 素养养成的转化阶段，即个人 TPACK 实践知识形成阶段。这种实践性知识产生的前提是幼儿教师将自己的课堂和幼儿园当作有意义的探索场所，同时又能把前人生产的知识和理论当作探索和解读课堂的生成性资源，

这种 TPACK 实践性知识是通过"用中学"形成和发展的，具有理论性和实践性双重特征，教师可以使用它对教学情境进行有效解读和灵活应对。

这在 Z 老师的 TPACK 素养养成的过程中体现得非常明显。Z 老师在师范学习阶段，经过信息技术课程、学科内容课程和教学法课程的分科学习，还并不能将信息技术和保教实践进行有效整合。进入职场之后，Z 老师（主体）任职的幼儿园老师备课采用集体备课共享的方式，作为刚入职的新手教师，Z 教师擅长制作 PPT，所以有时候一个年级的 PPT 都由她来制作，然后通过集体教研活动的形式修改完善，集体共享。在备课的过程中，她能综合运用自己在大学阶段所学的学科教学法知识、学科内容知识和信息技术知识优化自己的教学设计，但又不纯粹套用大学阶段所学的理论。在实际的保教活动中，她不断反思（工具）自己的保教活动，思考在保教活动设计中运用何种信息技术才能有效达成保教目标。通过上网自主学习最新的信息技术，反复修改活动设计，反复磨课、上课，最终初步建构了属于自己的个人教学风格（客体），在教学大赛中获得了较好的成绩。

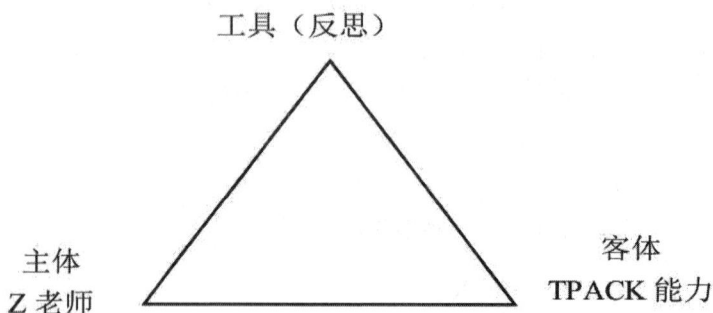

图 4-3 幼儿老师 TPACK 素养发展转化阶段学习活动

三、外化过程：TPACK 能力的形成

"文化—活动"理论认为，理论应该始终处于不断发展和拓展的状态。教师新的个人理论虽然初具形态，但仍然处于成长之中，而成长的力量除了来自个体不断反思之外，还来自个人理论外化和调整该实践理论模型的过程中所接受的各种反馈和评价。在幼儿教师 TPACK 素养发展的过程中，来自教育主管部门领导、园长、同事等外部的积极和消极的反馈对于他们 TPACK 素养的发展具有重要作用。这些反馈促使他们重新反思个人理论外化过程中带来的种种问题，这些问题就是新的个人理论模型在实践中遇到的矛盾，而这些矛盾的消除有赖于教师个人理论的进一步调整，即学习的进一步拓展和巩固。

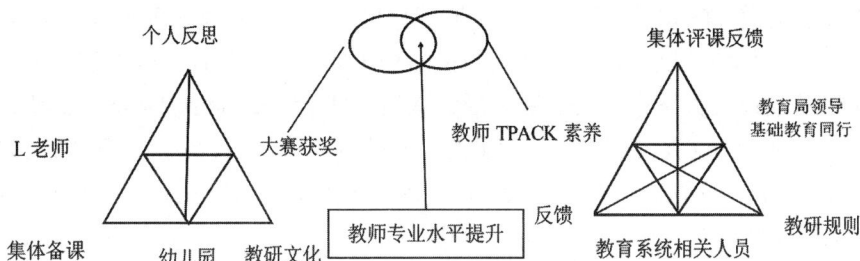

图 4-4 L 老师 TPACK 素养发展外化阶段学习活动

以 L 老师为例，L 老师参与省领航杯信息技术大赛时，首先在幼儿园系统内部进行了一轮反馈，幼儿园的园长、幼儿园骨干教师、幼儿园负责信息技术的教师对其教学设计进行了多次反馈。根据他们的反馈，L 老师通过自主学习、同侪互助，掌握了希沃教学一体机的所有功能，在保教活动设计里巧用信息技术增加了奖励环节，正是因为这个独特的设计，L 老师获得区一等奖，并被推荐到市里参加全省大赛。此时，L 老师已经不是代表幼儿园参赛，而是代表一个市参加全省大赛，而她的水平就代表着全市幼儿教师信息化素养水平。按照市里的规则，L 老师参与教学大赛的活动设计需要再经过市学前教研办的一轮打磨。在市里，L 老师的活动设计有幸得到了市教育局领导和学前教育领域专家同行的评估和反馈。根据反馈意见，L 老师又重新思考信息技术与每一个活动环节的深度融合。在此过程中，L 老师信息技术与保教活动设计的能力得到进一步提升，个人的实践知识也得到进一步调整和优化。通过这样的跨系统的互动，L 老师的 TPACK 素养在跨系统学习的过程中得到发展。

四、习俗化过程：TPACK 素养的养成

"文化—历史"活动理论认为，任何一个活动系统都处于不断发展变化的过程中。导致这种变化的内在原因在于不同个体、不同层次和不同活动系统之间对活动客体的认知不同，这些认知在实践活动中的表征为概念的形成与演化。对于活动系统而言，正是活动客体与对象的改变才会推动其不断发展。幼儿教师个人理论习俗化过程是指教师外化的实践模型直接或者经过集体修订后成为幼儿教师群体新的行为规范和科学概念，成为个体教师学习新资源的过程。

L 老师参加 J 省领航杯教学大赛经过了三次反馈。第一次是幼儿园内部的反馈，L 老师的活动设计脱颖而出后在幼儿园范围内进行了公开磨课，接受全园教师的反馈，其中园长的高瞻远瞩和严格要求是重要的助力。第二次是市里的筛选，L 老师的活动设计在市里获得了一等奖，为了在省里能取得好成绩，市里组织专家对 L 老师的教学设计进行了第二次反馈和打磨。在这个过程中，L 老师

对于该活动设计的解读经历了一个不断"建构—否认—重建—再否认—再重建"的过程。在某种程度上，这种集体知识随着主体对对象的理解的拓展，一步步凝聚在活动设计方案中，公开课最后方案诞生之后，集体知识也随之诞生。此后，L 老师在经过省大赛之后，为了推广她的成功做法，T 市在其所辖的 H 区、G 区和 J 区做了 3 次大规模的经验推广活动。她的个体知识就以"习俗化"的方式为大家共同学习，从而成为集体分享的知识。

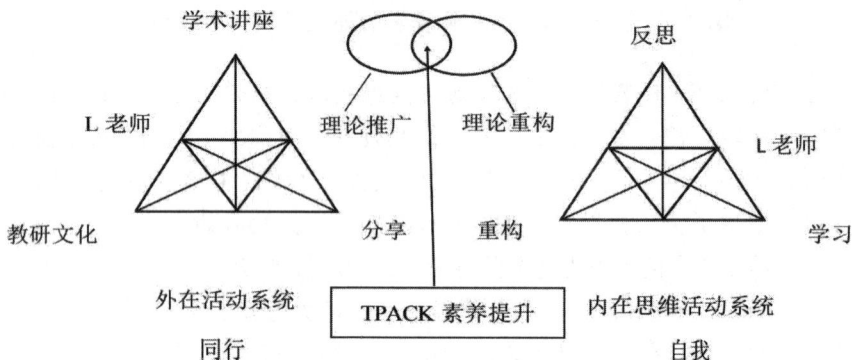

图 4-5　幼儿教师 TPACK 素养发展习俗化阶段学习活动

根据列昂捷夫的概念，活动系统可以分为外在的实践活动和内在的思维活动，两者具有相同的结构，是可以相互转化的。L 老师参加省领航杯基本功大赛以后，T 市教育局为了推广她的成功经验，让她给同行做了 3 次学术讲座，这迫使 L 老师重新反思自己的教学设计，思考保教活动和信息技术之间的联系，在这个过程中，她在实践中生成的知识不断得到丰富、完善和重构，在理论和实践不断碰撞的过程中，TPACK 素养不断得到发展。

第四节　结论与启示

一、实践活动是幼儿教师 TPACK 素养养成的源泉

这里的实践活动包括幼儿教师职前的学习活动，职后的日常保教实践以及和其 TPACK 素养提升相关的教学教研实践活动。这些活动具有整体性、建构性、开放性和阶段性等特征。

幼儿教师的 TPACK 素养的养成过程是在 TPACK 意识指导下主动获取 TPACK 知识，并在反复实践的过程中形成 TPACK 能力，最终形成整合的 TPACK 素养

的过程。在 TPACK 素养形成的过程中，职前阶段的分科学习、职后阶段的教育实践、个体的自主学习活动是 TPACK 素养形成的核心要素，在"个体学习—班级授课—集体研讨—个人反思"等实践活动中 TPACK 素养不断发展自己的。

二、矛盾冲突是幼儿教师 TPACK 素养养成的动力

任何一种理论的形成都需经历"质疑——分析——建模——检验——实施——反思——固化"循环过程。在这种反复循环的过程中，对现有实践经验的质疑是拓展性学习的开始。由于任何一个活动系统都处于不断变化的社会环境中，活动系统与外部环境之间，活动系统之间以及活动系统内部会不可避免地产生各种矛盾，这些矛盾是驱动活动系统改革的动力。在幼儿教师 TPACK 素养形成和发展的过程中，最初的矛盾来自自身思维活动系统内部，即要不要适应当今信息化时代的要求；具备一定的信息技术与课堂教学设计融合的知识和能力、克服思想上的障碍之后，才正式进入到教学实践活动的学习系统中。在实践教学活动系统中，当下能支持幼儿教师 TPACK 发展的重要平台就是参加高水平的信息化教学能力大赛，此时幼儿教师的信息技术整合教学的能力已经不仅仅局限于教学课件的制作，而是更高水平的信息技术和教学内容的深度融合，于是新一轮的拓展性学习又开始了。此阶段的矛盾冲突是幼儿园教师群体在 TPACK 素养方面的不同认知，经过"授课——反馈——修改——再授课"，幼儿教师在不断寻求高效的教学实践过程中，不断发展、完善 TPACK 素养。

三、实践共同体是幼儿教师 TPACK 素养形成的必要条件

维果茨基认为，任何理论（概念）的形成都有一个过程。理论的形成不是一次性完成的，也不是学习者凭空想象的，而是伴随着学习者认知结构的转化而发生的，在这个过程中，除了不同成员之间的互动之外，还需要中介工具的介入。日常概念的形成与科学概念（理论）之间有一定的差距，这个差距就是"最近发展区"，超越这一差距的手段就是日常概念与科学概念之间的互动而产生的新概念。恩格斯托姆则发展了他的观点，认为在拓展性学习过程中，理论（概念）的形成与发展不是发生在个体层面的演化，而是一种集体认知，是集体跨越"最近发展区"的过程。

四位获奖的幼儿教师均表示，自己 TPACK 素养的发展，除了个人具有很强的学习动机、不断主动学习之外，来自幼儿园系统、小学系统、教育行政部门系统、大学学前教育系统一次又一次的评价反馈起了很大的助推作用，是他们将一个 TPACK "门外汉"逐步培养成此领域的专家。

四、实践性知识是幼儿教师 TPACK 素养发展的标志

根据活动理论模型,幼儿教师 TPACK 实践性知识的习得是其 TPACK 素养养成的重要标志。D 老师和 L 老师都是 T 市艺术幼儿园的老师,由于 D 老师在信息技术方面的优势,幼儿园里日常的多媒体维护工作都由她来承担,她不仅自己参与了省市信息技术大赛,而且是 L 老师 TPACK 知识形成过程中的重要的推手。D 老师、S 园长、教育局相关领域专家在活动设计环节的指导与反馈,最终促成了 L 老师的成长。这种多方的外部介入(反馈)与幼儿园教研组内成员之间的不断协商和沟通(中介),最终达成了 L 老师对信息技术整合保教活动设计的新理解新认识,从而形成能够指导实践情境的 TPACK 实践性知识。这种知识通过教研活动不断得到固化、成型,又通过个人不断的实践、反思、重构逐步发展。

第五节 本章小结

本章共分五小节,由研究设计、研究结果、讨论与分析、结论与启示、小结五部分构成,主要以现象学教育学和扎根理论方法论为指导,聚焦一线幼儿教师的生活史,借鉴社会文化活动理论,探究幼儿教师 TPACK 素养内生机制,为第六章开发幼儿教师 TPACK 素养课程奠定基础。本章主要解决了如下问题:

1. 明确了幼儿教师 TPACK 素养养成的研究设计

质性研究对于研究田野、研究对象、研究方法、研究过程和研究的信度和效度都有独特的要求。基于此,在第一节研究设计部分,详细叙述了选择两所幼儿园作为研究田野的原因,对两所幼儿园的基本情况作了详细介绍;对四位幼儿教师作为研究对象的典型性进行了详细分析;介绍了本章的主要研究方法和研究过程;阐释了本章使用质性研究的信度和效度问题。

2. 解读了幼儿教师 TPACK 素养的养成故事

文本分析发现,研究者发现 4 位个案老师的 TPACK 素养养成离不开两个阶段,即职前培养和职后学习(校本培训,自主学习)。但是由于生活经历不同,他们 TPACK 素养养成的故事各不相同。Z 老师的 TPACK 素养养成的关键事件主要有:无奈选择学前教育专业;参与省创新创业项目;大胆的尝试;学位论文答辩受挫;错失省"三好学生"评选;顺利找到工作;重拾继续研究 TPACK 的信心;成功尝试;喜获信息化教学大赛一等奖。L 老师 TPACK 素养养成的关键事件主要有:迫于无奈:保教实践中使用 PPT;参与大赛:教学设计与信息技

术的初相遇；寻找外援：保教活动设计与信息技术的逐步融合；经验推广；教学设计与信息技术的深度融合。D 老师 TPACK 素养发展的关键事件主要有：兴趣 VS 家庭：TPACK 素养发展之基；屡次获奖：专业自信逐步增强；合作磨课：TPACK 素养持续发展。W 老师 TPACK 素养养成的关键事件有：艰难探索：信息技术学习的先行者；善于学习：信息技术与学科知识融合探路者；领航同行：信息技术与学科教学融合的专家。

3. 探究了幼儿教师 TPACK 素养的内生机制

本研究使用扎根理论等研究方法，探究了幼儿教师 TPACK 素养的生成机制。研究发现，幼儿教师 TPACK 素养的养成需经历"内化、转化、外化和习俗化"过程。内化阶段主要聚焦 TPACK 态度的形成；转化阶段关注 TPACK 知识的习得；外化阶段主要体现为 TPACK 能力的形成；习俗化阶段表征为 TPACK 素养的养成。据此，本研究认为：实践活动是幼儿教师 TPACK 素养养成的源泉；认知冲突是幼儿教师 TPACK 素养养成的动力；实践共同体是幼儿教师 TPACK 素养养成的必要条件；实践性知识是幼儿教师 TPACK 素养养成的重要标志。

第五章　幼儿教师 TPACK 素养课程开发

本章以"格兰特·威金斯"的逆向课程设计理论为指导，以幼儿教师 TPACK 素养评估指标体系为纲要，结合幼儿教师 TPACK 素养的内生机制，开发了幼儿教师 TPACK 素养养成课程体系，并分析、评价了课程实施效果。

第一节　幼儿教师 TPACK 素养养成课程开发的现实需求

一、人工智能教育能促进幼儿身心发展

国内有学者研究发现，幼儿是当今社会的"数字原住民"，他们时刻生活在信息化环境中，对智能手机、平板电脑等信息技术和设备具有极强的学习能力，对信息技术的领悟能力和掌握的熟练程度远远超过成人[①]。信息技术应用于幼儿保育活动，可以实现教学内容动态化，复杂内容简单化，可以增强教学环境的真实性、丰富性，促进幼儿主动性和创造性的发展[②]。在国外，ICT（Information and Communication Technology）已经成为幼儿园教育中强大、有效的、创造性的工具，可以丰富幼儿的经验，尤其是对视觉艺术感悟力的培养方面[③]。有研究指出，ICT 对于幼儿的语言、社会化、合作能力、智力发展均具有积极的影响作用。

二、现代信息技术在学前教育领域应用广泛

信息技术（人工智能技术）赋能学前教育，主要体现在利用信息化手段进行园所管理，利用数字资源辅助教师教学，利用信息化平台开展家园共育等[④]。

[①]　张嘉楠. 基于生态学视角的学前儿童信息素养培养研究 [J]. 西北成人教育学院学报，2017，(2)：104-109.

[②]　邢西深，许林 .2.0 时代的学前教育信息化发展路径探究 [J]. 中国电化教育，2019(05)：49-55.

[③]　Lisa Terreni. Adding New Possibilities for Visual Art Education in Early Childhood Settings: The Potential of Interactive Whiteboards and ICT [J]. Australasian Journal of Early Childhood, 2010（4）：90~94.

[④]　邢西深，许林 .2.0 时代的学前教育信息化发展路径探究 [J]. 中国电化教育，2019(05)：49-55.

史力玲等在《人工智能在幼儿教育领域应用的研究热点与展望》一文具体列举了人工智能在学前教育领域的三方面的应用：1. 在保教方面，集中于人工智能机器人在自主教学、辅助教学和教学管理中的应用[①]。在教学过程中，作为智能教具，人工智能机器人可以为幼儿园教师进行教学活动，为教学提供"学情分析"，为幼儿发展评估提供数据来源[②]；2. 在保育方面体现为开发智能玩具，有效提高幼儿的兴趣与参与性，有助于幼儿在仿真情境中获得知识经验以及愉悦的体验[③]。3. 在安全管理方面，基于生物特征识别技术、智能视频监控技术、物联网技术和云计算技术的智能管理设置逐渐应用于幼儿园的安全管理、家园沟通以及幼儿园的教学管理中[④]。

三、幼儿教师 TPACK 素养发展现状堪忧

和其他教育阶段相比，学前教育信息化研究从理论到实践都是教育信息化的短板，是教育信息化的薄弱环节[⑤]。刘洋（2018）调查了 15 个地市级的 163 所幼儿园，样本覆盖城市、农村各个地区。研究发现，幼儿教师计算机基本操作比较好，能熟练操作基本的办公软件，但整合文字、图片、视频、音频处理软件操作等能力较为薄弱；使用电子白板、投影仪的机会相对较少，操作不够熟练；多媒体课件制作、使用的能力有待提高[⑥]。孟亚玲等（2019）指出，当前部分幼儿教师存在信息意识不足、信息伦理道德薄弱、信息能力缺乏，远远不适应当前信息化社会的现状以及幼儿园开展信息化教学的要求[⑦]。

四、幼儿教师信息技术应用能力提升培训效果欠佳

2011 年 9 月 5 日，教育部、财政部联合下发《关于实施幼儿教师国家级培训计划的通知》，幼儿教师国家级培训计划就此启动。2014 年 5 月，教育部印发《中小学教师信息技术应用能力标准（试行）（教师〔2014〕3 号），明确指出教师应具备的信息技术应用能力，包括技术素养、计划与准备、组织与管理、评

---

① 杨洋，陈维维 . 人工智能技术发展及其在幼儿教育中的应用 [J]. 软件导刊，2020，19(02)：132-135.

② 吴晓如，王政 . 人工智能教育应用的发展趋势与实践案例 [J]. 现代教育技术，2018，28(02)：5-11.

③ 史力玲，杨凤，王欢 . 人工智能在幼儿教育领域应用的研究热点与展望——基于 CiteSpace 知识图谱分析 [J]. 早期教育，2021(43)：7-10.

④ 史力玲，杨凤，王欢 . 人工智能在幼儿教育领域应用的研究热点与展望——基于 CiteSpace 知识图谱分析 [J]. 早期教育，2021(43)：7-10.

⑤ 邢西深，许林 .2.0 时代的学前教育信息化发展路径探究 [J]. 中国电化教育，2019(05)：49-55.

⑥ 刘洋 ."互联网＋教育"新常态下学前教育教师信息技术素养调查与提升策略研究 [J]. 中国电化教育，2018(07)：90-96.

⑦ 孟亚玲，魏继宗 . 幼儿园教师信息素养发展策略研究 [J]. 延安大学学报（社会科学版），2016，38(5)：122-125.

估与诊断、学习与发展五个维度，幼儿园参照此标准执行 ①。自此，幼儿教师的信息化能力培训被省市各级教育行政部门提上了议事日程，培训的内容包括信息化意识（教育信息化重要性认识、学习信息技术的态度、信息道德和安全的意识）、信息化知识与技能（计算机与网络基本原理、系统及常用办公软件操作、网络获取与信息交流、现代教学媒体使用、多媒体素材获取与处理）、运用信息技术教学的能力（多媒体课件设计与开发、幼儿教育课件实施案例、多媒体辅助幼儿教育活动研究）等 ②。但培训效果却不尽如人意，有学者调查了浙江省各地区 500 多名一线幼儿教师的信息化素养发展后指出，幼儿教师信息化意识较强，但信息化知识薄弱、信息化技能较低、运用信息技术教学的能力较弱 ③。

从上述分析可见，信息技术在幼儿保育保教中的优势非常明显，信息技术在幼儿保育保教中应用广泛，但幼儿教师信息素养发展水平堪忧，培训效果欠佳，开发幼儿教师 TPACK 素养提升课程具有非常重要的现实意义。

第二节　幼儿教师 TPACK 素养养成课程开发研究设计

一、课程设计原则

1. 学习者为中心的原则。幼儿教师 TPACK 素养养成课程授课对象为幼儿教师。根据成人学习理论，成人具有自己独特的学习节奏、以内在动机为学习的主要动力，所以课程设计应充分尊重他们的学习特征，课程设计要充分调动他们学习的积极性、主动性和创造性。

2. 情境性原则。TPACK 素养是信息技术 2.0 时代教师的基本专业素养，这种素养的养成和实际教学情境密切相关。课程设计应基于幼儿保教保育五大领域内容情境，充分运用案例分析的方法，以更加切合成人学习的特征。

3. 目标导向性原则。逆向课程设计强调课程目标的设计排在第一位，对于幼儿 TPACK 素养的养成来说，其基础是信息技术课程、学科内容课程和学科教学法课程。因此，幼儿教师应先理解这三门学科的课程目标，然后逐步理解三门学科整合后的课程目标。鉴于一线幼儿教师在大学期间已经通过分科课程的方式习得了上述三门课程的核心概念，具备了一定的信息技术应用技能，所以课

① 中华人民共和国教育部. 教育部办公厅关于印发《中小学教师信息技术应用能力标准（试行）》的通知（教师厅〔2014〕3 号）[EB/OL]. http://www.moe. gov.cn/srcsite/ A10/s6991/ 201405/ t20140528 _ 170123.html.

② 刘珍芳. 幼儿教师信息素养培养模式研究 [J]. 中国电化教育，2011，5：106-108.

③ 刘珍芳. 幼儿教师信息素养现状调查与分析 [J]. 现代教育技术，2010，20（11）：64-68.

程设计目标主要是整合的课程目标。

二、课程设计思路

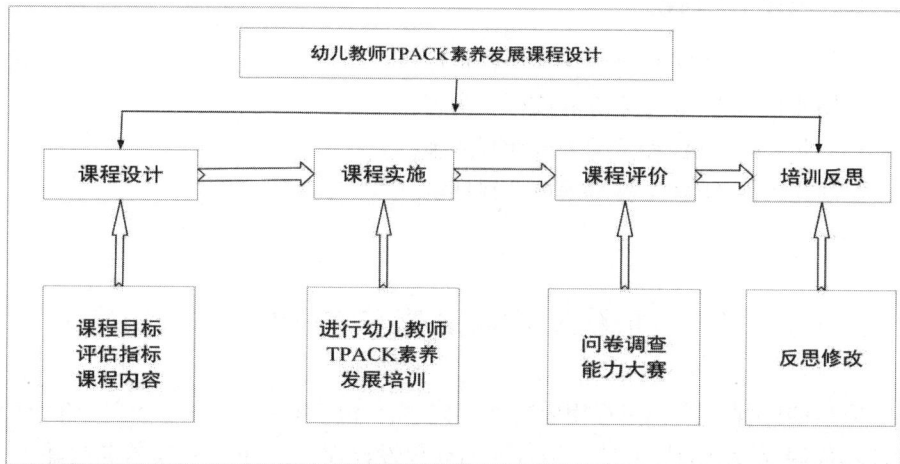

图 5-1 研究思路

首先，根据逆向课程设计理论和 TPACK 素养评估指标体系，设计幼儿教师 TPACK 素养养成课程目标，然后围绕目标设计达成目标的具体课程内容（教和学的任务）。

其次，选择部分幼儿园实施 TPACK 素养养成课程。

再次，培训结束后，设计《幼儿教师 TPACK 素养培训效果访谈提纲》，开展基于 TPACK 素养的幼儿教师保教活动信息化教学设计大赛，评估培训效果。

最后，根据培训反馈结果修改、完善课程设计，进行新一轮培训。

三、课程设计方法

1. 逻辑演绎法

以逆向课程设计为理论基础，根据前文建构的 TPACK 素养理论模型和评估指标体系，设计幼儿教师 TPACK 素养养成课程内容体系。

2. 半结构式访谈法

设计《幼儿教师 TPACK 素养培训效果访谈提纲》，在培训课程前、培训课程后、信息化教学设计大赛后对参加培训的幼儿教师 TPACK 素养的发展现状进行深度访谈，分析、评估培训效果。

3. 行动研究法

选择某幼儿园，开展为期两个学期的行动研究，要求每位参与培训的幼儿教师在培训结束后提交信息化保教活动设计方案和保教课堂实录，进一步分析、评估幼儿教师 TPACK 素养养成课程的实施效果。

四、课程设计主要内容

1. 幼儿教师 TPACK 素养养成课程目标；
2. 幼儿教师 TPACK 素养养成课程内容；
3. 幼儿教师 TPACK 素养养成课程实施；
4. 幼儿教师 TPACK 素养养成课程评价。

第三节 幼儿教师 TPACK 素养养成课程体系构建

完整的课程，除了应有相应的教学内容，还应有科学的教学设计。TPACK 素养养成课程设计同样如此。结合逆向课程设计理论，TPACK 素养养成课程开发主要分以下几个步骤进行：确定课程开发原则、研制课程目标、明确课程评估标准、筛选课程内容（学习任务）等。

核心层：TPACK 素养养成课程的核心目标是发展幼儿教师的 TPACK 素养，其核心内容包括 TPACK 态度、TPACK 知识和 TPACK 能力，即具有使用信息技术开展保教活动的积极态度，掌握运用信息技术开展幼儿五大领域保教活动的知识，运用信息技术开展幼儿五大领域保教活动的能力。

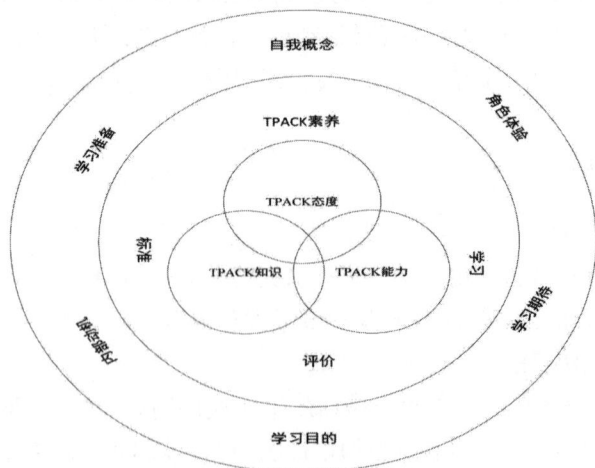

图 5-2 幼儿教师 TPACK 素养养成课程模型

活动层：基于幼儿教师 TPACK 素养养成目标，设计课程目标、评估指标和学习任务。

一、制定课程目标

2011 年 10 月，教育部发布了《教育部关于大力推进教师教育课程改革的意见》，同年还颁布了《教师教育课程标准 (试行)》。文件强调要"创新教师教育课程理念，优化教师教育课程结构，改革课程教学内容，改进教学方法和手段"。[①] 开发 TPACK 素养养成课程，发展教师 TPACK 素养，与教育部倡导的教师教育改革精神是一致的。

1 信息化保教意识

信息意识是指人们对信息的敏感力、观察力、分析判断力以及信息创新力，是信息运用主体面对问题情境产生信息需求，形成信息动机，进而寻求信息资源，并形成信息兴趣的动力与源泉[②]。幼儿教师的信息化意识是指教师对信息技术应用于保教活动重要性的认识程度。具有信息化教学意识的幼儿教师，能够清楚地认识到自己所处的信息环境，积极主动地获取和掌握对自身专业发展有用的信息，能够将幼儿保教活动对自身的现实要求和挑战转化为内在的信息需求，利用信息技术手段解决幼儿保教中的问题，并能敏锐地感受到信息技术对于幼儿保教活动的隐含价值。

（1）了解信息技术对幼儿保教的影响；

（2）主动学习信息技术服务幼儿保教活动；

（3）积极运用信息技术改变幼儿保教课堂实践；

（4）主动运用信息技术服务自身专业发展；

（5）充分了解信息技术对幼儿保教的重要价值。

2. 信息化保教知识

信息化保教知识主要涉及"信息技术知识""学科内容知识"和"学科教学知识"三者的整合，这是 TPACK 素养养成课程的三个核心要素，主要包括：

（1）幼儿保教内容专业软件使用技术；

（2）幼儿保教内容呈现技术；

（3）幼儿保教内容理解技术；

（4）幼儿保教内容拓展技术；

（5）信息化保教计划与准备；

（6）信息化保教组织与实施；

---

① 中华人民共和国教育部 . 教育部关于大力推进教师教育课程改革的意见 [EB/OL]. http://www.moe.gov.cn/ srcsite/A10/s6991/201110/t20111008_145604.html.

② 万超 . 小学创客课程开发与实践研究 [D]. 长春：东北师范大学，2019.

（7）信息化保教评估与诊断；

（8）信息化保教资源整合知识；

（9）信息化保教迁移知识；

（10）信息化保教协作知识

（11）信息化学生发展知识。

3. 信息化保教能力

信息化保教能力主要指幼儿教师利用现代信息技术优化课堂保教活动的能力，主要指利用信息技术讲授内容、引导学生、演示方法、启发、测试和评价等活动的应用能力。

（1）选用合适的信息技术和资源研发幼儿保教课程；

（2）使用信息技术辅助实施保教计划，评价幼儿保教质量；

（3）尊重信息技术产权和伦理规范；

（4）成为信息技术专家，具有指导同行的领导力。

二、明确课程评估标准

为了提高课程实施质量并达成课程目标，需要对课程设计和实施过程进行完整的评价。"评价"是指通过采取一定的措施，判断学习目标实现的程度。评价方法应运用多种评价手段，例如课堂观察、对话、测验、实践性活动评定等。逆向课程设计中的评价指向理解，而只有通过多种评估方法，才能唤起并达成理解。同时，学习者达成学习目标的水平是不同的，而不同的水平则代表了不同的学习质量。所以，要判断学习者对课程目标的掌握程度，需要研发课程评估标准。只有采用多种评价工具，才能准确评定幼儿教师是否达到了 TPACK 态度、知识和能力等培养目标。

1. 自我评价量表

自我评价量表主要用于幼儿教师在学习之后，对照自己的实际情况自我评估，主要用于自己反思改进。

表 5-1 幼儿教师 TPACK 素养评价量表

一级指标	二级指标	三级指标			
		不合格	合格	良好	优秀
TPACK 态度	信息化保教意识				
	信息化保教效能感				
	信息化保教发展观				
	信息化保教专业领导力				

续表

一级指标	二级指标	三级指标			
		不合格	合格	良好	优秀
TPACK 知识	信息技术知识				
	学科教学内容知识				
	学科法知识				
	教学法知识				
	整合技术的学科教学内容知识				
	整合技术的学科教学法知识				
	整合技术的学科教学知识				
TPACK 能力	设计水平				
	应用水平				
	伦理水平				
	精通水平				

2. TPACK 保教活动设计评估量表

课程评价主要考查幼儿教师最后提交的信息化教学大赛设计案例，主要供教师教育培训者使用，主要评价指标如下：

表 5-2 "领航杯"江苏省信息化教学能手大赛评比标准 [①]

评审指标	分值	评比标准
教学设计	25 分	1. 教学目标明确，内容安排合理； 2. 教学策略得当，符合本学段学生认知规律和教学实际； 3. 合理选用信息技术、数字资源和信息化教学设施，优化教学过程。
教学实施	50 分	1. 现代技术手段与传统手段融合自然、恰当、充分； 2. 有效借助信息技术设备，技术操作熟练，自然； 3. 充分使用已有数字资源或自行开发的数字资源； 4. 教学互动流畅、合理，针对学习反馈及时调整教学策略 5. 教学组织与方法得当，教学活动学生参与面广，突出学生主体地位，关注学生个体差异； 6. 教师态度认真严谨、仪表端庄、语言规范、表达流畅、亲和力强
教学效果	15 分	1. 有效达成教学目标，运用信息解决教学重难点问题或完成教学任务的作用突出，效果明显； 2. 课堂教学真实有效、气氛好，切实提高学生学习兴趣和学习能力。

---

① 江苏省教育网络安全和信息化领导小组办公室. 关于印发 2018 年"领航杯"江苏省信息化教学能手大赛细则的通知 [EB/OL]. https://www.szcu.edu.cn/upload/article/files/90/b5/ 11b87cf14757a760c-64de3c8a89f/ bc110eaa-6ada-4cc6-935a-eeaead64b847.pd.

续表

评审指标	分值	评比标准
特色创断	10分	1. 个性化教学平台操作方便，效率高，可复制性强； 2. 创断性教学特色鲜明，与传统教学手段相比教学效果明显。

从表 5-2 可以看出，信息化教学大赛是幼儿教师充分展现其 TPACK 能力的重要载体，很多幼儿教师的 TPACK 素养也在大赛得到提升。所以，课程实施效果评估环节可采取信息化保教活动案例评选的方式，综合考查参训教师的学习效果。

三、筛选课程内容

课程内容是 TPACK 素养养成课程的主体。根据逆向课程开发理论，课程内容的选择应基于课程目标，下面对课程内容的框架和具体内容进行详细解读。

1. 课程内容框架

表 5-3　幼儿教师 TPACK 素养养成课程内容

课程模块	课程教学目标	学习内容
TPACK 态度模块	信息化保育道德	网络安全、网络伦理专题
	信息化保育意识	幼儿保育信息化重要性专题
	信息化专业发展观	幼儿教师信息化专业发展专题
TPACK 知识模块	信息技术知识	信息检索技巧专题
		信息搜集与处理专题
		教学媒体与资源应用专题
		常见软件工具应用专题
		课件设计与开发专题
		网络课程设计与开发专题
	幼儿保育保教整合信息技术的学科内容知识	信息化幼儿教育五大领域内容知识专题
	幼儿保育保教整合信息技术的教学法知识	信息化幼儿教育五大领域教学法知识专题
	幼儿保育保教整合技术的学科教学知识	信息化幼儿教育五大领域整合技术的学科教学知识专题
TPACK 能力模块	幼儿信息化保育活动设计大赛	综合设计模块

2. 课程内容解析

（1）TPACK 态度维度。主要通过学术讲座让参与培训的幼儿教师了解信息技术与幼儿保教课程的整合是学前教育信息化的必然趋势。首先，更新幼儿保教活动理念。以计算机为核心的现代信息技术能够整合各种教学信息资源、各种教学媒体，丰富了教师和幼儿的选择，充分体现了以人为本的教育思想。其次，丰富了幼儿保教内容。在现代信息技术与幼儿教育五大领域课程整合的过程中，大量的教学辅助信息，图形、动画、图像、声音和视频的整合，极大地丰富了幼儿保教内容。同时，方便了幼儿成长档案的收集与管理。再次，优化了幼儿保教环境。基于信息技术创设的学习环境情境性强，并且具有交互的特性，可以极大地激发幼儿的学习兴趣。系列讲座可以激发幼儿教师学习 TPACK 知识，提升自身的 TPACK 能力的愿望，只有内心愿意学习，才能产生最大的学习效益。

（2）TPACK 知识维度。根据幼儿保教的实际情况，有关 TPACK 知识的维度主要包括信息技术知识、信息化幼儿教育五大领域内容知识、信息化幼儿教育五大领域教学法知识和信息化幼儿教育五大领域整合技术的学科教学知识专题四个方面。专题讲座的实施则需要信息技术教师和幼儿园学科方向的教师共同合作，实施培训。

（3）TPACK 能力维度。考查幼儿教师 TPACK 能力的最重要的方式是进行课堂教学展示。以江苏省为例，每年江苏省教育厅都举办"领航杯"江苏省信息化教学能力大赛，此赛事主要考查幼儿教师的信息化素养、应用能力水平以及信息技术与教育教学融合创新的能力，信息化教学大赛要求幼儿教师和幼儿将平板电脑作为信息技术的主要载体，在这样的比赛中，幼儿教师通过实践探索，可以综合运用所学的 TPACK 知识。

第四节　幼儿教师 TPACK 素养成课程案例

一、培训对象

为了验证幼儿教师 TPACK 素养养成课程实施效果，2021 年 2 月—2021 年 12 月，研究者在 T 市某艺术幼儿园开展了 TPACK 素养养成课程实施试点。因受疫情影响，培训采取线上线下融合的方式进行，培训持续将近 2 个学期，共 10 次。试点结束后，要求参加培训的幼儿园教师提交一份信息化保教活动设计案例。

二、培训模式

组建 TPACK 素养培训工作坊，工作坊活动分为以下四个阶段：

第一，动机激发阶段（内化阶段）。此阶段的主要任务是激发幼儿教师掌握 TPACK 知识动机；认识幼儿也是数字原住民；形成运用信息技术助推自身专业发展的意识。

第二，概念化阶段（转化阶段）。接受培训的幼儿教师集中学习幼儿保教领域可能运用的信息技术知识，采用头脑风暴研讨信息技术与幼儿保教活动整合的案例。这一阶段强调成人学习经验对于幼儿教师 TPACK 素养养成的作用。

第三，巩固阶段（外化阶段）。此阶段的主要任务是通过小组协作，开展信息化教学设计，并在日常保教活动中运用多媒体辅助教学。此应用遵循了成人教育理论中的"成人的学习是为了当下的应用，他们更愿意处理现实真实情境中的问题"的原理。

第四，反思阶段（习俗化阶段）。此阶段的主要任务是对学习过程中存在的问题，例如课程目标的设计是否合适，评估证据设计是否合理，课程学习任务的设计是否符合幼儿保育保教的特征等问题进行反思，修改完善课程设计，为下一轮培训做好准备。

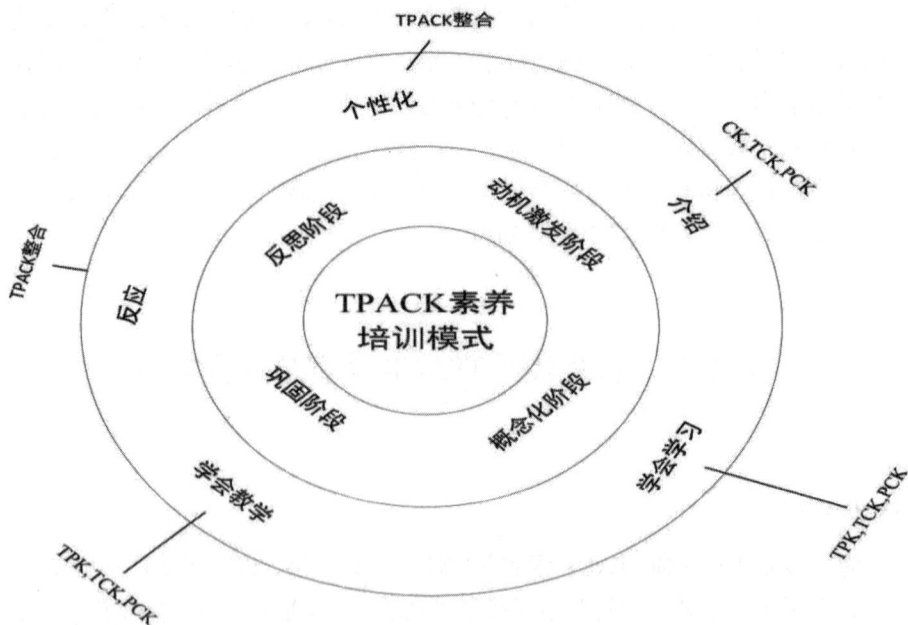

图 5-3 幼儿教师 TPACK 素养培训模式

三、培训过程

TPACK 素养理论框架下的培训课程由态度、知识和技能三大模块组成，这些模块之间相互关联，共同构成完整的 TPACK 素养培训课程内容体系。根据选定的课程内容，在课程实施阶段以 TPACK 理念为指导，以设计信息化保教活动案例为载体，重点提升幼儿教师应用信息技术优化幼儿保教活动能力。

表 5-4　具体培训阶段分析

学习阶段	学习时间	主要活动	数据收集
理论学习阶段	6 周	TPACK 态度和知识专题学习	问卷调查（前测）半结构式访谈（第 1 次）
案例设计阶段	6 周	TPACK 能力发展	说课微课录制访谈（第 2 次）
案例应用阶段	6 周	TPACK 素养发展	说课微课录制访谈（第 3 次）
案例推广阶段	6 周	TPACK 素养发展	问卷调查（后测）访谈（第 4 次）

培训实施主要分为四个阶段：理论学习阶段、案例设计阶段、案例应用阶段和案例推广阶段。在理论学习阶段，主要完成表 5-4 的 TPACK 态度、知识方面的专题培训，组织教师讨论幼儿保教活动中有效使用现代信息技术的方法、介绍优秀的幼儿保教 TPACK 设计案例；在案例设计阶段，幼儿教师选择幼儿五大领域教学中的教学内容，综合运用教学法知识、信息技术知识，进行保教活动设计。案例应用阶段，将设计好的 TPACK 活动案例逐一在课堂实施，组织教师集体研讨，反思教学设计的不足之处，提出改进意见；在案例推广阶段，组织区域性公开教学观摩，推广优秀 TPACK 活动案例，带动区域内幼儿教师学习、应用 TPACK 知识，提高 TPACK 素养。

四、培训效果

为准确了解参加培训前幼儿教师 TPACK 素养水平，研究者使用幼儿教师 TPACK 素养发展现状问卷（附录 7），在培训开始前和结束后分别对参与培训的幼儿教师实施了问卷调查，然后统计分析自我认同度达到"比较符合"以上的百分比。

（一）幼儿教师 TPACK 素养测评量表统计分析

1. 培训前后幼儿教师 TPACK 态度发展

（1）幼儿教师对信息化保教重要性认识对比分析

表 5-5 表明，培训前，54.45% 幼儿教师认为信息技术是优化活动环境、促进幼儿学习的重要手段；44.59 的幼儿教师认为整合技术的学科教学能力是衡量优秀幼儿教师的重要指标之一；43.09% 的幼儿教师认为在保教活动中采用多媒体辅助教学，能有效提高保教效果；57.45% 的幼儿教师认为具备较好的整合技术的教学能力，会提升自己的教学成就感；40.58% 的幼儿教师认为信息技术的合理运用能够提高家园共育的成效。

表 5-5 培训前幼儿教师对信息化保教重要性的认识

题目 ＼ 选项	完全不符合	比较不符合	有点不符合	不确定	有点符合	比较符合	完全符合
信息技术是构成幼儿学习、活动环境的重要组成部分	0%	1.68%	5.31%	7.3%	31.27%	32.18%	22.27%
整合技术的学科教学能力是衡量优秀教师的重要指标	0.42%	1.68%	10.12%	5.43%	37.77%	27.36%	17.23%
在教学中是否采用整合技术的方法，对幼儿教育教学的效果大有不同	0.42%	1.26%	6.34%	7.35%	41.37%	23.76%	19.33%
具备较好的整合技术的教学能力，会提升教学成就感	0.42%	1.26%	6.49%	5.3%	29.11%	38.12%	19.33%
信息技术的运用能提升家园共育的效果	0.42%	1.26%	7.89%	15.64%	34.21%	21.25%	19.33%

表 5-6 表明，培训后，82.28% 的幼儿教师都认为信息技术是优化活动环境、促进幼儿学习的重要手段；84.72% 的幼儿教师认为整合技术的学科教学能力是衡量优秀幼儿教师的重要指标之一；82.72% 的幼儿教师认为保教活动中采用多媒体辅助教学，能有效提高保教效果；83.94% 的幼儿教师认为具备较好的整合技术的教学能力，会提升自己的教学成就感；82.72% 的幼儿教师认为信息技术的合理运用能够提高家园共育的成效。

表 5-6　培训后幼儿教师对信息化保教重要性的认识

题目 ＼ 选项	完全不符合	比较不符合	有点不符合	一般	有点符合	比较符合	完全符合
信息技术是构成幼儿学习、活动环境的重要组成部分	0.78%	0.78%	6.78%	0.22%	9.08%	34.22%	48.06%
整合技术的学科教学能力是衡量优秀教师的重要指标	0.89%	0.78%	0.44%	4.98%	8.19%	33.22%	51.5%
在教学中是否采用整合技术的方法，对幼儿教育教学的效果大有不同	1%	0.55%	0.22%	6.42%	9.08%	34.77%	47.95%
具备较好的整合技术的教学能力，会提升教学成就感	0.78%	0.55%	0.11%	5.87%	8.75%	35.66%	48.28%
信息技术的运用能提升家园共育的效果	1%	0.44%	0%	7.64%	8.19%	34.44%	48.28%

从上述数据可见，培训后，幼儿教师对信息技术在幼儿保教中的运用重要性认知有了非常明显的提高，对于"信息技术是优化活动环境、促进幼儿学习的重要手段"重要性程度认知提高了 27.43%；对于"整合技术的学科教学能力是衡量优秀教师的重要指标"重要性程度认知提高了 40.13%；对于"保教活动中采用多媒体辅助教学，能有效提高保教效果"的重要性认知程度提高了 39.63%；对于"具备较好的整合技术的教学能力，会提升教学成就感"重要性认识程度提高了 26.49%；对于"信息技术的合理运用能提升家园共育的成效"题项重要性认识程度提高了 47.14%。

（2）幼儿教师的信息化保教实践行为对比分析

从表 5-7 可以看出，培训前，在幼儿教师的信息化保教行为方面，37.13% 的幼儿教师认为自己能主动运用信息技术提升幼儿保教活动效果；36.97% 的幼儿教师认为自己能主动探索和运用信息技术变革幼儿学习方式；55.59% 的幼儿教师能利用网络与同行交流、分享专业发展信息；另有 57.42% 的幼儿教师在幼儿保育保教活动中善于运用新技术辅助教学。这些数据表明培训前大概有 50% 的幼儿教师在幼儿保育保教活动中使用信息技术，而绝大部分幼儿教师更愿意使用传统的保育保教模式。

表 5-7 培训前幼儿教师信息化保教实践

题目＼选项	完全不符合	比较不符合	有点不符合	不确定	有点符合	比较符合	完全符合
主动运用信息技术提升幼儿保教活动效果	0%	2.52%	10.22%	20.03%	30.09%	28.31%	8.82%
主动探索和运用信息技术变革幼儿学习方式	0.84%	2.78%	8.21%	31.71%	19.75%	31.09%	5.88%
利用网络与同行交流、分享专业发展信息	0.42%	1.68%	7.36%	8.19%	26.77%	38.36%	17.23%
在幼儿保教活动中善于运用新技术辅助教学	0.84%	3.36%	12.20	9.65%	16.53%	44.81%	12.61%

从表 5-8 可以看出，培训后，86.16% 的幼儿教师认为自己能主动运用信息技术辅助教学提高幼儿保教活动效果；81.28% 的幼儿教师认为自己能主动探索和运用信息技术变革幼儿学习方式；86.72% 的幼儿教师能利用网络与同行交流、分享专业发展信息；另有 78.85% 的幼儿教师在幼儿保教活动中善于运用新技术辅助教学。这些数据表明，培训后，大约有 80% 的幼儿教师在幼儿保教活动中使用信息技术。

表 5-8 培训后幼儿教师的信息化保教实践

题目＼选项	完全不符合	比较不符合	有点不符合	不确定	有点符合	比较符合	完全符合
主动运用信息技术提升幼儿保教活动效果	1.33%	0.66%	0.22%	5.54%	6.09%	35.55%	50.61%
主动探索和运用信息技术变革幼儿学习方式	1.11%	0.78%	0.22&%	6.87%	9.75%	32.89%	48.39%
利用网络与同行交流、分享专业发展信息	1.11%	0.66%	0.11%	5.54%	6.87%	33.23%	53.49%
在幼儿保教活动中善于运用新技术辅助教学	0.78%	0.66%	0.33%	6.87%	12.51%	34%	44.85%

对比表 5-7 和表 5-8 数据可见，培训后，幼儿教师对于在幼儿保教中运用信息技术的重要性程度的认知和实践行为有了明显的提高，"主动运用信息技术提升幼儿保教活动效果"的实践行为提高了 44.31%；"主动探索和运用信息技术变革幼儿学习方式"实践行为增加了 31.13%；"利用网络与同行交流、分享专业发展信息"的实践行为提高了 31.13%；"在幼儿保教活动中善于运用新技术辅助教学"的实践行为提高了 21.43%。

（3）幼儿教师信息化保教教学效能感对比分析

从表 5-9 可见看出，培训前，49.15% 的幼儿教师认为自己的信息技术水平不足以满足幼儿保教活动需要；60.14% 的幼儿教师希望在使用信息技术遇到困难时得到专业人员的支持和帮助；34.82% 幼儿教师认为自己的信息技术水平在同行中处于领先地位；56.75% 的幼儿教师认为在幼儿保教实践中善于运用信息技术能有效提升自己的社会地位；31.16% 的幼儿教师认为通过与幼儿、家长和同事合作，可以提升幼儿的数字化学习能力。

表 5-9　参训前幼儿教师的信息化保育教学效能感

选项\\题目	完全不符合	比较不符合	有点不符合	不确定	有点符合	比较符合	完全符合
担心自己的信息技术水平不足以满足幼儿保教活动需要	8.82%	2.1%	17.65%	15.09%	7.18%	10.92%	38.23%
希望在使用信息技术遇到困难时得到专业人员的帮助	0.42%	1.26%	2.01%	6.81%	29.36%	34.09%	26.05%
在幼儿保教活动中善于运用信息技术能有效提升自己的社会地位	0.84%	3.36%	7.13%	11.36%	20.56%	38.68%	18.07%
信息技术水平在同行中处于领先地位	2.94%	8.4%	17.39%	12.86%	23.58%	27.26%	7.56%
通过与幼儿、家长和同事合作，可以提升幼儿的数字化学习能力	1.78%	10.33%	18.1%	12.09%	26.54%	16.95%	14.21%

从表 5-10 可见看出，培训后，55.26% 的幼儿教师认为自己的信息技术水平不足以满足幼儿教育教学活动需要；81.29% 的幼儿教师希望在使用信息技术遇到困难时得到专业人员的支持和帮助；76.19% 的幼儿教师认为善于运用信息技术能有效提升自己的社会地位；67.11% 的幼儿教师认为自己的信息技术水平在同行中处于领先地位；78.29% 的幼儿教师认为自己能通过与幼儿、家长和同事合作，提升幼儿的数字化学习能力。

表 5-10　培训后幼儿教师的信息化保教效能感

选项\\题目	完全不符合	比较不符合	有点不符合	一般	有点符合	比较符合	完全符合
担心自己的信息技术水平不足以满足幼儿保教活动需要	4.21%	5.32%	14.95%	16.39%	3.88%	30.68%	24.58%
希望在使用信息技术遇到困难时得到专业人员的帮助	1.22%	0.55%	0.33%	6.64%	9.97%	31.12%	50.17%

续表

选项 / 题目	完全不符合	比较不符合	有点不符合	一般	有点符合	比较符合	完全符合
在幼儿保教活动中善于运用信息技术能有效提升自己的社会地位	1.11%	0.55%	1.11%	10.3%	10.74%	32.34%	43.85%
信息技术水平在同行中处于领先地位	0.89%	0.22%	2.21%	16.06%	13.51%	28.35%	38.76%
通过与幼儿、家长和同事合作，提升幼儿的数字化学习能力	0.78%	0.33%	8.19%	12.07%	10.74%	29.9%	48.39%

对比表 5-9 和表 5-10 数据可见，培训后，幼儿教师在幼儿保教活动中运用信息技术的效能感有了明显提高，"担心自己的信息技术水平不足以满足幼儿保教活动的需要"比例降低了 1.39%；"希望在使用信息技术遇到困难时得到专业人员的帮助"的认知增加了 21.15%；"在幼儿保教活动中善于运用信息技术能有效提升自己的社会地位"的认知提高了 21.44%；"信息技术水平在同行中处于领先地位"教师提高了 32.29%；"通过与幼儿、家长和同事合作，提升幼儿的数字化学习能力"的行为增加了 47.13%。

访谈数据也佐证了问卷结论。绝大部分参与培训的幼儿教师运用信息技术辅助幼儿保教活动的意识显著增强。

"在进入工作坊之前，我认为我自己没有足够信息技术的知识基础。参训一段时间后，我可以自豪地说，我可以根据需要将所学习的信息技术知识运用到我的保教课堂中。今后，我还会继续学习，相信今后会有更大的发展。"（M20210617 访谈）

"最初我对最新的智能设备和软件总是敬而远之。这门课程使我对希沃教学一体机硬件和软件有了比较清晰的认识。我现在可以用希沃教学一体机辅助我的保教活动，虽然我还不是太专业，但是我掌握了基本的用法。"

（F20210617 访谈）

2. 培训前后幼儿教师 TPACK 知识发展对比

（1）学科内容知识

表 5-11 表明，参训前，63.6% 的幼儿教师都认为具备幼儿口头语言发展、书面语言发展、文学语言发展等方面的语言领域知识；67.87% 的幼儿教师认为自己具备自我意识发展、人际交往发展、社会适应发展等社会领域知识；70.9% 的幼儿教师认为自己具备幼儿科学探究、数学认知等科学领域知识；66.16% 的幼儿教师认为自己具备幼儿动作发展、生活习惯和自理能力、心理健康发展等健

康领域知识；64.7% 的幼儿教师认为自己具备幼儿艺术感受、艺术表达等艺术领域知识。

表 5-11 培训前幼儿教师学科内容知识掌握情况

题目 \ 选项	完全不符合	比较不符合	有点不符合	不确定	有点符合	比较符合	完全符合
具备幼儿语言教育领域方面的知识	0%	2.1%	5.13%	10.84%	18.34%	50.99%	12.61%
具备幼儿社会教育领域方面的知识	0.42%	1.26%	4.17%	8.86%	17.42%	55.69%	12.18%
具备幼儿科学教育领域方面的知识	0.42%	1.68%	8.17%	10.74%	18.09%	50.82%	10.08%
具备幼儿健康教育领域方面的知识	0%	1.68%	6.10%	6.96%	17.45%	55.66%	10.5%
具备幼儿艺术领域方面的知识	0.42%	1.26%	6.39%	7.06%	20.17%	54.62%	10.08%

表 5-12 表明，培训后，85.6% 的幼儿教师都认为具备幼儿口头语言发展、书面语言发展、文学语言发展等方面的语言领域知识；87.6% 的幼儿教师认为自己具备自我意识发展、人际交往发展、社会适应发展等社会领域知识；86.16% 的幼儿教师认为自己具备幼儿科学探究、数学认知等科学领域知识；86.82% 的幼儿教师认为自己具备幼儿动作发展、生活习惯和自理能力、心理健康发展等健康领域知识；86.38% 的幼儿教师认为自己具备幼儿艺术感受、艺术表达等艺术领域知识。

表 5-12 培训后幼儿教师学科内容知识掌握情况

题目 \ 选项	完全不符合	比较不符合	有点不符合	一般	有点符合	比较符合	完全符合
具备幼儿语言教育领域方面的知识	0.78%	0.33%	0.11%	4.87%	8.31%	35.66%	49.94%
具备幼儿社会教育领域方面的知识	0.78%	0.33%	0.11%	3.77%	7.42%	36.88%	50.72%
具备幼儿科学教育领域方面的知识	0.66%	0.33%	0.11%	4.65%	8.08%	35.66%	50.5%
具备幼儿健康教育领域方面的知识	0.66%	0.33%	0%	4.43%	7.75%	34.66%	52.16%
具备幼儿艺术领域方面的知识	0.78%	0.11%	0.33%	4.21%	8.19%	35.88%	50.5%

对比表 5-11 和 5-12 数据可见，培训后，幼儿教师学科内容知识发展明显。幼儿教师对于"具备幼儿语言教育领域方面的知识"认可度增加了 22%；"具备

幼儿社会教育领域方面的知识"认可度增加了 19.73%;"具备幼儿科学教育领域方面的知识"认可度增加了 15.26%;"具备幼儿健康教育领域方面的知识"认可度增加了 20.66%;"具备幼儿艺术领域方面的知识"认可度增加了 21.68%。

（2）教学法知识

表 5-13 表明,培训前,43.74% 的幼儿教师都认为自己完全掌握了幼儿主题活动的设计、指导、实施和评价的知识;52.16% 的幼儿教师认为自己完全掌握了幼儿区域和游戏活动的设计、指导、实施和评价的知识;42.66% 的幼儿教师认为自己完全掌握了幼儿生活活动的设计、指导、实施和评价的知识;56.1% 的幼儿教师认为自己完全掌握了幼儿游戏活动的设计、指导、实施和评价的知识。

表 5-13 培训前幼儿教师教学法知识掌握情况

选项 题目	完全 不符合	比较 不符合	有点 不符合	不确定	有点 符合	比较 符合	完全 符合
具备幼儿主题活动的设计、指导、实施和评价的知识	0%	2.1%	7.12%	9.69%	37.35%	35.34%	8.4%
具备幼儿区域活动的设计、指导、实施和评价的知识	0%	2.1%	6.20%	9.77%	29.77%	42.5%	9.66%
具备幼儿生活活动的设计、指导、实施和评价的知识	0.42%	1.68%	6.57%	10.66%	38.01%	33%	9.66%
具备幼儿游戏活动的设计、指导、实施和评价的知识	0.42%	1.68%	10%	10.17%	21.63%	47.28%	8.82%

表 5-14 表明,培训后,85.49% 的幼儿教师都认为自己完全掌握了幼儿主题活动的设计、指导、实施和评价的知识;86.15% 的幼儿教师认为自己完全掌握了幼儿区域和游戏活动的设计、指导、实施和评价的知识;86.16% 的幼儿教师认为自己完全掌握了幼儿生活活动的设计、指导、实施和评价的知识;86.04% 的幼儿教师认为自己完全掌握了幼儿游戏活动的设计、指导、实施和评价的知识。

表 5-14 培训后幼儿教师教学法知识掌握情况

选项 题目	完全 不符合	比较 不符合	有点 不符合	一般	有点 符合	比较 符合	完全 符合
具备幼儿主题活动的设计、指导、实施和评价的知识	0.66%	0.22%	4.32%	9.08%	8.31%	35.66%	49.83%

题目 \ 选项	完全不符合	比较不符合	有点不符合	一般	有点符合	比较符合	完全符合
具备幼儿区域活动的设计、指导、实施和评价的知识	0.66%	0.22%	0.22%	4.65%	8.08%	36.43%	49.72%
具备幼儿生活活动的设计、指导、实施和评价的知识	0.66%	0.33%	0.22%	4.21%	8.42%	35.99%	50.17%
具备幼儿游戏活动的设计、指导、实施和评价的知识	0.78%	0.22%	0%	4.43%	8.53%	36.21%	49.83%

对比表 5-13 和 5-14 数据可见，培训前后幼儿教师教学法知识发展明显。幼儿教师对于"幼儿主题活动的设计、指导、实施和评价的知识"认可度增加了 41.75%；"幼儿区域和游戏活动的设计、指导、实施和评价的知识"认可度增加了 33.99%；"幼儿生活活动的设计、指导、实施和评价的知识"认可度增加了 43.5%；"幼儿游戏活动的设计、指导、实施和评价的知识"认可度增加了 29.94%。

（3）信息技术知识

表 5-15 表明，培训前，44.93% 的幼儿教师认为自己完全掌握了多媒体课件的设计与制作技术；51.89% 的幼儿教师认为自己完全掌握了获取网络教学资源的技术与方法；45.86% 的幼儿教师认为自己完全掌握了计算机／网络技术／人工智能等知识；33.25% 的幼儿教师认为自己完全掌握了信息化教学设计的理论与方法。

表 5-15 培训前幼儿教师信息技术知识掌握情况

题目 \ 选项	完全不符合	比较不符合	有点不符合	不确定	有点符合	比较符合	完全符合
具备多媒体课件的设计与制作技术	0%	5.04%	13.35%	13.96%	22.71%	36.53%	8.4%
具备获取网络教学资源的方法与技术	0%	2.52%	12.67%	19.68%	13.23%	42.65%	9.24%
具备计算机／网络技术／人工智能等知识	0%	3.36%	9.03%	19.54%	22.20%	39.56%	6.3%
具备信息化教学设计的理论与方法	0%	6.3%	13%	22.71%	24.73%	25.69%	7.56%

表 5-16 表明，培训后，78.18% 的幼儿教师认为自己完全掌握了多媒体课件的设计与制作技术；79.29% 的幼儿教师认为自己完全掌握了获取网络教学资源

的方法与技术；76.53% 的幼儿教师认为自己完全掌握了计算机 / 网络技术 / 人工智能等知识；73.64% 的幼儿教师认为自己完全掌握了信息化教学设计的理论与方法。

表 5-16 培训后幼儿教师信息技术知识掌握情况

选项 题目	完全 不符合	比较 不符合	有点 不符合	一般	有点 符合	比较 符合	完全 符合
多媒体课件的设计 与制作技术	0.66%	0.44%	0.55%	7.53%	12.62%	34.77%	43.41%
获取网络教学资源 的方法与技术	0.66%	0.55%	0.55%	7.31%	11.63%	34.44%	44.85%
计算机 / 网络技术 / 人工智能等知识	0.66%	0.55%	0.66%	8.64%	12.96%	35.11%	41.42%
信息化教学设计的 理论与方法	0.66%	0.33%	1%	9.3%	14.73%	33.22%	40.42%

对比表 5-15 和表 5-16 数据可见，培训后，幼儿教师教学法知识发展明显。幼儿教师对于"多媒体课件的设计与制作技术"认可度增加了 33.25%；"获取网络教学资源的方法与技术"认可度增加了 27.4%；"计算机 / 网络技术 / 人工智能等知识"认可度增加了 30.67%；"信息化教学设计的理论与方法"认可度增加了 40.39%。

（4）学科教学知识

表 5-17 表明，培训前，62.16% 的幼儿教师认为自己能恰当组织幼儿一日生活与教育活动，帮助幼儿成长；63.53% 的幼儿教师认为自己了解幼儿学习过程中遇到的困难，并能选择恰当的教学策略帮助其克服困难；66.31% 的幼儿教师认为自己能根据幼儿的身心发展规律，设计自主、合作、探究活动；69.38% 的幼儿教师认为自己能使用多种教学方法开展幼儿五大领域保育保教活动。

表 5-17 培训前幼儿教师学科教学知识掌握情况

选项 题目	完全 不符合	比较 不符合	有点 不符合	不确定	有点 符合	比较 符合	完全 符合
能恰当组织幼儿一日 生活与教育活动，帮 助幼儿成长	0.84%	2.52%	10.32%	15.73%	8.42%	52.92%	9.24%
了解幼儿学习过程中 遇到的困难，并能选 择恰当的教学策略帮 助其克服困难	0%	2.52%	8.21%	15.74%	9.78%	55.55%	7.98%

题目＼选项	完全不符合	比较不符合	有点不符合	不确定	有点符合	比较符合	完全符合
根据幼儿的身心发展规律，设计自主、合作、探究活动	0.84%	2.1%	12.41%	8.6%	9.74%	55.81%	10.5%
能使用多种教学方法开展幼儿五大领域保育保教活动	1.26%	0.84%	7.62%	12.55%	8.35%	59.3%	10.08%

表 5-18 表明，培训后，85.94% 的幼儿教师认为自己能恰当组织幼儿一日生活与教育活动，帮助幼儿成长；85.38% 的幼儿教师认为自己了解幼儿学习过程中遇到的困难，并能选择恰当的教学策略帮助其克服困难；85.17% 的幼儿教师认为自己能根据幼儿的身心发展规律，设计自主、合作、探究活动；85.72% 的幼儿教师认为自己能使用多种教学方法开展幼儿五大领域保教活动。

表 5-18 培训后幼儿教师学科教学知识掌握情况

题目＼选项	完全不符合	比较不符合	有点不符合	不确定	有点符合	比较符合	完全符合
能恰当组织幼儿一日生活与教育活动，帮助幼儿成长	0.78%	0.22%	0.11%	4.54%	8.42%	35.22%	50.72%
了解幼儿学习过程中遇到的困难，并能选择恰当的教学策略帮助其克服困难	0.78%	0.22%	0.22%	3.88%	9.52%	34.99%	50.39%
根据幼儿的身心发展规律，设计自主、合作、探究活动	0.78%	0.22%	0.11%	4.54%	9.19%	35.11%	50.06%
能使用多种教学方法开展幼儿五大领域保育保教活动	0.78%	0.33%	0.11%	4.76%	9.3%	34.67%	51.05%

对比表 5-17 和 5-18 数据可见，培训后，幼儿教师学科教学知识有了明显发展。幼儿教师对于"能恰当组织幼儿一日生活与教育活动，帮助幼儿成长"认可度增加了 23.78%；"了解幼儿学习过程中遇到的困难，并能选择恰当的教学策略帮助其克服困难"认可度增加了 21.85%；"根据幼儿的身心发展规律，设计自主、合作、探究活动"认可度增加了 18.86%；"能使用多种教学方法开展幼儿五大领域保育保教活动"认可度增加了 16.34%。

访谈文本的分析也佐证了此结论。绝大部分幼儿教师表示，在大学阶段，学科内容知识、教学法知识和信息技术知识等都是分科教学，他们对于分科学习的知识考试之后遗忘得很快，这可以解释为什么参训前的问卷幼儿教师对学科内容知识、教学法知识、信息技术知识等认可度并不高。

"我们在大学阶段都学习了大量的课程，如"幼儿活动设计与指导""学前教育社会学""幼儿教师综合艺术实践""艺术鉴赏""感觉统合训练""环境教育""0-3 岁婴幼儿保育与教育""信息技术基础"，这些课程学完后，由于没有实践巩固，很快就遗忘了，到工作时就感觉自己在大学没有学到真正的能用于保教实践的知识。"（L20210207 访谈）

通过"信息化幼儿保教五大领域内容知识专题、信息化幼儿保教五大领域教学法知识专题、信息化幼儿保教五大领域学科教学知识专题"培训后，通过一系列真实的教学设计的研讨，被遗忘的分科知识得到重现，成为教师个人实践性知识的一部分。

"通过专题学习和研讨，我们以前学习的课程知识和幼儿保教实践可以很好地融合在一起。"（L20210207 访谈）

3. 培训前后幼儿教师 TPACK 能力发展水平对比

（1）设计水平

表 5-19 表明，培训前，65.42% 的幼儿教师认为自己能利用 Word、PPT 等软件设计幼儿活动计划、课程安排；64.84% 的幼儿教师认为自己能利用有声读物、音频或视频开展辅助保教活动；53.62% 的幼儿教师认为自己能恰当地将信息技术应用于晨间活动等一日生活各环节。

表 5-19 培训前幼儿教师 TPACK 能力设计水平

选项 \ 题目	完全不符合	比较不符合	有点不符合	不确定	有点符合	比较符合	完全符合
利用 Word、PPT 等软件设计幼儿活动计划、课程安排	0%	1.26%	5.21%	9.5%	18.62%	49.45%	15.97%
利用有声读物、音频或视频开展辅助保教活动	0.42%	2.1%	3.41%	10.04%	19.2%	50.55%	14.29%
恰当地将信息技术应用于晨间活动等一日生活各环节	0%	2.1%	7.2%	8.77%	28.32%	41.01%	12.61%

表 5-20 表明，培训后，94.61% 的幼儿教师认为自己能利用 word、ppt 等软件设计幼儿活动计划、课程安排；85.16% 的幼儿教师认为自己能利用有声读物、音频或视频开展辅助保教活动；85.83% 的幼儿教师认为自己能恰当地将信息技术应用于晨间活动等一日生活各环节。

表 5-20　培训后幼儿教师 TPACK 能力设计水平

选项 题目	完全 不符合	比较 不符合	有点 不符合	一般	有点 符合	比较 符合	完全 符合
利用 word、ppt 等软件设计幼儿活动计划、课程安排	0.89%	0.33%	0.22%	5.32%	8.64%	34%	60.61%
利用有声读物、音频或视频开展辅助保教活动	0.66%	0.55%	0.11%	4.21%	9.3%	34.66%	50.5%
恰当地将信息技术应用于晨间活动等一日生活各环节	0.66%	0.33%	0%	4.76%	8.42%	32.67%	53.16%

对比表 5-19 和表 5-20 数据可见，培训后，幼儿教师 TPACK 能力设计水平有了明显发展。幼儿教师对于"利用 word、ppt 等软件设计幼儿活动计划、课程安排"认可度提高了 29.77%；"利用有声读物、音频或视频开展辅助保教活动"认可度提高了 20.32%；"对恰当地将信息技术应用于晨间活动等一日生活各环节"认可度提高了 32.21%。

（2）应用水平

表 5-21 表明，参训前，47.11% 的幼儿教师认为自己能使用电子白板等信息化设备与幼儿开展有效互动；53.71% 的幼儿教师认为自己能选择合适游戏软件支持幼儿学习；55.19% 的幼儿教师认为自己能选用网络上的幼儿教学资源、素材及优秀案例，并将其作为幼儿保教的内容；57.96% 的幼儿教师认为自己能利用计算机软件对幼儿保教的数字资源进行二次加工；64.73% 的幼儿教师认为自己能运用信息技术帮助幼儿学习新知识，实现保教目标；48.06% 的幼儿教师认为自己能恰当使用技术帮助幼儿解决学习中的难点；68.9% 的幼儿教师认为自己能利用信息技术记录幼儿活动过程及作品，并进行评价和展示。

表 5-21　培训前幼儿教师 TPACK 能力应用水平

选项 题目	完全 不符合	比较 不符合	有点 不符合	不确定	有点 符合	比较 符合	完全 符合
使用电子白板等信息化设备与幼儿开展有效互动	0.71%	3.28%	4.76%	23.14%	21%	36.48%	10.63%
选择合适游戏软件支持幼儿学习	0.84%	2.94%	21.37%	26.47%	15.19%	45.73%	7.98%
选用网络上的幼儿教学资源、素材及优秀案例，并将其作为幼儿保教的重要内容	0.84%	2.94%	4.2%	18.91%	17.92%	50.15%	5.04%

续表

题目＼选项	完全不符合	比较不符合	有点不符合	不确定	有点符合	比较符合	完全符合
利用计算机软件对幼儿保教的数字教育资源进行二次加工	1.68%	3.36%	7.36%	14.07%	15.57%	48.3%	9.66%
运用信息技术帮助幼儿学习新知识、实现保教目标	0.42%	1.68%	7.01%	12.74%	17.63%	52.12%	12.61%
恰当使用技术帮助幼儿解决学习中的难点	0.42%	2.52%	8.3%	16.91%	23.79%	38.82%	9.24%
利用信息技术记录幼儿活动过程及作品，并进行评价和展示	0.84%	5.88%	0.11%	26.47%	10.52%	60.92%	7.98%

表 5-22 表明，培训后，75.75% 的幼儿教师认为自己能使用电子白板等信息化设备与幼儿开展有效互动；77.63% 的幼儿教师认为自己能选择合适游戏软件支持幼儿学习；81.39% 的幼儿教师认为自己能选用网络上的幼儿教学资源、素材及优秀案例，并将其作为幼儿保教的重要内容；78.74% 的幼儿教师认为自己能利用计算机软件对幼儿保教的数字教育资源进行二次加工；83.05% 的幼儿教师认为自己能运用信息技术帮助幼儿学习新知识、实现保教目标；77.41% 的幼儿教师认为自己能恰当使用技术帮助幼儿解决学习中的难点；83.05% 的幼儿教师认为自己能利用信息技术记录幼儿活动过程及作品，并进行评价和展示。

表 5-22 培训后幼儿教师 TPACK 能力应用水平

题目＼选项	完全不符合	比较不符合	有点不符合	不确定	有点符合	比较符合	完全符合
使用电子白板等信息化设备与幼儿开展有效互动	0.89%	0.44%	0.89%	8.64%	13.4%	33.78%	41.97%
选择合适游戏软件支持幼儿学习	0.66%	0.55%	1%	7.86%	12.29%	33.22%	44.41%
选用网络上的幼儿教学资源、素材及优秀案例，并将其作为幼儿领域教育教学活动重要内容	0.66%	0.55%	0.11%	5.32%	10.96%	34.44%	47.95%

续表

选项 题目	完全 不符合	比较 不符合	有点 不符合	不确定	有点 符合	比较 符合	完全 符合
利用计算机软件对幼儿保育保教的数字教育资源进行二次加工	0.66%	0.55%	0.66%	7.64%	11.74%	34.44%	44.3%
运用信息技术帮助幼儿学习新知识、实现保教目标	0.66%	0.55%	0.11%	4.76%	10.85%	33.11%	49.94%
恰当使用技术帮助幼儿解决学习中的难点	1%	0.22%	0.33%	7.42%	13.62%	33.11%	44.3%
利用信息技术记录幼儿活动过程及作品，并进行评价和展示	0.66%	0.33%	0.11%	5.32%	10.52%	34.77%	48.28%

对比表 5-21 和 5-22 数据可见，培训后，幼儿教师 TPACK 能力应用水平有了明显发展。幼儿教师对"使用电子白板等信息化设备与幼儿开展有效互动"的认可度提高了 28.64%；"对选择合适游戏软件支持幼儿学习"的认可度提高了 23.92%；"对选用网络上的幼儿教学资源、素材及优秀案例，并将其作为幼儿保教的重要内容"的认可度提高了 26.2%；认可度对"利用计算机软件对幼儿保教的数字教育资源进行二次加工"的认可度提高了 20.78%；"对运用信息技术帮助幼儿学习新知识、实现保教目标"的认可度提高了 18.32%；"对恰当使用技术帮助幼儿解决学习中的难点"的认可度提高了 29.35%；"对利用信息技术记录幼儿活动过程及作品，并进行评价和展示"的认可度提高了 14.15%。

（3）伦理水平

表 5-23 表明，培训前，68.46% 的幼儿教师认为完全认同信息技术的使用要以儿童的健康和安全为本；56.37% 的幼儿教师认为完全认同信息技术使用过程中会有意识向幼儿渗透技术使用的正确观念；69.41% 的幼儿教师认为自己能指导幼儿安全、合法地使用数字资源并保护知识产权；67.93% 的幼儿教师认为自己能指导幼儿使用网络学习时主动抵制网络不良信息。

表 5-23　培训前幼儿教师 TPACK 能力伦理水平

选项 题目	完全 不符合	比较 不符合	有点 不符合	不确定	有点 符合	比较 符合	完全 符合
信息技术的使用要以儿童的健康和安全为本	0%	1.26%	3.17%	9.44%	17.58%	41.66%	26.8%

选项 题目	完全 不符合	比较 不符合	有点 不符合	不确定	有点 符合	比较 符合	完全 符合
信息技术使用过程中会有意识向幼儿渗透技术使用的正确观念	0.84%	3.36%	4.51%	11.88%	23.04%	44.19%	12.18%
指导幼儿安全、合法地使用数字资源并保护知识产权	0.42%	1.68%	5.10%	8.77%	14.63%	50.08%	19.33%
指导幼儿使用网络学习时主动抵制网络不良信息	0.42%	1.68%	9.54%	14.29%	15.69%	51.54%	16.39%

表 5-24 表明，培训后，98.94% 的幼儿教师认为完全认同信息技术的使用要以儿童的健康和安全为本；76.41% 的幼儿教师认为完全认同信息技术使用过程中需有意识向幼儿渗透技术使用的正确观念；77.97% 的幼儿教师认为自己能指导幼儿安全、合法地使用数字资源并保护知识产权；79.07% 的幼儿教师认为自己能指导幼儿使用网络学习时主动抵制网络不良信息。

表 5-24 培训后幼儿教师 TPACK 能力伦理水平

选项 题目	完全 不符合	比较 不符合	有点 不符合	不确定	有点 符合	比较 符合	完全 符合
信息技术的使用要以儿童的健康和安全为本	0.78%	0.33%	0.11%	4.54%	7.31%	32.23%	54.71%
信息技术使用过程中会有意识向幼儿渗透技术使用的正确观念	1.11%	0.22%	0.55%	8.64%	13.07%	31.45%	44.96%
指导幼儿安全、合法地使用数字资源并保护知识产权	1.22%	0.44%	0.66%	7.86%	11.85%	32.23%	45.74%
指导幼儿使用网络学习时主动抵制网络不良信息	1.33%	0.44%	0.55%	7.75%	10.85%	29.79%	49.28%

对比表 5-23 和 5-24 数据可见，培训后，幼儿教师 TPACK 能力伦理意识有了明显提升。幼儿教师"对信息技术的使用要以儿童的健康和安全为本"的认识提高了 30.48%；"对信息技术使用过程中会有意识向幼儿渗透技术使用的正确观念"的认识提高了 20.04%；"对指导幼儿安全、合法地使用数字工具并保护知识产权"的认识提高了 8.56%；幼儿对"指导幼儿使用网络学习时主动抵制网络不良信息"的认识提高了 11.14%。

访谈也发现，培训前，不少幼儿教师对于幼儿使用电子产品辅助学习持否定态度。

"我们以前都认为，幼儿的保教应少用现代信息技术，因此智能产品不断涌入我们幼儿园后，我们只是被动的应对，最初的水平也只停留在制作简单的 PPT，根本不知道 TPACK 知识是什么。即使我们同事参加过省里的信息化技能大赛，课件也都是专业公司帮忙做的。"（W20210207 访谈）

培训后，幼儿教师对于如何适度地使用智能产品辅助幼儿保教活动有了较为清晰的认知。

"我们幼儿园现在使用了智能机器人管理幼儿的入园和离园，我们还使用智慧树平台记录幼儿一日活动。从智慧树平台中，家长每天都会看到孩子在幼儿园的一日表现。这些智能产品在家园沟通、交流与合作方面发挥了积极的作用。"（W20210207 访谈）

（4）精通水平

表 5-25 表明，培训前，63% 的幼儿教师认为自己能利用信息技术为幼儿创造真实的学习体验；66.3% 的幼儿教师认为自己能创造支持幼儿学习的创新性数字学习环境；66.23% 的幼儿教师认为自己能熟练使用信息技术帮助幼儿在真实活动中体验五大领域经验；47.56% 的幼儿教师认为自己能开展灵活、有特色的信息化教学，形成独特的教学风格；38.32% 的幼儿教师认为自己的信息技术水平在同行中处于领先地位。

表 5-25 培训前幼儿教师 TPACK 能力精通水平

题目＼选项	完全不符合	比较不符合	有点不符合	不确定	有点符合	比较符合	完全符合
利用信息技术为幼儿创造真实的学习体验	0.42%	2.1%	6.43%	7.02%	21.04%	48.71%	14.29%
创造支持幼儿学习的创新性数字学习环境	0.56%	3.14%	6.30%	10.68%	13.02%	34.09%	32.21%
熟练使用信息技术帮助幼儿在真实活动中体验五大领域经验	0.73%	5.27%	7.19%	9.57%	11.01%	22.18%	44.05%
开展灵活、有特色的信息化教学，形成独特的教学风格	0.84%	4.2%	10.51%	15.54%	21.34%	38.74%	8.82%
信息技术水平在同行中处于领先地位	2.94%	8.4%	17.29%	12.96%	20.08%	30.76%	7.56%

表 5-26 表明，培训后，79.62% 的幼儿教师认为自己能利用信息技术为幼儿创造真实的学习体验；79.07% 的幼儿教师认为自己能创造支持幼儿学习的创新性数字学习环境；76.85% 的幼儿教师认为自己能熟练使用信息技术帮助幼儿在真实活动中体验五大领域经验；76.85% 的幼儿教师认为自己能开展灵活、有特色的信息化教学，形成独特的教学风格；78.29% 的幼儿教师认为自己的信息技术水平在同行中处于领先地位。

表 5-26 培训后幼儿教师 TPACK 能力精通水平

选项 题目	完全 不符合	比较 不符合	有点 不符合	一般	有点 符合	比较 符合	完全 符合
利用信息技术为幼儿创造真实的学习体验	0.89%	0.22%	0.44%	6.09%	12.74%	34.33%	45.29%
创造支持幼儿学习的创新性数字学习环境	0.89%	0.11%	0.33%	6.64%	12.96%	33.11%	45.96%
熟练使用信息技术帮助幼儿在真实活动中体验五大领域经验	0,66%	0.33%	0.11%	6.53%	11.18%	33.89%	47.29%
开展灵活、有特色的信息化教学，形成独特的教学风格	0.78%	0.22%	1%	8.64%	12.51%	31.89%	44.96%
信息技术水平在同行中处于领先地位	0.89%	0.22%	2.21%	8.19%	12.07%	29.9%	48.39%

对比表 5-25 和表 5-26 数据可见，培训前后幼儿教师 TPACK 能力精通水平有了明显提升。幼儿教师对于"利用信息技术为幼儿创造真实的学习体验"的自信提高了 16.62%；"创造支持幼儿学习的创新性数字学习环境"的自信提高了 12.77%；"熟练使用信息技术帮助幼儿在真实活动中体验五大领域经验"的自信提高了 14.95%；幼儿教师对于"开展灵活、有特色的信息化教学，形成独特的教学风格"的自信提高了 29.29%；幼儿教师对于"信息技术水平在同行中处于领先地位"的自信提高了 39.97%。

总体而言，培训前，J 省 T 市 Y 幼儿园幼儿教师的 TPACK 态度、TPACK 知识和 TPACK 能力各维度的发展只是处于中等水平。幼儿教师对自己是否需要使用信息技术辅助幼儿保教认知不太清晰，对信息技术与幼儿保教融合的重要性认识不足；幼儿教师 TPACK 知识掌握得不够到位；TPACK 能力层面，无论是设计水平、应用水平、伦理水平和精通水平幼儿教师的有待改善和提高。

培训后，J 省 T 市 Y 幼儿园幼儿教师的 TPACK 态度、TPACK 知识和 TPACK 能力各维度的发展水平都有了非常明显的提升。在 TPACK 态度层面，他们对于合理使用信息技术（人工智能产品）服务幼儿保教有了比较清晰的认知，认识到现代信息技术对幼儿保教并非洪水猛兽，只要恰当、合理运用，可以促进幼儿身心健康发展；在 TPACK 知识层面，学科内容知识、教学法知识、信息技术知识和学科教学知识的融合创新程度明显提升；在 TPACK 能力层面，设计水平、应用水平、伦理水平和精通水平维度都有了明显改善。

（二）幼儿教师 TPACK 素养发展教学设计分析

省市信息化教学设计大赛是评估幼儿教师 TPACK 素养养成水平的最佳平台之一。G 老师和 H 老师在幼儿园工作十多年后，经过层层选拔，她们参加 J 省 T 市的信息化教学能力大赛和 J 省幼儿教师"XX 杯"信息化教学大赛，分别荣获一等奖和二等奖。

G 老师信息化教学大赛获奖案例

1. 整体设计过程

教学设计开始之前，G 老师并没有急于从信息化整合入手，而是先学习、解读《幼儿园教育指导纲要》，开展幼儿和教材分析，然后思考可以运用哪些信息技术手段辅助开展保教活动，接着设计评价要点，最后设计相关的活动。

（1）课标分析

《幼儿园教育指导纲要》强调教师要关注幼儿的兴趣与需要，保教活动要尊重幼儿的经验，同时应关注本领域的核心价值，体现学科特点。在日常生活中，G 老师发现班级的孩子整理物品的意识不强，在收拾玩具、材料时会出现随意摆放的现象。《3-6 岁儿童学习与发展指南》要求 4-5 岁儿童"能对事物或现象进行观察比较，发现相同与不同，能尝试进行简单分类、概括"。[1] 结合班级幼儿的实际水平和发展需要，以及科学领域的特点，G 老师从认知、技能、情感态度三个维度设计了本次活动目标：认知目标为"通过观察、比较发现物品在颜色、形状、功能等方面的基本特征"。[2] 技能目标为"根据物品的特征尝试进行分类整理，在观察比较中探索分类的方法"。[3] 情感态度目标为"体验科学探究活动的乐趣，在日常生活中学会给物品进行分类"。[4] 重点在教师有意识引导幼儿学习观察的基本方法，培养幼儿观察与分类能力，支持和鼓励幼儿在游戏化的情境积极动手动脑解决问题。

---

[1] 中华人民共和国教育部. 教育部关于印发《3-6 岁儿童学习与发展指南》的通知 [EB/OL]. http://www. moe. gov.cn/srcsite/A06/s3327/201210/t20121009143254.html.

[2] 同上。

[3] 同上。

[4] 同上。

（2）学情分析

中班幼儿的心理活动水平比小班幼儿有了较大发展，他们在活动中的持久性、目的性和专注性有了明显增强。他们的思维以具体形象性为主，学习主要建立在操作和探索活动中。因此，教师应以幼儿感兴趣的游戏和操作活动为主来开展教学。

（3）教材分析

"根据外部特征、功能、属性等给物体分类"是幼儿园科学教育的重要内容，从分类能力的发展来看，三四岁的幼儿基本能够根据物体的颜色、形状等特征进行分类，四五岁幼儿集中学习按照物体的功能、属性等特点进行分类。本次活动内容"小熊的杂货铺"中既有按照物体的颜色、形状等分类的要求，也要发展幼儿按照物体的功能和属性进行分类的意识和能力，既体现对幼儿已有知识经验的巩固，也促进幼儿分类能力进一步发展。

（4）确定信息技术整合的维度

为实现活动目标，发展幼儿按照物体不同特征分类的能力，本次活动需要准备大量的材料，包括水果、蔬菜、食品、玩具等。但由于许多物品体积较大、难以保存和携带等，用 PPT 的形式来呈现给活动的开展带来了极大的便利。为及时了解幼儿掌握分类的情况，在活动过程中利用了白板教程和投屏功能，既便于即时呈现分类结果，也便于教师及时反馈。为满足幼儿操作性、游戏化的学习特点，本次活动借助希沃一体机中的竞赛游戏软件，极大地增加了活动的趣味性，提高了幼儿的参与性，将活动带入了刺激紧张的情境中，提高了幼儿学习的专注性。

（5）确定大观念的学习要求及主要问题

幼儿园科学领域的核心经验是"探究"，本次活动从课程大观念出发，注重培养幼儿的科学思维和探究精神。在活动最后，教师将分类的话题延伸到日常生活中，请幼儿仔细观察并学会对自己的物品进行分类整理，落脚点放在幼儿自理能力的培养，有效整合了科学与健康领域，注重幼儿全面发展。

（6）明确达成大观念学习要求所需的知识基础

要达成活动目标，幼儿前期需要具备一定的知识经验，如知道各种水果、蔬菜和物品的名称；具有根据物品的外部特征如颜色、形状等对物品进行分类的能力；对电子产品有接触，熟悉平板的简单操作，比如用滑动的方式进行连线、切割等。

（7）评价设计

本次活动评价包括活动过程中的评价和活动结束后的评价。在活动过程中，从幼儿的专注性、参与性和操作过程的正确率来看，活动取得了良好效果。活动结束后，教师发现经过这次集体教学活动，幼儿在日常生活中整理物品时有了更多的分类意识，一些幼儿在游戏中也逐渐体现出分类的能力。

（8）学习活动设计

在学习理解类活动中，教师首先采用故事导入的形式，营造出问题情境——小熊的杂货铺太乱了，该怎么办？接着让幼儿观看 PPT 上的图片，配音以"小熊的口吻"，说出"自己的烦恼"，激发幼儿的参与欲望，同时请幼儿思考"小熊的杂货铺应该怎样整理"，引出本次活动的主题：分类。教师引导幼儿观察画面中的物品，然后提问：杂货铺中物品有哪些种类？该如何摆放？根据幼儿的回答进行反馈。接着进入操作类活动，发给每个幼儿一台与希沃一体机互联的平板，在弹出的界面进行连线，后台自动收集数据。教师将出错的画面投放在大屏幕上，再次引导幼儿思考分类的方法。经过反馈巩固，在确定大部分幼儿明确分类的方法后，活动进入竞赛环节。后台自动为幼儿进行两两匹配，弹出游戏界面。第一轮两两 PK 找出物品中的"蔬菜"；第二轮找出物品中的"衣物"。在游戏中，幼儿的情绪和专注力达到高峰，游戏操作后教师对幼儿的表现进行评价。竞赛结束之后，进入自由探索活动环节，教师提问："小熊的杂货铺里除了蔬菜、衣服，其他物品该如何摆放呢？"多媒体呈现玩具、零食、蔬菜、水果等各种图片，不指定分类方式，请幼儿自行在平板上进行分类。幼儿完成分类游戏后提交，教师在大屏上显示幼儿分好类的作品，请幼儿在同伴前交流分类的方法。最后，在活动延伸环节，教师请幼儿学会制作标签，并在生活中学习整理物品，将教学活动与日常生活进行链接，科学探究与生活自理能力培养相互渗透，体现"整合教育"的理念。

2. 教学设计分析

本次活动将信息技术有效整合在幼儿园科学教育和健康教育中，激发了幼儿的学习热情。提高了目标的达成度，从认知目标的达成来看，活动中运用了多种媒体资源，其中包括视频、图片等，以拟人的口吻进行配音，为幼儿营造了生动而真实的情境，激发了幼儿帮助小熊的意愿，拓展了幼儿的经验，图片和视频对于幼儿理解教学内容起到了较大帮助，提高了认知目标的达成度。从技能目标来看，活动采用游戏竞赛的形式让幼儿进行分类练习，在比赛中，谁正确进行分类就得分高。将需要掌握的技能融入游戏通关中，较好地激发了幼儿的学习热情和专注力，也提高了技能的掌握水平。整个教学活动环节清晰，内容连贯，通过游戏升级的形式，循序渐进地提高了幼儿的分类技能。从情感态度目标来看，整个活动中，幼儿积极性和参与度非常高，每个幼儿随机分配了游戏对手，做得又快又好的获得胜利，提高了他们的自信心，顺利达成了教学目标。执教教师充分肯定了这种融合技术的教学形式，对于教学过程中课件、游戏所发挥的作用感到满意，对幼儿的情感激发也给予了肯定，整个活动环环相扣，层层递进，有效提高了教学质量。

表 5-27 G 老师信息化教学大赛教学设计

活动主题	中班数学：小熊的杂货铺
活动目标	1. 尝试按照物品的基本特征进行分类整理； 2. 在观察比较中探索分类的方法； 3. 体验数学活动的乐趣，感知生活中数学知识的运用。
活动准备	1. 希沃教学一体机、教学课件。 2. 希沃教学平板。 3. 货物架、玩具、图书等操作材料。 4. 记录纸、笔。
活动过程	**1. 谈话导入，引出活动** 师：小熊笨笨最近遇到一件麻烦事，我们一起来听听是什么事？ （出示视频动画，请个别幼儿回答） 师：原来小熊笨笨杂货铺里的东西太多了，想请我们小朋友帮他整理。看看杂货铺里都有哪些东西呢？ （幼儿自由回答） 师：东西又多又乱，我们赶紧想办法整理一下吧，你想到了什么好方法？（如：按颜色……） **2. 游戏互动，感知分类** （1）个别幼儿游戏操作 师：哇，你们真是太棒了，想出了这么多好办法。我们来玩一个游戏，考考小朋友能不能又快又准地找出蔬菜等物品。 （2）全体幼儿游戏操作 教师讲解第二轮游戏规则，全体幼儿两两合作游戏： ①两两 PK 找出物品中的衣物； ②点对一个加分，点错扣分； ③以答对多的获胜。 （游戏操作后师生简单评价） 教师讲解游戏规则，两名幼儿上前操作： ①两两 PK 找出物品中的蔬菜； ②点对一个加分，点错扣分； 以答对多的获胜。 （游戏操作后师生简单评价）

续表

活动主题	中班数学：小熊的杂货铺	
活动过程	**3. 自由探索，尝试分类** （1）尝试分类摆放物品 幼儿人手一个平板，尝试将物品按照分类方法摆放至篮子中。 （幼儿操作，教师巡视） 操作后教师将个别幼儿作品投屏至一体机进行评价。 （2）按分类方法贴标记 师：我们已经把物品进行了分类摆放，为了让小熊笨笨一看就知道物品在哪里，老师还准备了一些图片，你们看是什么？（标记）都有什么标记？谁会把标记送回家的？ （请个别幼儿上前操作，关注及时评价） **4. 生活链接，拓展应用** （1）联系生活，回忆已有经验。 教师小结：在我们的生活中有很多地方用到了分类整理的方法，比如我们家小区里现在就有垃圾分类，不同的垃圾倒到相应的垃圾桶里，这样既卫生又环保。 师：那你们在哪里也见过分类呢？（幼儿回答，教师边出示相应图片） （2）实物操作，拓展生活经验。 教师讲解操作规则： ①5 人一组讨论出分类方法； ②分类将物品摆放至货物架并配以特征标记。 （幼儿操作后教师及时评价） **4. 教师小结，布置任务** 我们可以将分类整理的方法运用到日常生活中，让我们生活的环境变得整洁、有序。	

H 老师信息化教学大赛获奖案例

1. 整体设计过程

教学设计开始之前，H 老师并没有急于从信息化整合入手，而是先对相应的课程标准内容进行解读，开展学情和教材分析，然后再思考可以运用哪些信息技术手段辅助教学，接着设计评价要点，最后设计相关的学习活动。

（1）课标分析

《3-6 岁儿童学习与发展指南》指出："幼儿的科学学习是在探究具体事物和

解决实际问题中，尝试发现事物间的异同和联系的过程。"①在城市里，垃圾分类越来越受到重视，社区里建了越来越多的垃圾分类站。孩子们对垃圾分类有了接触较多，但只有粗浅印象，尚未建立清晰的认知。《指南》中也提到5-6岁幼儿"能通过观察、比较和分析，发现并描述不同种类物体的特征，能制定简单调查计划并执行。初步了解人们的生活与环境的密切关系，知道保护环境的重要性"。②结合幼儿现有水平和知识经验，本次活动目标从认知、技能和情感态度等维度进行表述。认知目标为"知道常见四种生活垃圾的种类，认识其标志"。③技能目标为"能对生活中的垃圾进行正确分类，初步树立环保意识"。④情感态度目标为"积极参与讨论、探究活动，愿意大胆分享自己的观点"。⑤活动的重点是知道常见生活垃圾的四种类型，并能正确分类。教师为实现本次活动目标，通过信息技术手段准备了充足的教学素材，丰富对垃圾的认知，并采取游戏化教学的形式帮助幼儿习得。

（2）学情分析

五六岁幼儿思维仍然以具体形象思维为主，但也出现了抽象逻辑思维的萌芽，他们处于从表象思维向运算思维阶段发展的阶段。观察事物的目的性、标准性、概括性都有了一定的增长，并且出现了有意识地调节自己心理活动的方法。随着他们的不断成长，他们的生活经验越来越丰富，教师可以引导幼儿关注环境、自然与人们生活的密切联系，培养他们保护自然、热爱环境的意识。从活动能力来看，他们更喜欢和同伴一起合作学习，共同协商、倾听和讨论，能更有序、连贯、清楚地讲述。因此，在大班开展《垃圾分类》的科学探究活动，既立足幼儿的生活环境，也符合他们的学习需求，能发展他们适应社会生活的能力。

（3）教材分析

垃圾分类是一个非常具有现实意义和环保教育价值的主题。在幼儿园大班开展的垃圾分类教育活动，主要内容选择了生活垃圾的四种分类方式，在探索、游戏等活动中让幼儿明确不同垃圾的归来，能够正确地进行分类，并能在日常生活中主动、自觉地进行垃圾分类。

（4）确定信息技术整合的维度

为实现活动目标，帮助幼儿尽可能全面了解生活垃圾的分类方式，需要准备大量的生活垃圾材料，由于一些垃圾存在卫生问题和有害性，无法让幼儿直

① 中华人民共和国教育部，教育部关于印发《3-6岁儿童学习与发展指南》的通知［EB/01］http://www.moe.gov.cn/srcsite/Aob/sss9/201210/t20/2/009-143254.html.

② 同上。

③ 同上。

④ 同上。

⑤ 同上。

接开展对具体垃圾进行分类的活动。因此，在教育内容的呈现上就采取了 PPT 的形式来呈现垃圾图片和类型。在给垃圾进行分类的应用环节，采用了希沃一体机中的游戏操作步骤，增加了每个幼儿的积极性和参与性，也能让教师及时了解每个幼儿掌握知识的情况，及时进行反馈。整合信息技术的教育活动，拓宽了教育内容，加强了师幼互动，提高了教学效率。

（5）确定大观念的学习要求及主要问题

大观念是核心素养在学科上的反映，幼儿园科学教育的核心是"探究意识和探究能力，关注人与自然、人与环境的联系"。因此，幼儿需要在问题导向的学习驱动下习得垃圾分类的意识，并掌握生活垃圾分类的方法，萌发保护环境的意识。主要的学习问题有：你知道生活垃圾可以分为哪几种类型吗？你知道垃圾桶上的标志代表着什么吗？你会给不同的垃圾进行分类吗？你能说说你对垃圾进行分类的理由吗？在这些层层递进的问题引领下，幼儿的思维能力、科学意识和语言表达均能得到发展。

（6）明确达成大观念学习要求所需的知识基础

首先，幼儿已经掌握一些基本的分类方法，比如按照物体的颜色、功能、情境等进行分类。其次，幼儿具有丰富的生活经验，能够识别常见生活垃圾的产生和来源。第三，幼儿具有连贯讲述的语言表达能力；第四，熟悉一体机上的触摸方式，能够运用平板进行学习。

（7）评价设计

本次活动评价包括活动过程中的及时反馈和活动结束后的评价总结。在活动过程中，幼儿回答问题的正确性、操作材料时的准确性和学习中的专注力等都是评价幼儿学习质量的依据。在活动结束后，教师可以和家长进行联动，了解幼儿在日常生活中进行垃圾分类的情况，来评价本次活动所产生的真实效果。

（8）学习活动设计

本次活动可分为五个环节。第一个环节是直观形象导入，激发幼儿学习兴趣。教师出示了不同垃圾桶图片，引导幼儿讨论："这是什么？你在哪儿见过？它有什么用？"引出了本次活动的关键内容：垃圾。提问"如果乱扔垃圾会产生什么后果？垃圾该如何分类？"通过开放式提问，促进幼儿思考垃圾分类的重要性。第二个环节学习理解类活动，出示垃圾桶图片，通过系统里的"放大镜功能"和白板教程，帮助幼儿认识垃圾桶的标志和垃圾的类型。采用拟人手法，用讲故事的方式呈现各个垃圾桶里的垃圾类型，满足幼儿形象性思维的学习特点，吸引孩子们的注意力。第三个环节是游戏化操作学习环节，首先是每个幼儿独自在平板上操作，提高幼儿的熟练度，巩固分类知识，接着采用分组竞赛形式，在一体机上进行小组分类比赛，提高学习动机，促进幼儿合作学习。第四步是延伸环节，引导幼儿思考更具探究性的问题："分好类的垃圾去哪里了呢？

他们又会给人们的生活带来哪些变化？"引导幼儿思考人类的活动与自然、环境之间的联系，学会珍惜资源，关心环境。

表 5-28 H 老师信息化教学大赛教学设计

活动主题	大班综合活动：垃圾分类
活动目标	1. 能区分四种常见垃圾并进行正确分类。 2. 懂得垃圾分类的简单方法，初步树立环保意识。 3. 积极参与活动，愿意表达自己的想法。
活动准备	白板、操作板 4 块、操作材料若干
活动过程	**1. 播放视频，导入新知** (1) 播放视频，激发兴趣 师：孩子们，今天老师带来了一段视频，让我们一起来看看吧。 师：视频里都有些什么？（垃圾桶）（分类摆放） 师：孩子们，你们见过这样的垃圾桶吗？你们在哪里见过？知道它们分别有什么作用吗？那垃圾桶是装什么的呢？什么是垃圾呢？ 师总结：脏的或破掉的或者失去价值的东西称之为垃圾。那这些垃圾为何要分类投放呢？ (2) 通过提问，请幼儿讲讲环境保护的重要性 师：分类投放的好处是什么？ 生：可以帮助我们迅速地对每一种垃圾进行处理，减少资源浪费，保护环境……
活动过程	**2. 运用技术，讲解新知** (1) 观察图标，幼儿讲解图标的意义。

活动主题	大班综合活动：垃圾分类
活动过程	师：既然我们小朋友们都不陌生，那请你们讲讲，你们知道它们分别叫什么垃圾桶吗？ 生：可回收垃圾桶、有害垃圾桶、厨余垃圾桶、其他垃圾桶…… （2）观看垃圾桶标志，区分垃圾桶类型 师：可回收垃圾桶上面有个循环标志，那这个标志代表什么意思？有害垃圾桶上面有什么标志，代表什么意思？ （3）智能动画讲解，幼儿了解不同种类垃圾桶的功能 师：小朋友们，接下来让我们一起来认识垃圾桶宝宝的本领吧！ ①蓝宝宝：我是可回收垃圾桶，我收集的垃圾主要包括废纸、塑料、玻璃、金属和布料五大类的垃圾。这些垃圾通过综合处理回收利用，可以减少污染，节省资源哦。 ②红宝宝：小朋友们好！我是有害垃圾桶，含有对人体健康有害的重金属、有毒的物质会对环境造成现实危害或者潜在危害，废弃物都要捡起来放进我肚子里哦。这些垃圾包括电池、荧光灯管、灯泡、水银温度计、油漆桶、部分家电、过期药品、过期化妆品等。这些垃圾一般需要单独回收或填埋处理。

活动主题	大班综合活动：垃圾分类
活动过程	③绿宝宝：嗨，我是厨余垃圾桶，厨房里产生的垃圾都要装在我这里，包括剩菜剩饭、骨头、菜根菜叶、果皮等食品类废物。这类的垃圾经生物技术就地处理堆肥，就可以变成有机肥料供农民伯伯使用哦。但是我有个温馨提示要告诉大家，如果将餐厨垃圾用塑料袋装好放到我这边是不行的，记得将塑料袋另外捡起投放到我的邻居——其他垃圾桶里哦。 ④橙宝宝：小朋友们好！我是其他垃圾桶，我的本领是装除了可回收垃圾之外的砖瓦陶瓷、渣土、卫生间废纸、纸巾等难以回收的废弃物及尘土、食品袋(盒)。这些垃圾常采用卫生填埋的方法有效减少对地下水、地表水、土壤及空气的污染哦。 师：原来每一种垃圾桶标志都代表着不同的意思，那下次我们遇到这种情况知道该如何做吗？那老师来考考你们吧！ **3.平板操作，巩固新知** (1)教师提问，启发思考 师：小朋友们，认识了每个垃圾桶宝宝的本领了，接下来我要考考你们会不会对下面的垃圾进行分类投放。 师：这个上面都有哪些垃圾？看一看，思考一下，这些垃圾都应该投放到哪个垃圾桶呢？请你们去操作一下吧！ (2)讲解规则，幼儿操作 ①5名幼儿为一组，进行分工合作，集中分类；

活动主题	大班综合活动：垃圾分类
活动过程	②教师从旁观摩，并把孩子们的操作结果拍下来上传云端； ③评价游戏结果。 师：好了，现在我们来揭晓答案了！让我们一一来查看你们的答案，看看是否正确。 揭晓答案，反馈学习结果： 废旧饮料瓶、旧易拉罐、旧衣服都属于可回收垃圾； 废旧电池、废旧水银体温计、过期化妆品属于有害垃圾； 香蕉皮、剩饭、茶渣属于厨余垃圾； 青花瓷碗、一次性塑料筷子、食品塑料袋属于其他垃圾。 师：小朋友们，你们分对了吗？看看是否有错误啊？有时候我们往往认为碗是厨房里的用具，就会把它放在厨余垃圾桶里，但这样分是不对的，还要根据它的材质来区别。快，赶紧把不正确的去改正一下吧！ （3）评估反馈，操作巩固 **4. 活动延伸，立德树人** 师：孩子们，除了垃圾分类可以让我们的生活变得更美好，还有哪些做法可以减少污染呢？让我们一起保护地球家园，共创美好世界吧

2. 教学设计分析

本活动将信息技术整合到幼儿园科学教育活动中，取得了非常好的教学效果。从活动目标来看，目标建立在幼儿学习的最近发展区中，指向性和操作性较高；从幼儿表现的反馈来看，目标的达成度较好；从活动的内容来看，选取了垃圾分类的主题，与城市儿童的生活息息相关，既能促进幼儿对垃圾分类的了解，学会分类投放垃圾，也能萌发环保理念。加入信息技术，使得教师出示的垃圾类型较丰富，教学内容得以拓展。如"化妆品""药品""农药瓶"等不适宜幼儿直接接触的物品，通过电子图片的形式呈现给孩子，使他们明确有害垃圾的种类。在活动环节的设计中，教师加入了游戏和操作的形式，极大地激发了幼儿的学习兴趣，提高了幼儿的学习热情。在云端数据中，教师能实时了解幼儿学习的水平，及时对学习结果进行反馈，提高了教学质量，使得教师的指导更有针对性。因此将信息技术有效整合在幼儿园教育中，能够帮助教师更好地呈现教学内容，了解幼儿学习效果，增加游戏互动，提高教学质量。

从上述教学设计案例可见，两位老师都基本掌握了智能白板的基本功能，能将学科内容知识（社会知识、数学知识等领域知识）、信息技术知识（视频、动画）、教学法知识（提问法、演示法、操作法、游戏法等）有机融合在一起，同时能根据幼儿的身心发展规律，运用希沃一体机的游戏功能，设计了竞赛的环节，有效地达成了保教目标。

第五节　本章小结

本章主要包括五个小节，由现实需求、研究设计、幼儿教师 TPACK 素养课程体系构建、幼儿教师 TPACK 素养课程案例、小结组成。主要研究结论有：

1. 构建了幼儿教师 TPACK 素养养成课程体系

本研究开发了幼儿教师 TPACK 素养养成课程体系，为幼儿教师养成 TPACK 素养提供了参考性的框架。TPACK 素养养成课程体系主要包括 5 个模块：课程开发原则、课程模型、课程目标、课程评估标准、课程内容（学习任务）等。

（1）课程开发原则主要有学习者为中心的原则、情境性原则和目标导向原则；

（2）课程模型包括核心层和活动层两个部分。TPACK 素养养成课程的核心目标是发展幼儿教师的 TPACK 素养，其核心内容包括 TPACK 态度、TPACK 知识和 TPACK 能力，即具有使用信息技术开展保育活动的积极态度、掌握运用信息技术开展幼儿五大领域保教活动的知识、运用信息技术开展幼儿五大领域保教活动的能力。活动层则是指基于幼儿教师 TPACK 素养养成目标，设计课程目标、评估标准和学习任务活动。

（3）课程目标主要包括信息化保教意识、信息化保教知识和信息化保教能力；

（4）课程评估标准包括幼儿教师 TPACK 素养测评量表、信息化保教活动设计评估量表和信息化保教活动课件设计标准，主要用于他评。

（5）课程内容主要包括 TPACK 态度模块、TPACK 知识模块和 TPACK 能力模块。

2. 探索了幼儿教师 TPACK 素养养成精准培训模式

本研究在构建课程体系的基础上，探索了幼儿教师 TPACK 素养养成精准培训模式。培训主要包括动机激发阶段、概念化阶段、巩固阶段和反思阶段。（1）动机激发阶段。此阶段的主要任务是激发幼儿教师掌握 TPACK 知识动机；形成幼儿也是"数字原住民"的思想；形成运用信息技术实现自身专业发展的意识。（2）概念化阶段。接受培训的幼儿教师集中学习幼儿保教领域可能运用的信息技术整合的知识，采用头脑风暴研讨信息技术整合幼儿保教活动案例。这一阶段强调成人学习经验对于幼儿教师 TPACK 素养养成的作用。（3）巩固阶段。此阶段的主要任务是通过小组协作学习现代信息技术应用和信息化保教活动设计方法，并在日常保教活动中应用。此阶段主要遵循了成人教育理论中的成人的学习是为了当下的应用的原则，因为成人更愿意处理现实情境中的真实问题。（4）反思阶段。此阶段的主要任务是对学习过程中存在的问题，例如课程目标的设计是否合适，评估标准设计是否合理，课程学习任务的设计是否符合幼儿保育保教的特征等问题进行反思，修改完善课程设计。

3. 评价了幼儿教师 TPACK 素养养成课程实施效果

为了验证幼儿教师 TPACK 素养养成课程的实施效果，选择 J 省 T 市某幼儿园开展了课程培训。在培训前和培训后，分别请幼儿园教师使用《幼儿教师 TPACK 素养发展测评量表》进行自评，同时要求幼儿教师提交信息化保教活动设计案例。（1）测评量表前测和后测对比分析结果表明：J 省 T 市 Y 幼儿园幼儿教师培训后 TPACK 态度、TPACK 知识和 TPACK 能力都有非常明显的发展。在 TPACK 态度层面，他们对于使用信息技术（人工智能产品）服务教学的意识有了非常清晰的认知，认识到信息技术对于幼儿保教并非洪水猛兽，但是需要恰当、适宜地运用；在 TPACK 知识层面，学科内容知识、教学法知识、信息技术知识和学科教学知识的融合创新程度明显提升；在 TPACK 能力层面，设计水平、应用水平、伦理水平和精通水平都有了明显改善。（2）教学设计案例分析表明，该园幼儿教师对于 TPACK 相关理论理解较为全面，能结合幼儿保教特点进行设计保教活动，TPACK 素养得到大幅提高。

第六章　幼儿教师 TPACK 素养提升政策建言

《新一代人工智能发展规划》中明确提出，"应利用人工智能技术满足社会大众对于教育、医疗等方面的民生需求"。[①] 随着机器学习、智能感知等智能技术与教育教学的深度融合，提升教师的信息化素养已迫在眉睫。2018 年，教育部在《关于开展人工智能助推教师队伍建设行动试点工作的通知》中强调要"提升教师对于人工智能的胜任力与适应力"。[②]2021 年 4 月，教育部发布《关于开展第二批人工智能助推教师队伍建设试点推荐遴选工作的通知》，强调应"通过建立师范生大数据评价管理机制、创新'人工智能 + 教师研修'模式等手段，促进人工智能、大数据等技术与教师队伍建设的有效整合，助推教师教育理念与模式的智能转型"。[③] 此外，人工智能与教师培训的整合也逐渐得到广泛关注。2021 年 5 月，教育部、财政部发布《关于实施中小学幼儿园教师国家级培训计划（2021—2025 年）的通知》，强调"应推进人工智能与教师培训融合发展，形成人工智能支持教师终身学习的新机制"；[④]《教育部教师工作司 2022 年工作要点》亦强调，"应推进人工智能助推教师队伍建设，发掘推广一批人工智能助推教师队伍建设的先进典型，推进教师资源数字化建设和教师队伍数字化治理"。[⑤]

国家和教育主管部门颁发的政策法规表明，我国已经进入信息技术赋能教师教育的战略转型期，提升教师的信息化进阶素养已引起国家和全社会的关注。但受体制所限，作为义务教育的基础，学前教育信息化与幼儿保教的融合发展尚处于起步探索阶段，幼儿教师普遍存在"信息化教学意识淡薄、信息化教学知识薄弱、信息化教学能力低下"等问题，幼儿教师信息化素养已跟不上教育

①　国务院 . 国务院关于印发新一代人工智能发展规划的通知（国发〔2017〕35 号）[EB/OL]. http:// www.gov.cn/ zhengce/content/2017-07/20/content_5211996.htm.

②　教育部 . 教育部办公厅关于开展人工智能助推教师队伍建设行动试点工作的通知 [EB/OL]. http:// www. gov.cn/xinwen/2018-08/31/content_5318029.htm.

③　教育部 . 教育部办公厅关于开展第二批人工智能助推教师队伍建设试点推荐遴选工作的通知 .[EB/OL]. http://www.moe.gov.cn/srcsite/A10/s7034/202104/t20210423_527853.html.

④　教育部、财政部 . 教育部 财政部关于实施中小学幼儿园教师国家培训计划（2021—2025）的通知 [EB/OL]. http://www.moe.gov.cn/srcsite/A10/s7034/202105/t20210519_532221.html.

⑤　教育部 . 教育部教师工作司关于印发《教育部教师工作司 2022 年工作要点》的通知 [EB/OL]. http://www. moe.gov.cn/s78/A10/tongzhi/202202/t20220225_602341.html.

信息化发展的步伐。

第一节　幼儿教师 TPACK 素养提升面临的挑战

一、国家层面：缺乏教师 TPACK 素养提升精准培训

"中小学教师国家级培训计划"是目前国内实施的规格最高、规模最大的国家级中小学教师培训计划。随着《教育部关于实施全国中小学教师信息技术应用能力提升工程 2.0 的意见》的颁布，"国培计划（2020）——幼儿园教师信息技术应用能力提升工程 2.0"也应运而生，各省市区教育主管部门也都将幼儿教师纳入培训计划，组织幼儿园和中小学教师一起参与信息技术应用能力提升学习。但这种以在线学习为主的培训只要教师完成一定时间的学习，提交指定的作业，就算完成了培训。第三方调查显示，有些老师只是将在线课程打开，自己并未认真学习课程。这样的培训，效果当然难以保证。但要对面广量大的中小学幼儿园教师开展线下培训，特别是高质量的线下培训，各种资源又难以满足需要。一位幼儿园教师坦言：

"幼儿教师专业培训大多面向公办幼儿园，公办幼儿园也并非所有教师都可以参加培训，通常都是教龄长、资历高的教师外出学习，新教师学习的机会便少之又少。民办幼儿园教师培训的机会更是可遇而不可求。关于教师 TPACK 素养提升的专项培训真是闻所未闻。"（DZ02204050 访谈）

可见，国家层面针对幼儿教师 TPACK 素养提升培训供给不足是导致幼儿教师信息化保教意识淡漠、知识体系不健全、能力发展滞后的原因之一。

二、园所层面：缺乏 TPACK 素养提升校本研训

如前所述，由于体制原因和供给不足，幼儿教师的 TPACK 素养已滞后学前教育现代化、信息化的步伐。在民办园和普惠园撑起学前教育大半边天的时代，幼儿园主动提升幼儿教师 TPACK 素养的内在动力不足。幼儿教师对于现代信息技术的学习与应用，大多处于自发阶段，多数幼儿教师信息技术应用能力不高，对于信息技术和幼儿保教整合知识知之甚少，只有部分参与过幼儿教师信息化技能大赛的幼儿教师形成了一定的 TPACK 素养。

"信息技术与幼儿保教整合方面的培训几乎没有，相关的培训大多是演示智能产品的基本功能和操作方法，例如希沃多媒体教学一体机的基本操作，但对

如何利用多媒体整合幼儿保教内容、制作多媒体课件，则很少进行过专项培训。"
（D20220405- 访谈）

不少幼儿教师表示，他们并不排斥多媒体辅助教学，但是由于幼儿园硬件设施、软件支持和技术保障不足，在幼儿园日常保教实践中，现代信息技术和幼儿保教实践的整合应用还不广泛，园所层面几乎没有能力开展教师 TPACK 素养专项校本培训。

三、教师层面：缺乏 TPACK 素养提升内在动力

现代信息技术和幼儿保教的深度融合，需要幼儿教师花费大量的时间去学习、思考、制作教学课件，特别是小朋友最爱的动画，制作需要花费大量的时间和精力。但现在幼儿园里保教老师人手紧，事务多，所以在幼儿园，除非必要，教师很少有时间主动学习最新的信息技术，并将其应用到日常保教活动中去，幼儿教师 TPACK 素养提升的内部动力不足。

"动画制作会花费我们太多的时间和精力，我们平时的工作比较繁忙，很少有时间自己制作动画课件。一般情况下，我们征订的教材中就有配套的 PPT，直接使用就可以了。"（W20210304 补充访谈）

第二节　幼儿教师 TPACK 素养提升的对策建议

一、职前培养：开展基于真实境脉的 TPACK 专业训练

专业学习是教师以学习者的身份，通过正规的、有组织的集中或在线学习，实现个人知识发展的一种模式，它是学习者主体同客体开展的对话实践。专业学习对于教师个体的认知发展具有重要的作用。教师 TPACK 素养的形成和发展，需要接受现代信息技术知识专业学习。然而，知识可以传授，能力却需要在实践中养成。因此，创设真实的问题或任务情境，让教师在问题解决的过程中学习、使用技术，才能够更好地提高教师对技术整合的认知。开展基于"真实境脉"，即基于幼儿五大领域保教活动的 TPACK 素养专业培养和培训，是提升幼儿教师信息技术与幼儿保教实践深度融合能力的关键。因此，从"脱境"的知识内容呈现，转向融入"真实境脉"的专业学习，是提升幼儿教师 TPACK 素养的应然选择。

二、园所教研：开展基于保教实践的 TPACK 日常研讨

幼儿教师 TPACK 素养提升，仅仅靠国家层面的培训是远远不够的，还需要幼儿园将其视为日常保教研究的一部分，纳入每周集体研讨议题。目前幼儿园的日常保教研讨主要聚焦幼儿园校本课程的开发、特色课程的创建，很少涉及幼儿教师信息化技术与日常保教、信息化技术和课程、信息化技术与教学方面的研讨。而基于逆向设计的 TPACK 素养课程体系可以为幼儿教师 TPACK 素养提升提供指引。

三、自我超越：开展基于知行合一的 TPACK 深度学习

现代信息技术与教育的深度融合，为教育内容的组织和教学方式的变革提供了更多的可能性。但在一些基层幼儿园，由于幼儿教师的 TPACK 素养不高，导致信息技术介入幼儿保教的方式较为机械、单一，所以还无法对幼儿的学习产生深刻的影响。幼儿教师只有开展基于知行合一的 TPACK 深度学习，才能将信息技术与幼儿保教有机融合，在摆脱技术奴役的同时实现自我超越。

"深度学习是指学习者以复杂的深层次的知识为学习对象，以沉浸和投入的心理状态，运用高阶思维 (Higher-Order Thinking) 和复杂问题解决的相关能力，实现分析、综合、评价等高层次学习目标的学习方式。"① 幼儿教师 TPACK 素养是 TPACK 态度、TPACK 知识和 TPACK 能力的结合体，是一种深层次知识。幼儿教师 TPACK 素养的养成，不仅仅是通过机械学习将信息技术知识植入教师的原有的知识体系，而是运用现代信息技术优化幼儿保教的内容和方式，在学习中实践，在实践中反思，在反思中提升，在提升中超越。这一过程是幼儿教师对整合技术的幼儿保教知识深刻理解、反复尝试、灵活运用的过程，显然属于深度学习的过程。

第三节　本章小结

本章共分三小节，由幼儿教师 TPACK 素养发展面临的挑战、幼儿教师 TPACK 素养发展的对策建议、小结三部分构成。研究发现：（1）我国幼儿教师 TPACK 素养发展面临的挑战主要有：国家层面：缺乏 TPACK 素养发展精准培训；园所层面：缺失 TPACK 素养校本高阶培训；教师层面：缺乏 TPACK 素养

① 张静，陈佑清.学习科学视域中面向深度学习的信息化教学方式变革 [J]. 中国电化教育，2013（4）：20-24.

发展内部动力。（2）我国幼儿教师 TPACK 素养发展对策建议主要包括：专业培训：开展基于真实静脉的 TPACK 素养培训；园所教研：开展基于逆向设计的 TPACK 素养提升研讨；自主学习：开展基于 TPACK 素养提升的深度学习。

结　语

　　20世纪以来，人类社会处于数字化时代，云计算、大数据等新技术层出不穷[①]，为了服务人才培养的目标，提升国际竞争力，很多西方国家积极依托信息科技，推进本国的教育变革和创新[②]。我国也不例外，近20年来，我国先后实施了"校校通"计划、普及信息技术教育计划、中小学教师教育技术能力建设项目，这些计划和项目的实施使得我国中小学（幼儿园）在信息化基础设施、资源建设、教学应用、标准化建设、信息化管理方面都取得了快速发展[③]。随后，2010年国家颁布的《国家中长期改革与发展规划纲要（2010—2020）》明确提出"信息技术对教育发展具有革命性的影响"，2012年颁布的《教育信息化十年发展规划（2010—2022）》则首次提出"信息技术与教育深度融合"。2018年4月，教育部又印发了《教育信息化2.0行动计划》，提出要实施信息素养全面提升行动，大力提升教师信息素养，推动教师主动适应信息化、信息技术等信息技术变革，积极有效开展教育教学。学前教育作为国民教育体系的重要组成部分，也不可避免地被卷入到教育信息化浪潮之中。教学一体机、交互式电子白板、平板电脑、智能手机、智能机器人、电子课程资源包等信息技术不断涌入幼儿园，对幼儿园的教学环境、教学内容和教学方式产生了重要影响。教育信息化时代学前教育领域所发生的变化对幼儿教师的专业素养也提出了新的要求和挑战，有效整合信息技术知识、教学法知识和学科教学知识为一体，更好地服务于幼儿教育教学，成为教育信息化时代幼儿教师必须具备的专业素养之一。然而，和其他学段相比，幼儿教师的TPACK素养一直是教育信息化的薄弱环节，我国没有专门针对幼儿教师的信息技术应用能力标准或指南，幼儿教师在使用信息技术时很少思考为何使用，如何使用，没有真正将技术使用与教育教学实践真正联系起来[④]。正是基于此时代背景，本研究才聚焦幼儿教师的TPACK素养

　　① 胡永斌，张定文，黄荣怀等.国际教育信息化的现状与趋势——访新媒体联盟CEO拉里·约翰逊博士[J].中国电化教育，2015（01）：1-5.

　　② 张进宝，黄荣化，吴祗.国际教育信息化发展报告：内容与结论[J].开放教育研究，2014（04）：76-83.

　　③ 祝智庭.中国教育信息化十年[J].中国电化教育，2011（01）：20-25.

　　④ 俞芳.信息技术支持下的幼儿教师专业发展研究[D].上海：华东师范大学，2015：5.

理论模型及其应用，以期为幼儿教师在智能时代的可持续专业发展提供决策参考和行动路径。

第一节 研究结论

一、构建了幼儿教师 TPACK 素养理论模型

第一，本书在前人研究的基础上，构建了"TPACK 态度、TPACK 知识、TPACK 能力"三维理论模型。通过对 261 份幼儿教师 TPACK 素养理论模型有效问卷进行数理统计分析发现，幼儿教师 TPACK 三维素养结构（TPACK 态度、TPACK 知识和 TPACK 能力）模型合理。同时，三个维度之间存在显著的影响关系，TPACK 态度能显著影响 TPACK 知识的习得，TPACK 知识习得显著影响 TPACK 能力，TPACK 能力则进一步强化 TPACK 态度。

二、构建了幼儿教师 TPACK 素养评估指标体系

幼儿教师 TPACK 素养评估指标体系包括 3 个一级维度、12 个二级维度、43 个测点。"TPACK 态度"包括信息化保教意识、信息化保教感知、信息化保教效能感信息化专业发展观等 4 个二级维度；"TPACK 知识"包括幼儿保教内容知识、幼儿保教教学法知识、信息技术知识、幼儿学科保教知识 4 个二级维度；"TPACK 能力"包括设计水平、应用水平、伦理水平和精通水平等 4 个二级维度，各个水平里面分别包括了整合技术的保教知识、整合技术的教学法知识和整合技术的学科教学知识。

三、分析了幼儿教师 TPACK 素养发展现状

当前，我国幼儿教师 TPACK 素养发展尚处于自发习得阶段，总体处于中等偏上水平，TPACK 知识水平的发展高于 TPACK 态度和 TPACK 能力水平；男性幼儿教师的 TPACK 素养普遍高于女性幼儿教师；幼儿园所处地域和幼儿教师学历在 TPACK 能力发展维度存在统计学意义上的差异；幼儿教师的性别、教龄、年龄、幼儿园的性质、级别对幼儿教师 TPACK 素养发展不存在统计学意义上的显著差异，但在得分均值方面存在细微差异。

四、探究了幼儿教师 TPACK 素养发展影响因素

幼儿教师 TPACK 素养发展的影响因素分为内部结构维度之间的互动机制和影响因素两个方面。首先，结构维度内部要素之间的互动机制为：幼儿教师的TPACK 知识水平高低正向影响幼儿教师的 TPACK 能力发展；幼儿教师的信息化教学意识和效能感分别在其 TPACK 知识和能力发展之间发挥完全中介作用，信息化教学效能感与信息化教学意识也在二者之间起链式中介作用；幼儿教师的信息化教学领导力分别在 TPACK 知识与能力、TPACK 知识与信息化教学效能感、TPACK 知识与信息化教学意识之间发挥调节作用。其次，主要影响因素包括社会因素（时代驱动、公众舆论、榜样引领）、学校因素（硬件设备、文化氛围、专项培训）和个体因素（自主学习、教学竞赛和实践反思）。幼儿教师TPACK 是内外部因素综合作用的结果。

五、探究了幼儿教师 TPACK 素养内生机制

本书使用扎根理论的研究方法，探究了幼儿教师 TPACK 素养的生成机制。研究发现，幼儿教师 TPACK 素养的生成经历"内化、转化、外化和习俗化"过程，内化阶段主要聚焦 TPACK 态度的形成，转化阶段关注 TPACK 知识的习得，外化阶段主要体现为 TPACK 能力的形成，习俗化阶段表征为 TPACK 素养的形成。

六、开发了幼儿教师 TPACK 素养养成课程框架

本书开发了幼儿教师 TPACK 素养养成课程体系，为基于 TPACK 素养提升的幼儿教师职前培养和职后培训提供了参考性框架。TPACK 素养发展课程体系主要包括 5 个模块：课程开发原则、课程模型、课程目标、课程评估证据链、课程内容（学习任务）等。（1）课程开发原则主要有学习者为中心的原则、情境性原则和目标导向原则。（2）课程模型包括核心层和活动层两个部分。TPACK素养培训课程的核心目标是培养幼儿教师的 TPACK 素养，其核心内容包括TPACK 态度、TPACK 知识和 TPACK 能力，即具有使用信息技术开展保育活动的积极态度、掌握运用信息技术开展幼儿五大领域保育活动的知识、运用信息技术开展幼儿五大领域保育活动的能力。活动层则是指基于幼儿教师 TPACK 素养发展目标，设计课程目标、评估指标和学习任务活动。（3）课程目标主要包括信息化保教意识、信息化保教知识和信息化保教能力意识。（4）课程评估证据包括幼儿教师 TPACK 素养自评量表、信息化教学设计评价量表和幼儿教师TPACK 素养发展访谈提纲；信息化保教活动设计评估量表和信息化保教活动课

件设计标准，主要用于他评。（5）课程内容主要包括 TPACK 素养模块、TPACK 知识模块和 TPACK 能力模块。

第二节　研究的主要创新点

一、研究视角新颖

2022 年 4 月 11 日，教育部等八部门颁布了《新时代基础教育强师计划》，计划明确指出，"高质量的教师是高质量教育发展的中坚力量，努力造就新时代高素质专业化创新型教师队伍，需深入实施人工智能助推教师队伍建设试点行动，探索教师教育改革，教育教学方法创新，推进教师教育信息化建设与应用。"本书积极响应新时代基础教育强师计划，采用混合式研究方法，构建了幼儿教师 TPACK 素养理论模型和幼儿教师 TPACK 素养评估指标体系，揭示了幼儿教师 TPACK 素养的内生机制，开发了幼儿教师 TPACK 素养养成课程体系，探讨了幼儿教师 TPACK 素养精准培训模式。研究视角比较新颖。

二、研究成果实用

本书构建了幼儿教师 TPACK 素养评估指标体系，为评估幼儿教师 TPACK 素养的发展提供了可操作的工具。该评估指标体系还可以引导广大幼儿教师通过自主和合作学习，提高自己的 TPACK 素养，从而提高自己在智能教育时代的专业可持续发展能力。同时，本书还开发了幼儿教师 TPACK 素养养成课程，探讨了精准培训模式，并小范围验证了该课程及培训的实施效果。从小范围验证性应用可以看出，课程实施效果较好。

三、研究外延开放

人工智能时代教师 TPACK 素养养成、发展和提升是目前基础教育研究的热门话题。本研究构建的幼儿教师 TPACK 素养理论模型、评估指标体系、课程体系和培训模式只是教师 TPACK 素养研究的冰山一角。目前，本书的研究对象也仅限于幼儿教师。因此，本研究的外延非常广泛。从研究内容来看，今后可以拓展到 TPACK 态度、TPACK 知识和 TPACK 能力内部结构模型的构建，并探讨 TPACK 态度、TPACK 知识和 TPACK 能力要素之间的互动机制；从研究对象来看，可以拓展到中小学教师，甚至是大学教师，并且还可以探讨不同学科如语文、数学、英语等教师 TPACK 素养的养成规律。

第三节　研究的不足及后续研究计划

一、本书的不足

（一）幼儿教师 TPACK 素养理论模型及指标体系的科学性尚待完善

幼儿教师的 TPACK 素养模型和评估指标体系虽然已经初步构建成功，但在数据拟合的过程中还是发现 TPAKC 知识维度中整合技术的学科内容知识、整合技术的教学法知识和整合技术的学科教学知识和 TPACK 能力维度的题项不能和初拟模型很好地拟合，部分题项还存在共线性较高的问题。说明该理论模型和评估指标体系还需进一步完善，指标的选择可能有重叠或冲突的地方，其科学性需要在后续研究中进一步证实。

（二）幼儿教师 TPACK 培训课程和模式的效果验证范围尚待扩大

根据理论模型和评估指标体系所构建的 TPACK 素养培训课程和精准培训模式目前只在有限的几所幼儿园进行了验证，在实施的过程中获得了一致好评。但是，试用的范围过小，尤其缺少学者和专家的进一步论证，因而其推广的效果尚待进一步验证。

二、后续研究计划

（一）继续完善幼儿教师 TPACK 素养理论模型和评估指标

初步的数据分析统计发现，部分题目存在共线性较高的问题。鉴于此，本研究拟增加最新的 TPACK 研究成果，结合现有的研究结论，完善《幼儿教师 TPACK 素养评估指标体系调查问卷》，重新在不同区域、不同层次的幼儿园问卷调查，修改完善幼儿教师 TPACK 素养理论模型。

（二）继续验证幼儿教师 TPACK 素养养成课程实施效果

受疫情影响，本研究目前只在 J 省 T 市某艺术幼儿园实施了培训，培训案例尚少，还需进一步扩大研究成果运用的范围，进一步检验课程体系及培训模式的实际应用价值。据此，根据《新时代基础教育强师计划》的要求，以本研究构建的"幼儿教师 TPACK 素养课程体系"作为培训内容，线上线下一体，开展幼儿教师 TPACK 素养提升混合式研修，完善培训模式，全面提升幼儿教师 TPACK 融合创新进阶素养。

参考文献

一、中文文献

学术专著

[1] 艾尔·巴比 (Earl Babbie). 社会研究方法 (第 10 版)[M]. 邱泽奇译 . 北京：华夏出版社，2005：171.

[2] 陈卫等 . 社会研究方法概论 [M]. 北京：清华大学出版社，2015：87.

[3] 陈向明等 . 搭建实践与理论之桥：教师实践性知识研究 [M]. 北京：教育科学出版社，2011：150-151.

[4] 董海军 . 社会调查与统计 [M]. 武汉：武汉大学出版社，2015：86.

[5] 戴维·德沃斯（David Devaus）社会研究中的研究设计 [M]. 郝大海译 . 北京：中国人民大学出版社，2008：2-3.

[6] 管于华 . 统计学 [M]. 北京：高等教育出版社，2005：254

[7] 高文 . 学习科学的关键词 [M]. 上海：华东师范大学出版社，2009：7-19

[8] 拉尔夫 . 泰勒 . 课程与教学的基本原理 [M]. 施良方译 . 北京：人民教育出版社，1994，1：17.

[9] 格兰特 . 威金斯等 . 追求理解的教学设计（第二版）[M]. 闫寒冰等译，上海：华东师范大学出版社，2017：95-101

[10] 侯杰泰等 . 结构方程及其应用 [M]. 北京：教育科学出版社，2004：148-150.

[11] 克努兹·伊列雷斯著 . 我们如何学习:全视角学习理论 [M]. 孙玫璃译 . 北京：教育科学出版社，2010：48.

[12] 莱斯利·斯特弗，杰里 . 盖尔 . 教育中的建构主义 [M]. 高文，徐斌燕，程可拉等译 . 上海：华东师范大学出版社，2002：128.

[13] 李运景 . 基于引文分析可视化的知识图谱构建研究 [M]. 南京：东南大学出版社，2009：1.

[14] 林聚任等.社会科学研究方法（第 2 版）[M].济南：山东人民出版社，2008：246.

[15] 罗清萍等.实用社会调查方法与技能训练：从选题到实施工作过程 [M].北京：经济管理出版社，2013：59.

[16] R.基思·索耶.剑桥学习科学手册 [M].徐晓东等译.北京：教育科学出版社，2010：535.

[17] 海伦·瑞恩博德，艾莉森·富勒，安妮·蒙罗.情境中的工作场所学习 [M].匡琪译.北京：外语教学与研究出版社，2011：12.

[18] 侯杰泰，温忠麟，成子娟.结构方程模型及其应用 [M].北京：教育科学出版社，2004：148.

[19] 朱钰，杨殿学.统计学 [M].西安：西北工业大学出版社，2009：97-101.

[20] 吴明隆.结构方程模型——AMOS 的操作与应用 [M].重庆：重庆大学出版社，2010：212

[21] 王晶舒等.社会调查研究方法 [M].吉林：吉林大学出版社，2014：98.

[22] 徐卓娅.平等对话的力量——从怎么看到怎么做 [M].南京.南京师范大学出版社，2013.

[23] 张建伟，孙燕青.建构性学习——学习科学的整合性探索 [M].上海：上海教育出版社，2005：200

[24] 中华人民共和国教育部.幼儿园教育指导纲要（试行）[M].北京：北京师范大学出版社，2001，7.

[25] 张江石.行为安全管理中的数学模型及应用 [M].北京：煤炭工业出版社，2016：119.

[26] 朱钰等.统计学 [M].西安：西北工业大学出版社，2009：97-101

[27] 钟亚妮.协作的教师学习：社会文化理论的视角 [M]// 卢乃桂，操太圣.中国教师的专业发展与变迁.北京：教育科学出版社，2009：169-199.

学术期刊

[1] 陈曼，张秀梅.网络学习共同体中知识建构策略研究 [J].现代远距离教育，2012（05）：23-28.

[2] 蔡敬新等."技术—教学—学科知识"（TPACK）研究：最新进展与趋向 [J].现代远程教育研究，2015，3：10-18.

[3] 曹俏俏，张宝辉.知识建构研究的发展历史—理论—技术—实践的三重螺旋 [J].现代远距离教育，2013，(01)：14-22.

[4] 曹文.评价理论视角下公共演讲中的结盟关系构建——以《后浪》演讲

为例 [J]. 西北成人教育学院学报，2021，07，20.

[5] 陈维超、王小雪.以整合的途径迎接挑战——美国 AECT2009 国际会议综述 [J]. 远程教育杂志，2010(1)：3-7.

[6] 邓国民，李云春，朱永海."信息技术＋教育"驱动下的教师知识结构重构——论融入伦理的 AIPCEK 框架及其发展模式 [J]. 远程教育杂志，2021，39（01）：63-73.

[7] 戴立益.信息技术助推教师教育模式变革 [J]. 中国高等教育，2021 (20)：16-18.

[8] 丁薇.大学教师 TPACK 能力的培养策略 [J]. 宁波教育学院学报，2017，19（02）：17-20.

[9] 范国睿.智能时代的教师角色 [J]. 教育发展研究，2018，38（1）：69-74.

[10] 郭炯，郝建江.智能时代的教师角色定位及素养框架 [J]. 中国电化教育，2021（06）：121-127.

[11] 高婷婷等.信息技术教育应用研究综述 [J]. 现代教育技术，2019，29（01）：11-17.

[11] 甘永涛.1928—2013 年中国民族教育研究之演化——基于科学知识图谱的实证分析 [J]. 西北师大学报（社会科学版），2015，52（2）：82-87.

[12] 胡永斌，张定文，黄荣怀，李馨，赵云建.国际教育信息化的现状与趋势——访新媒体联盟 CEO 拉里·约翰逊博士 [J]. 中国电化教育，2015（01）：1-5.

[13] 刘斌.信息技术时代教师的智能教育素养探究 [J]. 现代教育技术，2020，30(11)：12-18.

[14] 李栋.信息技术时代教师专业发展特质的新定位 [J]. 中国教育学刊，2018（09）：87-95.

[15] 李美凤，李艺.TPCK：整合技术的教师专业知识新框架 [J]. 黑龙江高教研究，2008（04）：74-77.

[16] 刘霞.信息技术时代师生关系的伦理审视 [J]. 教师教育研究，2020，32(02)：7-12.

[17] 刘艳华，徐鹏，王以宁.教师整合技术的学科教学知识 (TPACK) 境脉因子模型构建研究 [J]. 现代远距离教育，2015(02)：60-66.

[18] 乔莹莹，周燕.信息技术时代幼儿园教师信息素养的内涵与培养 [J]. 学前教育研究，2021(11)：58-61.

[19] 茹丽娜，唐烨伟，王伟，钟绍春.我国教育信息技术研究综述 [J]. 中国信息技术教育，2019（07）.

[20] 任增元，刘军男.信息技术时代高校人才培养变革的思考 [J]. 大学教育科学，2019（04）：114-121.

[21] 托尼·费舍尔，克里斯·希金斯等．焦建利译．数字技术支持的教师学习：研究与项目综述（上）[J].远程教育杂志，2008，(4)：4-11.

[22] 王斐，傅钢善．教师技术感知对电子书包使用意向的影响研究［J］.现代教育技术，2013，23（12）：36-4.

[23] 吴瑞兴．录像反馈法在"初中 24 式简化太极拳"教学中的实验分析 [J].考试周刊，2021，08，02.

[24] 吴永和等．构筑"信息技术 + 教育"的生态系统 [J].远程教育杂志，2017（5）：27-39.

[26] 徐鹏，张海，王以宁，刘艳华.TPACK 国外研究现状及启示 [J].中国电化教育，2013(09)：112-116.

[27] 徐鹏．信息技术时代的教师专业发展——访美国俄勒冈州立大学玛格丽特·尼斯教授 [J].开放教育研究，2019，25(04)：4-9.

[28] 许亚锋，高红英．面向信息技术时代的学习空间变革研究 [J].远程教育杂志，2018，36（01）：48-60.

[29] 许亚锋，彭鲜，曹玥等．人机协同视域下教师数智素养之内涵、功能与发展 [J].远程教育杂志，2020，(6)：13-21.

[30] 虞江锋，张吉先.TPACK 理论框架下开放大学教师的专业发展分析 [J].职教论坛，2022，38(04)：103-109.

[31] 杨佳．智慧教学背景下大学英语教师 TPACK 能力培养 [J].中国成人教育，2019（20）：87—89.

[32] 于开莲等．幼儿园教师整合技术的领域教学知识（TPACK）调查研究 [J].电化教育研究，2019，3：118-123.

[33] 杨丽娜等．基于 TPACK 框架的精准教研资源智能推荐研究与实践 [J].中国电化教研，2021（02）：43-50.

[34] 叶兴国．外语教师面临的新形势新问题 [J].外语教学与研究，2017，49：292-295.

[35] 詹艺，任友群．整合技术的学科教学法知识的内涵及其研究现状简述 [J].远程教育杂志，2010（4）：78-87.

[36] 闫志明，付加留，朱友良，段元美．整合信息技术的学科教学知识（TPACK）：内涵、教学实践与未来议题 [J].远程教育杂志，2020，38（05）：23-34.

[37] 钟凯．基于二元智能时代的教育实践变革研究 [J].南京社会科学，2018(11)：137-143.

[38] 张凤娟等．大学英语教师 TPACK 特点及其发展研究 [J].中国电化教育，2015，5：124-129.

[39] 朱洪翠.中学英语教师 EFL-TPACK 素养研究——基于江苏省 2015 年初中英语教学观摩研讨会的课例分析 [J].基础教育，2017，14（3）：78-85.

[40] 张华，反思对话教学的技术主义倾向 [J].教育发展研究，2011（20）：64-69.

[41] 赵慧臣，唐优镇，马佳雯，王玥.信息技术时代学习方式变革的机遇、挑战与对策 [J].现代教育技术，2018，28（10）：20-26.

[42] 张静，陈佑清.学习科学视域中面向深度学习的信息化教学方式变革 [J].中国电化教育，2013（4）：20-24.

[43] 张静等."技术中心"转向"技术设计"TPACK 框架的教育意蕴反思 [J].教育研究与实验，2015，1：36-40.

[44] 张进宝，黄荣化，吴祗.国际教育信息化发展报告：内容与结论 [J].开放教育研究，2014（04）：76-83.

[45] 张建欣.新时期幼儿教师 TPACK 发展路径审视 [J].中小学电教，2015(11)：11-13.

[46] 张建欣.幼儿教师 TPACK 发展路径审视 [J].软件导刊（教育技术），2016，15(01)：78-79

[47] 郑新，杨晓宏，张靖.教学生态系统视域下师生教学关系的嬗变研究——兼论信息技术时代师生教学关系变革之可能 [J].中国电化教育，2020(11)：39-45.

[48] 赵磊磊.农村教师技术感知、自我效能及 TPACK 的关系研究——基于 SEM 的实证分析 [J].全球教育展望，2017，7：89-128.

[49] 姚梅林.从认知到情境：学习范式的变革 [J].教育研究，2003（2）：60-64.

[50] 张绍东.信息技术教育的含义界定与原理挖掘 [J].中国电化教育，2021（06）：49-59.

[51] 徐晓东，杨刚.学习的新科学研究进展与展望 [J].全球教育展望，2010（7）：18-29.

[52] 张银荣等.信息技术素养模型构建及其实施路径 [J].现代教育技术，2022，32(3)：42-50.

[53] 祝智庭.中国教育信息化十年 [J].中国电化教育，2011：20-25.

学术论文

[1] 曹志峰.高校教师胜任力与工作绩效关系研究——组织支持的作用机制 [D].南京：南京大学，2018，98.

[2] 蒋福超.泥土与皇粮：王庄乡村教师生活史研究 [D].山东师范大学，2017.

[3] 李丹.幼儿教师实践性知识发展研究 [D].重庆：西南大学，2010，4：4.

[4] 汤杰英. 学前教师领域教学知识研究 [D]. 上海：华东师范大学，2013，4.

[5] 万超. 小学创客课程开发与实践研究 [D] 长春：东北师范大学，2019，5.

[6] 王海. 基础教育信息化绩效发展评估模型构建与应用研究 [D]. 长春：东北师范大学，2016，6：168.

[7] 徐鹏. 教师整合技术的学科教学知识影响因素模型构建研究 [D].2014，5.

[8] 肖鑫. 整合技术视角下小学语文卓越教师知识结构研究 [D]. 长春：东北师范大学，2020，5.

[9] 俞芳. 信息技术支持下的幼儿教师专业发展研究 [D]. 上海：华东师范大学，2015：5.

[10] 张静. 融合信息技术的教师知识发展研究 [D]. 华中师范大学，2014.

[11] 张琳琳. SECI 视角下参与式信息技术教师培训模式设计与实证研究 [D]. 东北师范大学，2013.

[12] 张立忠. 课堂教学视域下的教师实践性知识研究 [D]. 东北师范大学，2011.

2. 英文文献

[1] AngeIi,C.,&Valanides,N.EpistemoIogicai and Methodological Issues for the Conceptualization, Development, and Assessment of ICT-TPCK: Advance in Technological Pedagogical Content Knowledge[J]. Computer & Education, 2009, 52(1): 154-168.

[2] Archambault,L.,Wetzel,K.& Foulger,T.S. et al. Professional Development 2.0: Transforming Teacher Education Pedagogy with 21st Century Tools[J].Journal of Digital Learning in Teacher Education, 2010, 27(11): 4-11.

[3] Bahrammirzaeea. A comparative survey of artificial intelligence applications in finance: Artificial neural neural networks, expert system and hybrid intelligent system[J]. Neural computingand applications, 2010, 19(8): 1165-1195.

[4] Chai, C. S., Koh, J. H. L., & Tsai, C. C. Facilitating preservice teachers' development of technological, pedagogical, and content knowledge (TPACK)[J]. Journal of Educational Technology & Society, 2010, 13(4): 63-73.

[5] Chai, C. S., Koh, J. H. L., & Tsai, C. C. Exploring the Factor Structure of the Constructs of Technological, Pedagogical, Content Knowledge (TPACK) [J]. The Asia-Pacific Education Researcher, 2011b, 20(3): 607-615.

[6] Chai C S, Koh J H L, Tsai C C, et al. Modeling primary school pre-service teachers' Technological Pedagogical Content Knowledge (TPACK) for meaningful learning with information and communication technology (ICT)[J]. Computers & Education, 2011, 57(1): 1184-1193.

[7] Chai, C. S., Koh, J. H. L., & Tsai, C. C.Examining practicing teachers' perceptions of technological pedagogical content knowledge (TPACK) pathways: a structural equation

modeling approach[J]. Instructional Science, 2013, 41(4): 793-809.

[8] Cobb,P.,& Bowers,J. Cognitive and situated learning perspectives in theory and practice [J]. Educational Researcher, 1999, 28(2): 4-15.

[9] Cox, S., & Graham, C. R.Diagramming TPACK in practice: Using an elaborated model of the TPACK framework to analyze and depict teacher knowledge[J]. TechTrends, 2009, 53(5): 60-69.

[10] Drake,S. M.. Creating standards-based integrated curriculum: Aligning curriculum, content, assessment, and instruction[M]. Thousand Oake, CA: Crowin Press, 2007:35.

[11] G. A. Churchill. A paradigm for developing better measures of marketing. constucts[J].Journal of Marketing Research, 1979,16(1): 64-73.

[12] Graham, C. R.Theoretical considerations for understanding technological pedagogical content knowledge (TPACK)[J]. Computers & Education, 2011, 57(3): 1953-1960.

[13] Greeno,J.G,CoUins,A.,&Resnick5L.B. Cognition and Iearning[M]. Berliner,D. C., &Calfee, R.C.(Eds.), Handbook of educational psychology. New York,NY: MacmilIan, 1996: 15-46

[14]Groth, R., Spickler, D. , Bergner, J. , Bardzell, M. A Qualitative Approach to Assessing Technological Pedagogical Content Knowledge[J]. Contemporary Issues in Technology & Teacher Education, 2009, 9: 392-411.

[15] Hammemess.K,Darling-Hamniond.L,&BransfordJ,et al. How Teachers Learn and Develop [M]. Darling-Hammond.L, BransfordJ. Preparing Teachers for a Changing World. LosAngeles; Jossey-Bass, 2005: 358-389.

[16] Hammond, T. C., & Manfra, M. M. Giving, prompting, making: Aligning technology and pedagogy within TPACK for social studies instruction [J]. Contemporary Issues in Technology and Teacher Education, 2009, 9(2): 160-185.

[17] Harré R. Personal being: A theory for individual psychology[M]. Oxford: Blackwell, 1983.

[18] Harrington,R. The Development of Pre-service Teachers' Technology Specific Pedagogy[D]. UnPublished Doctor Degree Dissertation,Oregon State University,2008: 16-26.

[19] Hayes, A. F. An introduction to mediation, moderation, and conditional process analysis: A regression-based approach[M].New York: Guilford Press, 2013.

[20] Jang, S. J., & Tsai, M. F. Exploring the TPACK of Taiwanese secondary school science teachers using a new contextualized TPACK model [J]. Australasian

Journal of Educational Technology, 2013, 29(4): 566-580.

[21] Kelly P. What is teacher learning? A socio-cultural perspective[J]. Oxford review of education, 2006, 32(4): 505-519.

[22] Khan, S. New pedagogies on teaching science with computer simulations [J]. Journal of Science Education and Technology, 2011, 20(3), 215-232.

[23] Koehler M. J., Mishra, P. What Happens When Teachers Design Educational Technology? The Development of Technological Pedagogical Content Knowledge[J]. Journal of Educational Computing Research, 2005, 32(2): 131-152.

[24] Koehler M, Mishra P. What is technological pedagogical content knowledge (TPACK)?[J]. Contemporary issues in technology and teacher education, 2009, 9(1): 60-70.

[25] Koehler M J, Mishra P, Cain W. What is technological pedagogical content knowledge (TPACK)?[J]. Journal of education, 2013, 193(3): 13-19.

[26] Koh J H L, Chai C S, Tsai C C. Examining the technological pedagogical content knowledge of Singapore pre service teachers with a large scale survey[J]. Journal of Computer Assisted Learning, 2010, 26(6): 563-573.

[27] Koh, J. H. L., Chai, C. S., & Lim, W. Y. Teacher professional development for TPACK-21CL: Effects on teacher ICT integration and student outcomes[J]. Journal of Educational Computing Research, 2017, 55(2): 172-196.

[28] Léontiev, A. N. Activity, consciousness, and personality[M].Prentice-Hall, 1978.

[29] Lin T C, Tsai C C, Chai C S, et al. Identifying science teachers'perceptions of technological pedagogical and content knowledge (TPACK)[J]. Journal of Science Education and Technology, 2013, 22: 325-336.

[30] Lundeberg M, Bergland M, Klyczek K, et al. Using action research to develop preservice teachers' confidence, knowledge and beliefs about technology[J]. The Journal of Interactive Online Learning, 2003, 1(4): 1-16.

[31] Manfra M M G, Hammond T C. Teachers'instructional choices with student-created digital documentaries: Case studies[J]. Journal of Research on technology in Education, 2008, 41(2): 223-245.

[32] Mishra P, Koehler M J. Technological pedagogical content knowledge: A framework for teacher knowledge[J]. Teachers college record, 2006, 108(6): 1017-1054.

[33] Ness, M.L.Teacher Knowledge for Teaching with Technology: A TPACK lens[M]. Ronau,R., Rakes,C.R.,&Niess,M.L. Educational Technology, Teacher Knowledge, Classroom Impact: A Research Handbook on Frameworks and Approaches,

2011: Uit Bijerse,R'R Questions in Knowledge Management: Defining and Conceptualizing a Phenomenon[J]. Journal of Knowledge Management, 2000, (3), 94-109.

[34] Niess M L. Preparing teachers to teach science and mathematics with technology: Develop a technology pedagogical content knowledge[J]. Teaching and teacher education, 2005, 21(5): 509-523.

[35] Niess M L. Knowledge needed for teaching with technologies–Call it TPACK[J]. AMTE connections, 2008, 17(2): 9-10.

[36] Niess,M. Mathematics Teachers Developing Technology, Pedagogy and Content Knowledge (TPACK)[C]. In K. McFerrin et al.(Eds.), Proceedings of Society for Information Technology & Teacher Education International Conference.Chesapeake, VA: AACE, 2008: 5297-530.

[37] Winston PH. Artificial intelligenle[M]. Addison-weslet longman Publishing. Inc., 1984.

[38] Pierson M E. Technology integration practice as a function of pedagogical expertise[J]. Journal of research on computing in education, 2001, 33(4): 413-430.

[39] Schmidt D A, Baran E, Thompson A D, et al. Technological pedagogical content knowledge (TPACK) the development and validation of an assessment instrument for preservice teachers[J]. Journal of research on Technology in Education, 2009, 42(2): 123-149.

[40] Shreiter,B.,&Ammon,P. Teacher's Thinking and Their Use of Reading Contracts[C]. Paper presented at the Annual Meeting of the Annual Meeting of the American Educational Research Association, SanFrancisco, CA. 1989.

[41] Shulman L S. Those who understand: Knowledge growth in teaching[J]. Educational researcher, 1986, 15(2): 4-14.

[42] Shulman, L. How and What Teacher Leam: A Shifting Perspective [J]. Curriculum Studies, 2004, 36(2): 257-271.

[43] Tyler, R. W.. Basic Principles of curriculum and instruction[M]. Chicago: University of Chicago Press, 1949: 1-45.

[44] Vattam S S, Goel A K, Rugaber S, et al. Understanding complex natural systems by articulating structure-behavior-function models[J]. Journal of Educational Technology & Society, 2011, 14(1): 66-81.

[45] Voogt J, Fisser P, Pareja Roblin N, et al. Technological pedagogical content knowledge–a review of the literature[J]. Journal of computer assisted learning, 2013, 29(2): 109-121.

[46] Wong G K W, Ma X, Dillenbourg P, et al. Broadening artificial intelligence

education in K-12: where to start?[J]. ACM Inroads, 2020, 11(1): 20-29.

[47] Yurdakul I K, Odabasi H F, Kilicer K, et al. The development, validity and reliability of TPACK-deep: A technological pedagogical content knowledge scale[J]. Computers & Education, 2012, 58(3): 964-977.

3. 工具书

[1] 何汲等. 神经精神病学词典 [Z]. 中国中医药出版社，1998，6.

[2] 辞海 [Z]. 上海：上海辞书出版社，1990：1952.

[3] 德里奥·朗特里. 英汉双解教育词典 [Z]. 赵宝恒译. 北京：教育科学出版社，1992，239.

[4] 周德昌等. 简明教育词典 [Z]. 广州：广东高等教育出版社，1992-01.

[5] 徐少锦等. 伦理百科辞典 [Z]. 北京：中国广播电视出版社，1999，01.

[6] 中国社会科学院语言研究所词典编辑室. 现代汉语词典 [Z]. 北京：商务印书馆，2006，4302.

[7] 朱贻庭. 伦理学大辞典 [Z]. 上海：上海辞书出版社，2011，4.

4. 政策文件

[1] 顾小清主编. 2022 信息技术教育蓝皮书 [EB/OL]. http://www. 199it.com/ archives/ 1410492.html.

[2] 江苏省教育网络安全和信息化领导小组办公室. 关于印发 2018 年"领航杯"江苏省信息化教学能手大赛细则的通知 [EB/OL]. " https://www.szcu.edu.cn/ _ upload/article/ files/ 90/b5/ 11b87cf14757a760c64de3c8a89f/ bc110eaa-6ada-4cc6-935 a-eeaead64b847.pd.

[3] 马云：信息技术是一种思维方式 [EB/OL]. [2020-08-14]. https:// baijiahao. baidu.com/ s?id =1611834186803014133&wfr=spider&for=pc.

[4] 教育部等八部门. 新时代基础教育强师计划 [EB/OL] http:// " www.moe. gov.cn /srcsite/A10/s 7034/202204 /t20220413_616644.html.

[5] 新华社. 习近平：推动我国新一代信息技术健康发展. (2018-12-01). [2018-12-22].

http://m.people.cn/n4/2018/1031/c190-11822065.html.

[6] 中华人民共和国教育部. 教育部关于实施第二批信息技术助推教师队伍建设行动试点工作的通知 [EB/OL]. http:/ /www.moe.gov.cn/ srcsite/A10/s7034/2 02109/ t2021091 5_563278. html.

[7] 中华人民共和国中央人民政府. 国务院关于印发新一代信息技术发展规划的通知 [EB/OL].http:// www.gov.cn/zhengce/ content/2017-07/20/content_5211996. html.

[8] 中华人民共和国教育部. 幼儿园教师专业标准说明 [EB/OL].http:/ /www.

moe.gov.cn/ jyb_xwfb/ gzdt_gzdt/ moe_1485/201112/t20111213_127945.html.

[9] 中华人民共和国教育部 . 教育部关于大力推进教师教育课程改革的意见 [EB/OL]. http://www. moe.gov.cn/srcsite/A10/s6991/201110/t20111008145604.html.

[10] 中华人民共和国教育部 . 教育部关于印发《幼儿园教师专业标准（试行）》 的 通 知 [EB/OL].http:// www. moe.gov.cn/srcsite/A10/s6991/201209/t20120913_145603.html.

[11] 中华人民共和国教育部 . 教育部关于印发《3-6 岁儿童学习与发展指南》的通知 [EB/OL]. http:// www. moe. gov.cn/srcsite/A06/s3327/201210/t20121009143254.html.

[12] 中华人民共和国教育部 . 教育部办公厅关于印发《中小学教师信息技术应用能力标准（试行)》的通知（教师厅〔2014〕3 号）[EB/OL]. http://www. moe. gov.cn/srcsite/ A10/s6991/ 201405/ t20140528_170123.html.

附　录

附录1

"幼儿教师 TPACK 素养理论模型"预测问卷（师范生）

亲爱的同学：

您好！

我们正在做一项关于"幼儿教师 TPACK 素养结构维度"的调查。参考相关文献，我们草拟了下列观测维度，请您按照您的知识和认知回答。本问卷调查结果仅供构建幼儿教师 TPACK 素养理论模型所用，不会另做它用，请您不要有任何顾虑，只要根据您的实际情况回答即可。

【您的基本信息】

1. 您的性别：男（　　　）女（　　　）

2. 您的学历：大专（高职）（　　　）本科（　　　）硕士及以上（　　　）

3. 您的家庭所在地：城市（　　　）乡村（　　　）城乡结合部（　　　）

4. 您是否有在幼儿园实（见）习的经历：是（　　　）否（　　　）

5. 您是否选修过信息技术课程：是（　　　）否（　　　）

6. 您的年级：大一（　　　）大二（　　　）大三（　　　）大四（　　　）

专转本（　　　）

【问卷说明】

下列观点是当前人们对"幼儿教师 TPACK 素养"的一些看法，您觉得哪些看法是重要的，有利于提高课堂教学质量。请您根据自身的教学经验和认识，选择其中一个选项，若选项中没有符合你的实际认知的，则选择最接近的一项。

1= 不重要

2= 不太重要

3= 不确定

4= 重要

5= 非常重要

问卷中的信息技术包括：

1. 电脑、手机、投影、互动式白板等硬件设施的使用和维护；

2. office 软件、思维导图、微信等通用软件及应用；

3. 电子书、网站、视频音频等数字资源的获取；

4. 课程管理平台、在线诊断系统、慕课等网络平台的使用；

5. 虚拟现实、信息技术等前沿技术；

6. 其他用于幼儿教育活动的先进技术。

【问卷正文】

（　　）1. 主动运用信息技术有效提升幼儿园教育教学活动效果。

（　　）2. 主动探索和运用信息技术变革幼儿学习方式。

（　　）3. 利用网络与同行交流、分享专业发展信息。

（　　）4. 教师整合技术的教学能力是衡量优秀幼儿教师的重要指标之一。

（　　）5. 信息技术是现代幼儿园教学中不可或缺的重要元素。

（　　）6. 信息技术是构成幼儿学习、活动环境的重要组成部分。

（　　）7. 信息技术的运用能提升家园共育的效果。

（　　）8. 善于在课堂教学中运用信息技术能提升幼儿教师的社会地位。

（　　）9. 具备较好整合技术的教学能力，有助于促进良好的师幼关系的形成。

（　　）10. 在教学中是否采用整合技术方法，对幼儿的教育教学效果大有不同。

（　　）11. 幼儿教师需在幼儿园保育保教活动中善于运用新技术辅助教学。

（　　）12. 具备较好的整合技术的教学能力会提升幼儿教师的教学成就感。

（　　）13. 幼儿教师的信息技术水平不足以满足幼儿教育教学活动需要。

（　　）14. 幼儿教师使用信息技术遇到困难时希望得到专业人员的帮助。

（　　）15. 幼儿教师需具备幼儿口头语言发展、书面语言发展、文学语言发展等方面的语言领域知识。

（　　）16. 幼儿教师需具备幼儿自我意识发展、人际交往发展、社会适应发展等社会领域知识。

（　　）17. 幼儿教师需具备幼儿科学探究、数学认知等科学领域知识。

（　　）18. 幼儿教师需具备幼儿动作发展、生活习惯和自理能力、心理健康发展等健康领域知识。

（　　）19. 幼儿教师需具备幼儿艺术感受、艺术表达等艺术领域知识。

（　　）20. 幼儿教师需具备幼儿学科活动的设计、指导、实施、评价的知识。

（　　）21. 幼儿教师需具备幼儿单元主题活动的设计、指导、实施、评价的知识。

（　　）22. 幼儿教师需具备幼儿区域活动的设计、指导、实施、评价的知识。

（　　）23. 幼儿教师需具备幼儿生活活动的设计、指导、实施、评价的知识。

（　　）24. 幼儿教师需具备幼儿教学活动的设计、指导、实施、评价的知识。

（　　）25. 幼儿教师需具备幼儿游戏活动的设计、指导、实施、评价的知识。

（　　）26. 幼儿教师需熟练掌握多媒体课件的设计与制作技巧。

（　　）27. 幼儿教师需熟练掌握获取网络教学资源的方法与技巧。

（　　）28. 幼儿教师需熟练掌握计算机 / 网络技术 / 人工智能等基本知识。

（　　）29. 幼儿教师需熟练运用多媒体教学设备进行辅助教学的知识。

（　　）30. 幼儿教师需熟悉信息化教学设计的理论与方法。

（　　）31. 幼儿教师能借助网络了解国内外幼教学术团队、机构、专家和网站等相关信息。

（　　）32. 幼儿教师熟练掌握为幼儿学习和发展挑选计算机软件的原则和方法（游戏软件、益智游戏）。

（　　）33. 幼儿教师需精通幼儿教育五大领域的核心经验知识。

（　　）34. 幼儿教师需恰当安排幼儿一日教育活动，帮助幼儿成长。

（　　）35. 幼儿学习过程中遇到困难，幼儿教师能选择恰当的教学策略帮助其克服困难。

（　　）36. 幼儿教师能够根据幼儿的身心发展规律，设计自主、合作、探究活动。

（　　）37. 幼儿教师能够能使用多种教学方法开展幼儿五大领域教育活动。

（　　）38. 幼儿教师能够够根据幼儿的理解程度及时调整教学活动。

（　　）39. 幼儿教师能够根据不同类型的幼儿调整教学方法。

（　　）40. 幼儿教师能够评判幼儿是否正确理解了五大领域核心经验。

（　　）41. 幼儿教师能经常利用计算机和网络下载幼儿教学资源、素材及优秀案例。

（　　）42. 幼儿教师能够利用计算机软件对幼儿教学活动的数字教育资源，例如声音、图像、视频教学素材进行二次加工。

（　　）43. 幼儿教师能够选择合适的信息技术对幼儿活动进行管理。

（　　）44. 幼儿教师能够选择合适的游戏软件支持幼儿学习。

（　　）45. 幼儿教师能够经常利用信息技术记录幼儿活动过程及作品，并进行评价和展示。

（　　）46. 幼儿教师能够利用有声读物、音频或视频支持教学活动。

（　　）47. 幼儿教师能够利用 word、PPT 等软件设计幼儿活动计划、课程安排等。

（　　）48. 幼儿教师能够设计整合信息技术的幼儿教育课程，实现教学内容和教学方法的创新。

（　　）49. 幼儿教师能够恰当使用技术帮助幼儿解决学习中的难点。

（　　）50. 幼儿教师能够运用技术帮助幼儿学习新知识，实现教学目标。

（　　）51. 幼儿教师能够恰当运用技术帮助幼儿巩固原有知识。

（　　）52. 幼儿教师能恰当地将信息技术应用于晨接、午休等环节（播放音乐、视频）。

（　　）53. 幼儿使用信息技术学习时，幼儿教师能有意识培养他们的合作、分享精神。

（　　）54. 幼儿教师能够经常使用 qq、博客、论坛等平台撰写教学日记。

（　　）55. 幼儿教师能够经常在网络上查阅幼儿教育的信息和资料。

（　　）56. 幼儿教师能够利用信息技术培养幼儿发现信息、表达信息的能力。

（　　）57. 信息技术的使用要以儿童的健康和安全为本。

（　　）58. 信息技术使用过程中幼儿教师能有意识向幼儿渗透技术使用的正确观念。

（　　）59. 幼儿教师能够开展灵活的、有特色的信息化教学，形成独特的教学风格。

（　　）60. 幼儿教师的信息技术水平需在同行中处于领先地位。

（　　）61. 幼儿教师运用信息技术时能遵守信息技术伦理规范。

（　　）62. 幼儿教师运用别人的幼儿领域教育教学活动信息技术成果时能遵守知识产权相关规定。

附录 2

"幼儿教师 TPACK 素养理论模型构建"正式问卷（教师）

尊敬的老师：

您好！

请允许我向您表达崇高的敬意。我们正在做一项关于"幼儿教师 TPACK 素养结构维度"的调查。参考相关文献，我们草拟了下列指标，仰慕您在学前教育领域深厚的专业理论和丰富的教学经验，真诚地期望得到您的指点和帮助。

【您的基本信息】

1. 您的幼儿园性质：公办幼儿园（　　）民办幼儿园（　　）公办民营园（　　）

2. 您的幼儿园级别：省示范园（　　）市示范园（　　）合格园（　　）

3. 您的幼儿园位置：城市（　　）乡村（　　）城乡结合部（　　）

4. 您的性别：男（　　）女（　　）

5. 您的学历：高中及以下（　　）大专（高职）（　　）本科（　　）硕士及以上（　　）

6. 您的年龄：18—22 岁（　　）23—36 岁（　　）27—32 岁（　　）32 岁以上（　　）

7. 您的教龄：1—3 年（　　）5—10 年（　　）11—20 年（　　）20 年以上（　　）

8. 您任教的学段：小班（　　）中班（　　）大班（　　）

【问卷说明】

下列观点是当前人们对"幼儿教师 TPACK 素养"的一些看法，您觉得哪些看法是重要的，有利于提高课堂教学质量，请您根据自身的教学经验和认识，选择其中一个选项，若选项中没有符合你的实际认知的，则选择最接近的一项。

1= 不重要

2= 不太重要

3= 不确定

4= 重要

5= 非常重要

问卷中的信息技术包括：

1. 电脑、手机、投影、互动式白板等硬件设施的使用和维护；

2. office 软件、思维导图、微信等通用软件及应用；

3. 电子书、网站、视频音频等数字资源；

4. 课程管理平台、在线诊断系统、慕课等网络平台；

5. 虚拟现实、信息技术等前沿技术；

6. 其他用于幼儿教育活动的先进技术。

【问卷正文】

（　　）1. 主动运用信息技术有效提升幼儿园教育教学活动效果。

（　　）2. 主动探索和运用信息技术变革幼儿学习方式。

（　　）3. 利用网络与同行交流、分享专业发展信息。

（　　）4. 教师整合技术的教学能力是衡量优秀幼儿教师的重要指标之一。

（　　）5. 信息技术是在现代幼儿园教学中不可或缺的重要元素。

（　　）6. 信息技术是构成幼儿学习、活动环境的重要组成部分。

（　　）7. 幼儿教师善于运用信息技术能提升家园共育的效果。

（　　）8. 在课堂教学中善于运用信息技术能提升幼儿教师的社会地位。

（　　）9. 具备较好整合技术的教学能力，有助于促进良好师幼关系的形成。

（　　）10. 在教学中是否采用整合技术方法，对幼儿的保育保教效果大有不同。

（　　）11. 幼儿教师在幼儿园保育保教活动中善于运用新技术辅助教学。

（　　）12. 具备较好的整合技术的教学能力会提升幼儿教师的教学成就感。

（　　）13. 幼儿教师的信息技术水平不足以满足幼儿教育教学活动需要。

（　　）14. 使用信息技术遇到困难时幼儿教师应该得到专业人员的帮助。

（　　）15. 具备幼儿口头语言发展、书面语言发展、文学语言发展等方面的语言领域知识。

（　　）16. 具备幼儿自我意识发展、人际交往发展、社会适应发展等社会领域知识。

（　　）17. 具备幼儿科学探究、数学认知等科学领域知识。

（　　）18. 具备幼儿动作发展、生活习惯和自理能力、心理健康发展等健康领域知识。

（　　）19. 具备幼儿艺术感受、艺术表达等艺术领域知识。

（　　）20. 具备幼儿学科活动的设计、指导、实施、评价的知识。

（　　）21. 具备幼儿单元主题活动的设计、指导、实施、评价的知识。

（　　）22. 具备幼儿区域活动的设计、指导、实施、评价的知识。

（　　）23. 具备幼儿生活活动的设计、指导、实施、评价的知识。

（　　）24. 具备幼儿教学活动的设计、指导、实施、评价的知识。

（　　）25. 具备幼儿游戏活动的设计、指导、实施、评价的知识。

（　　）26. 熟练掌握多媒体课件的设计与制作技巧。

（　　）27. 熟练掌握获取网络教学资源的方法与技巧。

（　　）28. 熟练掌握计算机 / 网络技术等基本知识。

（　　）29. 熟练运用多媒体教学设备进行辅助教学的知识。

（　　）30. 熟悉信息化教学设计的理论与方法。

（　　）31. 借助网络了解国内外幼教学术团队、机构、专家和网站等相关信息。

（　　）32. 熟练掌握为幼儿学习和发展挑选计算机软件的原则和方法（游戏软件、益智游戏）。

（　　）33. 精通幼儿教育五大领域的核心经验知识。

（　　）34. 能恰当安排幼儿一日教育活动，帮助幼儿成长。

（　　）35. 了解幼儿学习过程中遇到的困难，并能选择恰当的教学策略帮助其克服困难。

（　　）36. 根据幼儿的身心发展规律，设计自主、合作、探究活动。

（　　）37. 使用多种教学方法开展幼儿五大领域教育活动。

（　　）38. 根据幼儿的理解程度及时调整教学活动。

（　　）39. 根据不同类型的幼儿的身心发展规律调整教学方法。

（　　）40. 具备评判幼儿是否正确理解五大领域的核心经验。

（　　）41. 利用计算机和网络下载幼儿教学资源、素材及优秀案例。

（　　）42. 利用计算机软件对幼儿教学活动的数字教育资源，例如声音、图像、视频教学素材进行二次加工。

（　　）43. 选择合适的信息技术对幼儿活动进行管理。

（　　）44. 选择合适的游戏软件支持幼儿学习。

（　　）45. 利用信息技术记录幼儿活动过程及作品，并进行评价和展示。

（　　）46. 利用有声读物、音频或视频支持教学活动。

（　　）47. 利用 word、PPT 等软件设计幼儿活动计划、课程安排等。

（　　）48. 设计整合信息技术的幼儿教育课程，实现教学内容和教学方法的创新。

（　　）49. 恰当使用技术帮助幼儿解决学习中的难点。

（　　）50. 运用技术帮助幼儿学习新知识，实现教学目标。

（　　）51. 恰当运用技术帮助幼儿巩固原有知识。

（　　）52. 恰当将信息技术应用于晨接、午休等环节（播放音乐、视频）。

（　　）53. 幼儿使用信息技术学习时教师能有意识培养他们的合作、分享精神。

（　　）54. 使用 QQ、博客、论坛等平台撰写教学日记。

（　　）55. 在网络上查阅幼儿保育保教的信息和资料。

（　　）56. 利用信息技术支持培养幼儿发现信息、表达信息的能力。

（　　）57. 信息技术的使用要以儿童的健康和安全为本。

（　　）58. 信息技术使用过程中幼儿教师能有意识向幼儿渗透技术使用的正确观念。

（　　）59. 开展灵活的、有特色的信息化教学，形成独特的教学风格。

（　　）60. 信息技术水平在同行中处于领先地位。

（　　）61. 向家长推荐较好的幼儿教育信息。

（　　）62. 通过微信、QQ 等与家长们交流。

（　　）63. 运用信息技术时能遵守信息技术伦理规范。

（　　）64. 运用别人的幼儿领域教育教学活动信息技术成果时能遵守知识产权相关规定。

附录3

幼儿教师 TPACK 素养评估指标体系专家咨询表

尊敬的老师：

　　您好！

　　请允许我向您表达崇高的敬意。衷心感谢您在百忙中拨冗阅读这份咨询表。我们正在做一项关于"幼儿教师 TPACK 素养指标体系框架"各观测指标重要性程度的调查。参考国内外相关文献，根据一线学前教育专家的专业意见，我们从 TPACK 态度、TPACK 知识、TPACK 能力三个维度草拟了"幼儿教师 TPACK 素养指标体系结构框架"，仰慕您在学前教育领域深厚的专业理论和丰富的教学经验，拟请您对我们设计的三维指标体系结构做出评价。您的宝贵意见将为本研究，特别是幼儿 TPACK 素养指标体系结构框架构建提供巨大帮助，使我们的研究结论更加准确、科学。衷心感谢您的支持和帮助。

　　【您的基本信息】

　　1. 您的性别：男（　　　）女（　　　）

　　2. 您的职称：教授（　　　）副教授（　　　）讲师（　　　）助教（　　　）
　　　幼儿园高级教师（　　　）幼儿园一级教师（　　　）幼儿园二级教师（　　　）

　　3. 您的称号：专业带头人（　　　）学科带头人（　　　）骨干教师（　　　）
　　　特级教师（　　　）教学能手（　　　）普通教师（　　　）

　　4. 您的职务：院长（　　　）系主任（　　　）教师（　　　）管理人员（　　　）

　　5. 您的学历：高职（大专）（　　　）高中（　　　）本科（　　　）硕士（　　　）
博士（　　　）

　　6. 您的年龄：22—30 岁（　　　）30—45 岁（　　　）45—50 岁（　　　）50 岁
以上（　　　）

　　7. 您的教龄：1—3 年（　　　）5—10 年（　　　）11—20 年（　　　）
　　　20 年以上（　　　）

　　【填表说明】

　　1. 请您根据各个维度的内涵，并结合自己的经验和认识，对本咨询表中设计的一级维度、二级维度、三级维度的重要性进行综合评价，在您认为合理的选项下的方格内打钩。

　　2. 请您给我们的设计提出宝贵的意见和建议。

　　（1）维度的重要性：该维度是否是幼儿教师 TPACK 素养指标体系框架的重要因素，请您对维度的重要程度进行确认；

（2）维度的准确性：如果您认为该维度表达不够准确或有歧义，请在右侧"修改"栏中提出您的修改意见和理由；

（3）如果您认为该级维度还有补充，请您将增减的条目填写在相应的栏目中，修改及补充的维度同样判断其重要性程度。

表一 幼儿教师 TPACK 素养指标体系框架一级维度

一级维度	一级维度的重要性					一级维度的准确性
TPACK 态度	非常重要	重要	比较重要	一般	不重要	
TPACK 知识						
TPACK 能力						
补充维度：	该维度重要性说明：					

表二 幼儿教师 TPACK 素养指标体系框架二级维度

一级维度	二级维度	主要内涵	二级维度的重要性					二级维度的准确性
			非常重要	重要	比较重要	一般	不重要	对该维度及其内涵的修改和建议
TPACK 态度	信息化教学发展观	信息化课堂教学意识						
		信息化学习方式转变意识						
		信息化专业发展意识						
	信息化教学感知有用性	信息技术赋能教学效率提升						
		主观规范						
		社会形象						
	信息化教学感知易用性	信息化教学自我效能感						
		信息化教学焦虑感						
		信息化教学外部条件						
	补充维度：		该维度重要性说明：					
TPACK 知识	学科内容知识	幼儿健康领域经验知识						
		幼儿语言领域经验知识						
		幼儿社会领域经验知识						
		幼儿科学领域经验知识						
		幼儿艺术领域经验知识						

一级维度	二级维度	主要内涵	二级维度的重要性				二级维度的准确性
			非常重要	重要	比较重要	一般	对该维度及其内涵的修改和建议
	学科教学法知识	幼儿学科活动教学知识					
		幼儿单元主题活动教学知识					
		幼儿区域活动教学知识					
		幼儿生活活动教学知识					
		幼儿教学活动知识					
		幼儿游戏活动教学知识					
	信息技术知识	应用信息技术优化课堂教学知识					
		应用信息技术转变学习方式知识					
	学科教学知识	幼儿教学内容表征知识					
		幼儿身心发展规律知识					
		幼儿教学方法整合知识					
	整合技术的学科内容知识	幼儿教育内容专业软件					
		幼儿教育内容呈现技术					
		幼儿教育内容理解技术					
		幼儿教育内容拓展技术					
	整合技术的教学法知识	信息化教学计划与准备					
		信息化教学组织与实施					
		信息化教学评估与诊断					
	整合技术的学科教学知识	信息化资源整合知识					
		信息化教学迁移知识					
		信息化教学交往知识					
		信息化教学协作知识					
		信息化教学发展知识					
	补充维度：		该维度重要性说明：				

续表

一级维度	二级维度	主要内涵	二级维度的重要性				二级维度的准确性
			非常重要	重要	比较重要	一般	对该维度及其内涵的修改和建议
TPACK 能力	设计水平	选用合适的信息技术和资源研发幼儿教育课程					
	应用水平	使用信息技术实施课程计划评价幼儿教育课程					
	伦理水平	尊重信息技术实施产权和伦理规范					
	精通水平	成为信息技术专家，具有指导同行的领导力					
	补充维度：		该维度重要性说明：				

附录4

幼儿教师 TPACK 素养指标体系观测指标权重调查表

尊敬的老师：

您好!

请允许我向您表达崇高的敬意。我们正在做一项关于"幼儿教师 TPACK 素养指标体系"的各观测指标重要性程度的调查。参考国内外相关文献，实证研究结论和学前教育专家、一线教师的意见，我们从 TPACK 态度、TPACK 知识和 TPACK 能力三个维度拟定了一、二、三级观测指标，仰慕您的专业理论和丰富的教学经验，真诚地期望得到您的指点和帮助。本问卷调查结果仅供分析幼儿教师 TPACK 素养高低所用，不会另做它用，请您不要有任何顾虑，只要根据您的实际情况作答即可。

【您的基本信息】

1.您的学历：高中及以下（　　）大专（高职）（　　）本科（　　）硕士（　　）博士（　　）

2.您的职称：教授（　　）副教授（　　）讲师（　　）助教（　　）
正高级教师（　　）高级教师（　　）一级教师（　　）二级教师（　　）

3.您的职务：院长（书记）（　　）学前教育系主任（　　）学前教育专

业负责人（　　　）学前教育专业带头人（　　　）园长（　　　）特级教师（　　　）普通教师（　　　）

【问卷说明】

下面是幼儿教师 TPACK 素养评估指标简表，请您不吝您的智慧、经验或直觉，从提高幼儿教师信息化素养的重要性的角度对量表中的一级、二级和三级观测指标的重要性程度进行排序。

5= 非常重要

4= 很重要

3= 重要

2=……

（备注：此量表的重要性程度涉及 5 个等级，从 5 到 1 重要性程度逐渐降低）

一级指标	重要性程度	二级指标	权重 重要性程度	三级指标	权重 重要性程度
TPACK 态度 A		信息化教学意识 A1		信息化课堂教学意识 A11	
				信息化学习方式转变意识 A12	
				信息化专业发展意识 A13	
		信息化教学感知 A2		主观规范感知 A21	
				社会形象感知 A22	
				外部条件感知 A23	
		信息化教学 效能感 A3		信息化教学促进性 A31	
				信息化教学自信心 A32	
				信息化教学焦虑 A33	
TPACK 知 识 B		学科内容知识 B1		幼儿健康教育领域知识 B11	
				幼儿语言教育领域知识 B12	
				幼儿社会教育领域知识 B13	
				幼儿科学教育领域知识 B14	
				幼儿艺术教育领域知识 B15	
		学科教学法知识 B2		幼儿保教活动教案设计 B21	
				幼儿保教活动教学实施 B22	
				幼儿保教活动组织管理 B23	
				幼儿保教活动教学评价 B24	

续表

一级指标	权重 重要性 程度	二级指标	权重 重要性程 度	三级指标	权重 重要性 程度
TPACK 知识 B		信息技术知识 B3		多媒体课件设计与制作 B31	
				计算机 / 网络 / 人工智能技术运用 B32	
				多媒体教学设备使用 B33	
				信息化教学设计理论 B34	
		学科教学知识 B4		幼儿领域教学内容知识 B41	
				幼儿身心发展规律知识 B42	
				幼儿教学方法整合知识 B43	
TPACK 能力 C		设计水平 C1		搜索幼儿保育保教内容 C11	
				呈现幼儿保育保教内容 C12	
				理解幼儿保育保教内容 C13	
				拓展幼儿保育保教内容 C14	
		应用水平 C2		信息化教学设计与计划 C21	
				信息化教学组织与实施 C22	
				信息化教学诊断与评估 C23	
		伦理水平 C3		尊重信息技术知识产权 C31	
				尊重信息技术伦理规范 C32	
				指导学生遵守信息技术伦理 C33	
		精通水平 C4		创新课堂教学设计的技术 C41	
				形成信息化教学风格 C42	
				形成信息化教学领导力 C43	

附录 5

"幼儿教师 TPACK 素养指标体系构建"教师问卷

尊敬的老师：

您好！

请允许我向您表达崇高的敬意。我们正在做一项关于"幼儿教师 TPACK 素养指标体系"的调查。参考相关文献，我们草拟了下列指标体系，仰慕您在学前教育领域深厚的专业理论和丰富的教学经验，真诚地期望得到您的指点和帮助。

【您的基本信息】

1. 您的幼儿园性质：公办幼儿园（　　）民办幼儿园（　　）公办民营园（　　）

2. 您的幼儿园级别：省示范园（　　）市示范园（　　）合格园（　　）

3. 您的幼儿园位置：城市（　　）乡村（　　）城乡结合部（　　）

4. 您的性别：男（　　）女（　　）

5. 您的学历：高中及以下（　　）大专（高职）（　　）本科（　　）硕士及以上（　　）

6. 您的年龄：18—22 岁（　　）23—36 岁（　　）27—32 岁（　　）32 岁以上（　　）

7. 您的教龄：1—3 年（　　）5—10 年（　　）11—20 年（　　）20 年以上（　　）

8. 您任教的学段：小班（　　）中班（　　）大班（　　）

【问卷说明】

下列观点是当前人们对"幼儿教师 TPACK 素养"的一些看法，您觉得哪些看法是重要的，有利于提高课堂教学质量。请您根据自身的教学经验和认识，选择其中一个选项，若选项中没有符合你的实际认知的，则选择最接近的一项。

1= 不重要

2= 不太重要

3= 不确定

4= 重要

5= 非常重要

问卷中的信息技术包括：

1. 电脑、手机、投影、互动式白板等硬件设施使用与维修技术；

2. office 软件、思维导图、微信等通用软件及应用；

3. 电子书、网站、视频音频等数字资源；

4. 课程管理平台、在线诊断系统、慕课等网络平台；

5. 虚拟现实、信息技术等前沿技术；

6. 其他用于幼儿教育活动的先进技术。

【问卷正文】

（　　）1. 主动运用信息技术有效提升幼儿园教育教学活动效果。

（　　）2. 主动探索和运用信息技术变革幼儿学习方式。

（　　）3. 够利用网络与同行交流、分享专业发展信息。

（　　）4. 教师整合技术的教学能力是衡量优秀幼儿教师的重要指标之一。

（　　）5. 信息技术是在现代幼儿园教学中不可或缺的重要元素。

（　　）6. 信息技术是构成幼儿学习、活动环境的重要组成部分。

（　　）7. 信息技术的运用能提升家园共育的效果。

（　　）8. 在课堂教学中善于运用信息技术能提升幼儿教师的社会地位。

（　　）9. 具备较好整合技术的教学能力，有助于促进良好的师幼关系的形成。

（　　）10. 在教学中是否采用整合技术方法，对幼儿的教育教学效果大有不同。

（　　）11. 幼儿园教育教学活动中善于运用新技术辅助教学。

（　　）12. 具备较好的整合技术的教学能力，会提升幼儿教师教学成就感。

（　　）13. 幼儿教师信息技术水平不足以满足幼儿教育教学活动需要。

（　　）14. 使用信息技术遇到困难时希望得到专业人员的帮助。

（　　）15. 具备幼儿口头语言发展、书面语言发展、文学语言发展等方面的语言领域知识。

（　　）16. 具备幼儿自我意识发展、人际交往发展、社会适应发展等社会领域知识。

（　　）17. 具备幼儿科学探究、数学认知等科学领域知识。

（　　）18. 具备幼儿动作发展、生活习惯和自理能力、心理健康发展等健康领域知识。

（　　）19. 具备幼儿艺术感受、艺术表达等艺术领域知识。

（　　）20. 具备幼儿学科活动的设计、指导、实施、评价的知识。

（　　）21. 具备幼儿单元主题活动的设计、指导、实施、评价的知识。

（　　）22. 具备幼儿区域活动的设计、指导、实施、评价的知识。

（　　）23. 具备幼儿生活活动的设计、指导、实施、评价的知识。

（　　）24. 具备幼儿教学活动的设计、指导、实施、评价的知识。

（　　）25. 具备幼儿游戏活动的设计、指导、实施、评价的知识。

（　　）26. 熟练掌握了多媒体课件的设计与制作技巧。

（　　）27. 熟练掌握了获取网络教学资源的方法与技巧。

（　　）28. 熟练掌握了计算机 / 网络技术等基本知识。

（　　）29. 熟练运用多媒体教学设备进行辅助教学。

（　　）30. 熟悉信息化教学设计的理论与方法。

（　　）31. 借助网络了解国内外幼教学术团队、机构、专家和网站等相关信息。

（　　）32. 熟练掌握了为幼儿学习和发展挑选计算机软件的原则和方法（游戏软件、益智游戏）。

（　　）33. 精通幼儿教育五大领域的核心经验知识。

（　　）34. 能恰当安排幼儿一日教育活动，帮助幼儿成长。

（　　）35. 了解幼儿学习过程中遇到的困难，并能选择恰当的教学策略帮助其克服困难。

（　　）36. 根据幼儿的身心发展规律，设计自主、合作、探究活动。

（　　）37. 使用多种教学方法开展幼儿五大领域教育活动。

（　　）38. 根据幼儿的理解程度及时调整教学活动。

（　　）39. 根据不同类型的幼儿调整教学方法。

（　　）40. 评判幼儿是否正确理解五大领域的核心经验。

（　　）41. 经常利用计算机和网络下载幼儿教学资源、素材及优秀案例。

（　　）42. 利用计算机软件对幼儿教学活动的数字教育资源，例如声音、图像、视频教学素材进行二次加工。

（　　）43. 选择合适的信息技术对幼儿活动进行管理。

（　　）44. 选择合适的游戏软件支持幼儿学习。

（　　）45. 经常利用信息技术记录幼儿活动过程及作品，并进行评价和展示。

（　　）46. 利用有声读物、音频或视频支持教学活动。

（　　）47. 利用 word、PPT 等软件设计幼儿活动计划、课程安排等。

（　　）48. 设计整合信息技术的幼儿教育课程，实现教学内容和教学方法的创新。

（　　）49. 恰当使用技术帮助幼儿解决学习中的难点。

（　　）50. 运用技术帮助幼儿学习新知识，实现教学目标。

（　　）51. 恰当运用技术帮助幼儿巩固原有知识。

（　　）52. 恰当地将信息技术应用于晨接、午休等环节（播放音乐、视频）。

（　　）53. 幼儿使用信息技术学习时能有意培养他们的合作、分享精神。

（　　）54. 经常使用 qq、博客、论坛等平台撰写教学日记。

（   ）55. 经常在网络上查阅幼儿教育的信息和资料。

（   ）56. 利用信息技术支持培养幼儿发现信息、表达信息的能力。

（   ）57. 信息技术的使用要以儿童的健康和安全为本。

（   ）58. 在信息技术使用过程中能有意识向幼儿渗透技术使用的正确观念。

（   ）59. 开展灵活的、有特色的信息化教学，形成独特的教学风格。

（   ）60. 信息技术水平在同行中处于领先地位。

（   ）61. 经常向家长推荐较好的幼儿教育信息。

（   ）62. 经常通过微信、qq 等与家长们交流。

（   ）63. 运用信息技术时能遵守信息技术伦理规范。

（   ）64. 运用别人的幼儿领域教育教学活动信息技术成果时能遵守知识产权相关规定。

附录 6

"幼儿教师 TPACK 素养指标体系调查"教师访谈提纲

尊敬的老师：

您好!

请允许我向您表达崇高的敬意。我们正在做一项关于"幼儿教师 TPACK 素养指标体系"的各观测指标重要性程度的调查。参考国内外相关文献、实证研究结论和学前教育专家、一线教师的意见，我们从 TPACK 态度、TPACK 知识和 TPACK 能力三个维度拟定了一、二、三级观测指标，仰慕您的专业理论和丰富的教学经验，真诚地期望得到您的指点和帮助。本问卷调查结果仅供补充幼儿教师 TPACK 素养指标体系所用，不会另做它用，请您不吝您的智慧、经验和直觉，对结构维度量表的每一个观测点提出批评和指正。

由于数据处理需要，在访谈过程中，我们将进行录音，感谢您的参与。

一、基本信息

1. 您的学历：高中及以下（   ）大专（高职）（   ）本科（   ）硕士
（   ）博士（   ）

2. 您的职称：教授（   ）副教授（   ）讲师（   ）助教（   ）
正高级教师（   ）高级教师（   ）一级教师（   ）二级教师（   ）

3. 您的职务：院长（书记）（   ）学前教育系主任（   ）学前教育专业负责人（   ）学前教育专业带头人（   ）园长（   ）特级教师（   ）

普通教师（　　）

二、关键概念

本研究中的信息技术包括：

1. 电脑、手机、投影、互动式白板等硬件设施；

2. office 软件、思维导图、微信等通用软件及应用；

3. 电子书、网站、视频音频等数字资源；

4. 课程管理平台、在线诊断系统、慕课等网络平台；

5. 虚拟现实、信息技术等前沿技术；

6. 其他用于幼儿教育活动的先进技术。

三、访谈提纲

麻烦您仔细阅读《幼儿教师 TPACK 素养指标体系量表》，然后回答下列问题：

1. 如果您使用这份《幼儿教师 TPACK 素养指标体系量表》，您觉得每一条观测指标可能会碰到哪些问题？

2. 您认为这份评估指标体系量表可能会存在哪些问题或矛盾，您觉得该如何修正？

3. 您觉得这份评估指标体系量表哪些词语和术语表达不够清晰或准确，该如何准确表达？

4. 您觉得还有哪些非常重要的观察指标应该纳入这份评估指标体系量表？

再次感谢您的支持与参与！祝您工作愉快！

附录 7

幼儿教师 TPACK 素养现状调查问卷

亲爱的同学：

您好！

请允许我向您表达崇高的敬意。我们正在做一项关于"幼儿教师 TPACK 素养指标体系"的调查。本问卷调查结果仅供分析幼儿教师 TPACK 素养高低所用，不会另做它用，请您不要有任何顾虑，只要根据您的实际情况作答即可。

【您的基本信息】

1. 您的性别：男（　　）女（　　）

2. 您的学历：高中及以下（　　）大专（高职）（　　）本科（　　）硕士及以上（　　）

3. 您的年龄：18—22 岁（　　　）23—36 岁（　　　）27—32 岁（　　　）32 岁以上（　　　）

4. 您的教龄：1—3 年（　　　）5—10 年（　　　）11—20 年（　　　）20 年以上（　　　）

5. 您任教的学段：托班（　　　）小班（　　　）中班（　　　）大班（　　　）

6. 您的幼儿园性质：公办幼儿园（　　　）民办幼儿园（　　　）公办民营园（　　　）

7. 您的幼儿园级别：省示范园（　　　）市示范园（　　　）合格园（　　　）

8. 您幼儿园的位置：城市（　　　）乡村（　　　）城乡结合部（　　　）

【问卷说明】

下列观点是当前人们对"幼儿教师 TPACK 素养"的一些看法，请您根据自身学习情况，选择其中一个选项，若选项中没有符合你的实际认知的，则选择最接近的一项。

1= 完全不符合

2= 比较不符合

3= 有点不符合

4= 一般

5= 有点符合

6= 比较符合

7= 完全符合

问卷中的信息技术包括：

1. 电脑、手机、投影、互动式白板等硬件设施的使用和维护；

2. office 软件、思维导图、微信等通用软件及应用；

3. 电子书、网站、视频音频等数字资源；

4. 课程管理平台、在线诊断系统、慕课等网络平台；

5. 虚拟现实、信息技术等前沿技术；

6. 其他用于幼儿教育活动的先进技术。

【问卷正文】

（　　　）1. 我能主动运用信息技术提升幼儿园教育教学活动效果。

（　　　）2. 我能主动探索和运用信息技术变革幼儿学习方式。

（　　　）3. 我能利用网络与同行交流、分享专业发展信息。

（　　　）4. 教师整合技术的教学能力是衡量优秀幼儿教师的重要指标之一。

（　　　）5. 我认为我的信息技术能力已达到国家、地方和学校的要求。

（　　　）6. 我认为信息技术是构成幼儿学习、活动环境的重要组成部分。

（　　　）7. 我的同事都认为信息技术的运用能提升家园共育的效果。

（　　　）8. 在课堂教学中善于运用信息技术能提升我的社会地位。

（　　　）9. 学校的信息化设备和资源能够满足幼儿教育活动需要。

（　　　）10. 在教学中是否采用整合技术方法，对幼儿的教育教学效果大有不同。

（　　　）11. 我在幼儿园教育教学活动中善于运用新技术辅助教学。

（　　　）12. 具备较好的整合技术的教学能力，会提升我的教学成就感。

（　　　）13. 我害怕我的信息技术水平不足以满足幼儿教育教学活动需要。

（　　　）14. 我在使用信息技术遇到困难时希望得到专业人员的支持。

（　　　）15. 幼儿园的信息技术设备（电子白板等）能满足幼儿园五大领域教育活动需要。

（　　　）16. 我具备幼儿口头语言发展、书面语言发展、文学语言发展等方面的语言教育领域知识。

（　　　）17. 我具备幼儿自我意识发展、人际交往发展、社会适应发展等社会教育领域知识。

（　　　）18. 我具备幼儿科学探究、数学认知等科学领域知识。

（　　　）19. 我具备幼儿动作发展、生活习惯和自理能力、心理健康发展等健康教育领域知识。

（　　　）20. 我具备幼儿艺术感受、艺术表达等艺术领域知识。

（　　　）21. 我具备幼儿各领域集体活动的设计、指导、实施、评价的知识。

（　　　）22. 我具备幼儿主题活动的设计、指导、实施、评价的知识。

（　　　）23. 我具备幼儿区域和游戏活动的设计、指导、实施、评价的知识。

（　　　）24. 我具备幼儿生活活动的设计、指导、实施、评价的知识。

（　　　）25. 我具备幼儿游戏活动的设计、指导、实施、评价的知识。

（　　　）26. 我熟练掌握了多媒体课件的设计与制作技巧。

（　　　）27. 我熟练掌握了获取网络教学资源的方法与技巧。

（　　　）28. 我熟练掌握了计算机 / 网络技术等基本知识。

（　　　）29. 我熟悉信息化教学设计的理论与方法。

（　　　）30. 我能够使用电子白板等信息化设备与幼儿开展有效互动。

（　　　）31. 我能够选择合适的游戏软件支持幼儿学习。

（　　　）32. 我能选用网络上的幼儿教学资源、素材及优秀案例，并将其作为幼儿领域教育教学活动的重要内容。

（　　　）33. 我能利用计算机软件对幼儿教学活动的数字教育资源，例如声音、图像、视频教学素材进行二次加工。

（　　　）34. 我精通幼儿园五大领域的核心经验知识。

（　　　）35. 我能恰当组织幼儿一日生活与教育活动，帮助幼儿成长。

（　　）36. 我了解幼儿学习过程中遇到的困难，并能选择恰当的教学策略帮助其克服困难。

（　　）37. 我能根据幼儿的身心发展规律，设计自主、合作、探究活动。

（　　）38. 我能使用多种教学方法开展幼儿五大领域教育活动。

（　　）39. 我能利用 word、PPT 等软件设计幼儿活动计划、课程安排等。

（　　）40. 我能设计整合信息技术的幼儿教育课程，实现教学内容和教学方法的创新。

（　　）41. 我能利用有声读物、音频或视频支持教学活动。

（　　）42. 我能运用技术帮助幼儿学习新知识，实现教学目标。

（　　）43. 我能恰当运用技术帮助幼儿巩固原有知识。

（　　）44. 我能恰当地将信息技术应用于晨间活动等一日生活各环节（播放音乐、视频）。

（　　）45. 我经常利用信息技术记录幼儿活动过程及作品，并进行评价和展示。

（　　）46. 我能熟练运用信息技术创造性地开展幼儿园五大领域知识教学。

（　　）47. 我经常使用 qq、公众号、特定 App 等在线平台撰写教学日记。

（　　）48. 我经常向家长推荐较好的幼儿教育信息。

（　　）49. 幼儿使用信息技术学习时我会有意培养他们的合作、分享精神。

（　　）50. 我能熟练利用信息技术支持培养幼儿发现信息、表达信息的能力。

（　　）51. 我能熟练使用信息技术帮助幼儿在真实活动中体验五大领域经验。

（　　）52. 信息技术的使用要以儿童的健康和安全为本。

（　　）53. 我能利用信息技术为幼儿创造真实的学习体验。

（　　）54. 我能利用信息技术设计符合幼儿领域活动内容标准的真实学习活动。

（　　）55. 我能创造支持幼儿学习的创新性数字学习环境。

（　　）56. 我能选择合适的信息技术对幼儿活动进行管理。

（　　）57. 我鼓励幼儿使用 Ipad、qq、微信等设备和软件开展合作式学习。

（　　）58. 我能恰当使用技术帮助幼儿解决学习中的难点。

（　　）59. 在信息技术使用过程中我会有意识向幼儿渗透技术使用的正确观念。

（　　）60. 我能指导幼儿安全、合法地使用数字工具并保护知识产权。

（　　）61. 我能指导幼儿使用网络学习时自觉抵制网络不良信息。

（　　）62. 我能开展灵活的、有特色的信息化教学，形成独特的教学风格。

（　　）63. 我的信息技术水平在同行中处于领先地位。

（　　）64. 我能通过与幼儿、家长和同事合作，提升幼儿的数字化学习能力。

附录 8

"幼儿教师 TPACK 素养现状调查"教师访谈提纲

亲爱的老师：

您好！

此次访谈的目的是了解幼儿教师 TPACK 素养的情况，访谈内容只做研究数据分析所用，关于您所在学校均采取匿名的形式，非常感谢您的参与！由于数据处理需要，在访谈过程中，我们将进行录音，感谢您的参与。

一、关键概念

本研究中的信息技术包括：

1. 电脑、手机、投影、互动式白板等硬件设施的使用和维护；

2. office 软件、思维导图、微信等通用软件及应用；

3. 电子书、网站、视频音频等数字资源；

4. 课程管理平台、在线诊断系统、慕课等网络平台；

5. 虚拟现实、信息技术等前沿技术；

6. 其他用于幼儿教育活动的先进技术。

二、访谈问题

（一）个人信息

1. 您参加工作的时间 _____　　　　2. 您的职称 _____

3. 您任教的学段 _____　　　　4. 您的学历 _____

（二）访谈问题

1. 您觉得教师在信息化时代扮演的是一个什么角色？

2. 您对幼儿教育学科教学知识了解吗？它具体包括哪几方面的内容？

3. 您对幼儿教学方面的知识熟悉吗？主要包括哪些教学方法？能否举例说明？

4. 您对信息技术知识了解吗？您精通哪些信息技术知识？能否举例说明？

5. 您在教学过程中有没有运用到信息技术？您喜欢运用信息技术辅助教学吗？在实施信息化教学过程中有没有遇到困难？具体是什么样的困难？

6. 您觉得在幼儿教学中使用信息技术和不使用信息技术有何差异？为什么？

7. 您在工作中会使用哪些信息技术服务于自己的教学？如何使用？

8. 在工作单位，您可以使用的信息技术设备、工具以及数字资源充分吗？能否满足您教学和专业发展的需要？

9. 您在工作期间，参与了哪些信息技术方面的培训？您觉得效果如何？

10. 你觉得您的信息技术能力如何？请举例说明。

附录 9

"幼儿教师 TPACK 素养养成机制"访谈提纲

一、访谈说明

亲爱的老师：

您好！感谢您接受我的访谈。今天访谈的主要目的是了解您在发展整合技术的学科教学素养的过程中所经历的关键事件。访谈采用开放式问答，请您告知我们真实的情况。我们承诺访谈内容仅作研究之用，您所说的每一句话我们都为您保密。访谈过程中如有不明白的地方请及时询问。非常感谢您的指点和帮助！

二、参与人员

1. 主持人：研究者

2. 访谈对象：幼儿园老师

3. 记录工具：录音笔

三、访谈问题

（一）第一次访谈

1. 您觉得幼儿园需要使用信息技术，例如智能手机、电子白板等信息化设备辅助幼儿保育保教活动吗？为什么？

2. 您对信息技术（人工智能）感兴趣吗？您是如何学习的？

3. 您入职之前有没有学习过信息技术课程？这门课程对于您最大的帮助是什么？为什么？

4. 您对于人工智能技术了解吗？如果了解，能否举例说明？

5. 您能谈谈幼儿园五大领域知识和教学法知识吗？您的这些知识的习得受什么事件的影响？能具体谈谈吗？

6. 您如何看待幼儿园五大领域知识、教学法知识和信息技术知识的整合？在你日常的保育保教活动中，您是如何有效整合这些知识的？

7. 在您学习的过程中，您觉得有哪位老师对您整合技术的学科教学知识的习得影响比较大？能否举例说明？

8.对于整合信息技术于幼儿保育保教能力的发展，您上学时有什么对你来说影响较大的事件吗？能否举例说明？

9.您本科就读于哪所大学？大学开设了哪些课程？对您现在的工作有什么帮助能否举例说明？

10.能否具体谈谈您入职以后有哪些关键事件影响了您的整合技术的学科教学能力的发展？

11.您入职以后是否参加过国家、省市、幼儿园层面的信息技术能力发展培训？对您的影响是什么？

（二）第二次访谈

1.您备课时是如何考虑信息技术与保教环节整合的？设计时一般会碰到何种困难？如何克服的？

2.您参加信息化技能大赛时，幼儿园其他同事给予了什么意见？涉及信息技术与教学设计整合的有哪些？您吸取了什么意见？和自己的设计理念有何冲突，您是如何解决的？

3.进入省大赛后，区里专家给予了什么修改意见，涉及信息技术与教学设计整合的有哪些？这次专家反馈颠覆了你前期教学设计的哪些方面？和您的教学设计理念有何冲突？怎么解决的？

4.您参加大赛回来之后，在全市和一线教师进行经验分享，再次备课时，您有了什么新的体验？碰到了什么困难？怎么解决的？

（二）第三次访谈

1.您怎么看待幼儿教师的 TPACK 素养？

2.您觉得提高幼儿教师 TPACK 素养的意义是什么？

3.您怎么看待当下自己的 TPACK 素养水平，您愿意在此方面深入学习吗？您为何如此选择？您觉得提高自己的 TPACK 素养，对于您自己来说，意义是什么？为什么？

再次感谢您的支持与参与！祝您生活愉快，工作顺利！

附录 10

"幼儿教师 TPACK 素养发展课程实施效果" 教师访谈提纲

亲爱的老师：

您好！

此次访谈的目的是了解幼儿教师 TPACK 素养课程培训的情况，访谈内容只做研究数据分析所用，关于您所在学校均采取匿名的形式，非常感谢您的参与！由于数据处理需要，在访谈过程中，我们将进行录音，感谢您的参与。

一、关键概念

本研究中的信息技术包括：

1. 电脑、手机、投影、互动式白板等硬件设施的使用和维护；

2. office 软件、思维导图、微信等通用软件及应用；

3. 电子书、网站、视频音频等数字资源；

4. 课程管理平台、在线诊断系统、慕课等网络平台；

5. 虚拟现实、信息技术等前沿技术；

6. 其他用于幼儿教育活动的先进技术。

二、访谈问题

（一）个人信息

1. 您参加工作的时间 _____   2. 您的职称 _____

3. 您任教的学段 _____   4. 您的学历 _____

（二）访谈问题

1. 培训前

（1）您是否接受了信息技术培训？培训的形式是什么？培训的内容主要包括几个方面？

（2）您在幼儿园是否接受过类似的培训，培训效果如何？

（3）在你们幼儿园，教师是否经常使用信息技术服务于幼儿的保育保教活动？您觉得优势是什么？为什么？

2. 培训后

（1）您对培训的内容满意吗？为什么？

（2）您觉得通过这种形式的培训，您在 TPACK 态度、TPACK 知识和 TPACK 能力方面都有什么样的收获？为什么？

（3）您觉得这样培训方式还有什么需要改进之处？

后 记

历经四年的努力，《人工智能时代幼儿教师 TPACK 素养理论与实践研究》一书终于面世了。

在本书拟稿过程中，我因身体原因不得不中断写作长达一年多的时间，导致成书进度受到严重影响。但想到该书还凝聚了其他同仁的心血，我就夜不能寐。身体稳定后，我就下定决心，继续努力，争取早日定稿。现在，该书终于要顺利付梓，我要向所有给予该书帮助的人表示衷心的感谢！

我要感谢江苏省泰州市艺术幼儿园孔轶文园长、戴颖和刘园老师，江苏省高邮经济开发区实验幼儿园宰婷婷老师，江苏省扬州市邗江区第二实验幼儿园高菲老师。她们以自己的亲身经历，为本书提供了宝贵的第一手资料。同时，我还要感谢泰州学院朱巧玲老师在问卷设计和调查阶段提供的无私支持，为我的研究提供了有力的保障。

我要特别感谢戴颖和刘园老师提供的信息化教学大赛获奖案例，感谢朱巧玲老师对这两份案例的精准点评。这两份教学案例和评价已被收录在本书第五章，它们为读者提供了生动且具体的实例。这两份案例不仅展示了优秀幼儿教师的宝贵经验和教学风采，而且可以帮助读者更好地理解和应用本书所构建、阐释的理论。

本书的出版受到江苏省教育科学"十三五"规划重点资助课题——"新时代幼儿教师 TPACK 素养研究"项目资助，在此我也要感谢江苏省教育科学规划课题办公室的领导和专家。正是有了他们的引领，我才与幼儿教师 TPACK 素养研究结下了不解之缘。我真心地期待我的研究能为幼儿教师 TPACK 素养提升、学前教育信息化、智能化、高质量发展提供有益的参考和启示。

由于本人水平有限，加之时间仓促，本书一定还有一些不足和疏漏，诚请各位专家、学者、同仁和读者批评指正。

2023 年 11 月写于盐城师范学院